Knaur
MensSana

Von Marko Pogačnik sind außerdem erschienen:

Schule der Geomantie
Die Erde wandelt sich
Erdsystem und Christuskraft
Elementarwesen – Die Gefühlsebene der Erde

Über den Autor:

Marko Pogačnik, geboren 1944 in Kranj/Slowenien, studierte Bildhauerei. Er leitet Seminare zur Heilung von Orten im gesamten deutschsprachigen Raum und berät Kommunen und Ämter in bezug auf Landschaftsplanung.
Marko Pogačnik ist Dozent an der 1995 gegründeten »Schule für Geomantie – Hagia Chora«.

Marko Pogacnik

Wege der Erdheilung

Knaur
MensSana

Besuchen Sie uns im Internet:
www.droemer-weltbild.de

Dieser Titel ist bereits unter der Bandnummer 86120 erschienen.
Originalausgabe 2001

Redaktion: Hanna Moog
Umschlaggestaltung: ZERO Werbeagentur, München
Druck und Bindung: Nørhaven A/S
Printed in Denmark
ISBN 3-426-87147-5

2 4 5 3 1

Inhalt

TEIL I: WAS IST ERDHEILUNG?

TEIL II: BEREICHE UND EBENEN DER ERDHEILUNG

TEIL III: DIE PERSÖNLICHE WANDLUNG IST GRUNDLEGEND FÜR DIE HEILUNG DER ERDE

TEIL IV: DIE WAHRNEHMUNG ALS DIAGNOSE-INSTRUMENT

TEIL V: METHODEN DER ERDHEILUNG

TEIL VI: DER UMGANG MIT ZERSTÖRERISCHEN MÄCHTEN

TEIL VII: ERDHEILUNG IM PERSÖNLICHEN RAHMEN

Einleitung

Ohne Zweifel ist es das Verdienst der weltweiten Ökologiebewegung, dem heutigen Menschen die Augen für die zerstörerischen Folgen der ungezügelten Zivilisationsentwicklung zu öffnen. Nun gilt es, den nächsten Schritt zu tun, um auch die Zerstörungsprozesse, die – kaum bemerkt – die unsichtbaren *feinstofflichen* Lebenssysteme der Erde, der Natur und der Landschaft gefährden, der Öffentlichkeit bewußt zu machen. Was geschieht, wenn ein Herzchakra der Erde durch unsensible Überbauung rücksichtslos unterdrückt wird (Beispiel Kölner Dom), wenn eine Mauer mit Todesstreifen eine zusammengehörige Landschaft zerschneidet (Berliner Mauer, die mit dem physischen Abriß nicht »beseitigt« ist), wenn massive Stahlbetonkonstruktionen die empfindlichen Kraftlinien der Erde durchtrennen (Verkehrsnetze), wenn kriegerische Schlachten als Erinnerung im feinstofflichen Gewebe einer Landschaft »weitertoben«? Es kommt zu Blockaden und Ungleichgewichten in den feinstofflichen Organen und Kraftsystemen der Erde, die lebensbedrohliche Funktionsstörungen zur Folge haben. Das zweite Kapitel bringt zahlreiche Beispiele solcher Problembereiche, gestützt auf die Erfahrungen aus meinen Erdheilungsprojekten in ganz Europa.

Die Sensibilisierung für die pausenlos neu entstehenden Schäden in den Natur- und Stadtlandschaften würde sich in einem ewigen Klagelied erschöpfen, wenn nicht ein dritter, konkret praktischer Schritt folgte: Hier ist der Mensch als Verursacher all dieser Schwierigkeiten gefordert, sich selbst einer umfassenden inneren Wandlung zu unterziehen. Es geht darum, die jahrhundertealte – teilweise unbewußt praktizier-

te – Feindseligkeit gegenüber der Natur, die vorwiegend als Objekt menschlicher Ausbeutung betrachtet wurde, in eine liebevolle Beziehung zum Planeten Erde umzuwandeln. So trägt denn auch das dritte Kapitel die programmatische Überschrift »Die Persönliche Wandlung (des Menschen) ist grundlegend für die Heilung der Erde«. Erst wenn dieser jeden einzelnen Menschen betreffende Wandlungsprozeß in Gang gesetzt wurde, ist es sinnvoll, sich der Erdheilung zuzuwenden. Die folgenden Kapitel geben Einblick in die verschiedenen Möglichkeiten der Diagnose und in Methoden der Erdheilung, die sich in meiner praktischen Arbeit allein oder mit Gruppen bewährt haben. Zur geistig-energetischen Reinigung und Wiederbelebung der feinstofflichen Systeme eines Platzes, einer Natur- oder Stadtlandschaft können unter anderem die heilenden Schwingungen von Klang, Farbe, Tanz, geführter Imagination sowie die Kunst der Lithopunktur eingesetzt werden.
Die Frage, was jede und jeder von uns im ganz persönlichen Bereich und Wohnumfeld zur Erdheilung beitragen kann, ist Gegenstand des letzten Kapitels. Wer sich liebevoll sich selbst und seiner Mitwelt zuwenden möchte, findet hier eine Fülle von Anregungen.

Das Buch ist so geschrieben, daß man es einfach als einen Beitrag zur eigenen Bewußtseinserweiterung lesen kann. Für diejenigen, die tiefer in seine Thematik vordringen möchten, gibt es zahlreiche Querverweise auf mein Buch *Schule der Geomantie*, das ebenfalls in der Reihe »Knaur Esoterik« erschienen ist. Unter dem in Klammern gesetzten Kürzel »SG« mit entsprechender Kapitelangabe wird auf die Möglichkeit hingewiesen, die behandelten geomantischen Erscheinungen dort eingehender kennenzulernen.

Wie meine beiden anderen Bücher *Elementarwesen* und *Schule der Geomantie* ist auch das vorliegende Buch in enger Zusammenarbeit mit zweien meiner Töchter entstanden, die mit Wesenheiten der Engelwelt kommunizieren. Obwohl beide voll in ihre eigenen Aufgaben eingespannt sind – Ana Pogačnik als Studentin an der Universität in Ljubljana und Ajra Miška als Heilpraktikerin –, finden sie immer wieder Zeit, abwechselnd bei meinen Erdheilungsprojekten mitzuwirken. Dadurch werden wertvolle Informationen beigesteuert, die der geistigen Welt entstammen. Ich durfte sie frei verwenden und danke den beiden für ihre Mitarbeit.
Ebenfalls zum »Buch-Team« gehört Hanna Moog, Lektorin meiner in deutscher Sprache geschriebenen Manuskripte. Seit acht Jahren begleitet sie kenntnisreich und liebevoll meine Arbeit und hilft mir dadurch, meine mehrschichtigen Erfahrungen auch sprachlich genau zum Ausdruck zu bringen.
Besonderer Dank geht an die unzähligen Mitarbeiter meiner Heilungsprojekte in ganz Europa, die selbstlos geholfen haben, die Idee der Erdheilung in die Tat umzusetzen. Auch bei strömendem Regen und unerträglicher Hitze haben sie sich nicht davon abbringen lassen, ihre kreativen Kräfte für das Wohl der Orte, die sie gerufen haben, einzubringen. Einige von ihnen waren nur einmal dabei – und wir hatten kaum Zeit, uns namentlich bekannt zu machen –, andere wiederum haben an vielen Projekten mitgewirkt. Allen ist dieses Buch gewidmet.
Vom Frühjahr 1993 bis Juni 1996 waren wir unter der Anleitung des Erdheilungsengels Devos an folgenden Orten und in folgenden Landschaften tätig: Derry, Donegal, Forres, Morayshire, Nordfriesland, Flensburg, Eckernförde, Kiel, Wendland, Hitzacker, Wustrow, Salzwedel, Hamburg, Berlin, Köln, Wiesbaden, Bodensee, Konstanz, Kreuzlingen,

Meersburg, Schweizerisches Seeland, Bern, Salzburg, Dürnhoff bei Zwettl, Innsbruck, Großglockner, Gailtal, Villach, Graz, Zagreb, Rijeka, Cortona sowie an zahlreichen Orten in Slowenien.
Es geht um die Erde, die uns allen das Leben spendet.

Auf der Bahnfahrt zwischen
Nova Gorica und Köln,
am 24. Juni 1996

Marko Pogačnik

TEIL I:

WAS IST ERDHEILUNG?

Um diese Frage zu beantworten, möchte ich zuerst klarstellen, was Erdheilung meiner Vision nach *nicht* ist: Sie ist kein Reparaturwerk an der Landschaft, der Natur und der Erde. Die Vorstellung, alles heilen zu wollen, entstammt dem oberflächlichen Bewußtsein des modernen Menschen, der eine medizinische Instandsetzung erwartet, sobald er mit einer Krankheit konfrontiert ist. Allzu schnell wird die Krankheit als eine Belastung abgewertet, als Angriff auf unser Wohlbefinden, der von außen bekämpft wird. Diesem Verhalten liegt ein dualistisches Denken zugrunde, wonach der scheinbar unschuldige und quasi für die Gesundheit selbst erschaffene Mensch von finsteren Krankheitserregern angegriffen wird.
Aus einer ganzheitlichen Perspektive betrachtet, gehört die Krankheit ebenso zur Qualität des Lebens wie die Gesundheit. Beide spiegeln verschiedene Zustände unseres Lebens wider, die einen sind störender, die anderen harmonischer Natur. Wenn ich zum Beispiel einen Lebensstil praktiziere, der mein seelisches oder körperliches Wesen beeinträchtigt, ist zu erwarten, daß ich davon krank werde. Den Verlust der Gesundheit würde ich nicht als eine Belästigung oder gar als Strafe ansehen, sondern eher als ein Warnsignal und im nächsten Schritt als einen Ansporn, nach den Ursachen meiner Schwierigkeiten zu suchen. Damit begebe ich mich auf den Weg der Heilung von innen heraus. Das Kranksein und das Gesundsein sind zwei Gesichter ein und desselben Lebensweges, die uns auffordern, die verschiedenen, oft gegensätzlichen Aspekte unseres Wesens und Wirkens zu meistern, indem wir lernen, sie miteinander zu verbinden.

Eine ähnliche, wenn auch anders beschaffene Gleichbewertung von auf- und abbauenden Prozessen gilt auch für die Erde und ihre Naturreiche. Sie vollziehen sich im zeitlich bedingten Universum in einem tanzenden Rhythmus von Werden und Vergehen. Der Zyklus beginnt mit der *jungfräulichen Phase* des Keimens und Aufblühens, setzt sich in der *schöpferischen Phase* der Fruchtbarkeit und Lebensfülle fort und mündet schließlich in die *Wandlungsphase* ein, in der die Geschöpfe durch die Stufen des Absterbens und der Lebenserneuerung geführt werden. Auch die schmerzhaften Vorgänge der Auflösung und Umwandlung gehören zum Lebenszyklus, ja sie sind sogar die Voraussetzung dafür, daß das Leben sich in einer heilvollen Weise weiterentwickeln kann.
Wenn wir durch die Landschaft gehen und sterbende Bäume sehen oder von Pilzkrankheiten befallene Pflanzen, sollten wir nicht sofort Alarm schlagen und einen Erdheiler herbeirufen. Vielmehr wäre es sinnvoll, zunächst in der inneren Stille Distanz zu einer solchen, unser Gemüt bewegenden Erscheinung herzustellen und über das Geflecht der Ursachen zu meditieren. Dabei sind zwei scheinbar gegensätzliche Aspekte zu bedenken, die sich jedoch aus der Perspektive einer ganzheitlichen Einstellung zur Erdheilung ergänzen.
Zum ersten: Wenn empfindliche Baumsorten wegen der Vergiftung der Böden, durch die Verunreinigung der Atmosphäre und die zunehmende Dichte der Mikrowellenfelder sterben, wenn überzüchtete und künstlich hochgezogene Pflanzen massiv durch Pilzbefall angegriffen werden, dann heißt das, daß die Natur die Todes- und Wandlungskräfte offensichtlich einsetzt, um solche Pflanzensorten auf dem schnellsten Wege zu beseitigen, damit Platz entsteht für Sorten, die die Wiederbelebung der Landschaft langfristig sichern können. Die Natur bringt dann sogenannte Pionier-

pflanzen hervor, die stark genug sind, die gestörten Verhältnisse zu überwinden und das Auslöschen des Lebens zu verhindern. Es handelt sich also nicht um Prozesse, die menschlicher Eingriffe bedürfen, sondern um Selbstheilungsvorgänge der Erde. Hier ist der Mensch aufgefordert, der Weisheit und Erfahrung der Lebenssysteme der Erde zu vertrauen und sie zu unterstützen, auch und gerade wenn es sich um Wandlungsprozesse handelt, die uns ängstigen.
Dazu gibt es einen zweiten Aspekt, der im Gegensatz zum ersten die Verantwortung des Menschen für die Zerstörung der Erde in den Vordergrund stellt. Als Kultur sind wir aufgrund unserer anthropozentrischen[1] Einstellung anderen Lebewesen gegenüber, wegen des oft gewalttätigen Charakters unserer Technologien und wegen unserer Ignoranz gegenüber den feinstofflichen Dimensionen der Wirklichkeit dafür verantwortlich, daß heute die Todeskräfte ihre Flügel über dem Planeten ausbreiten. Um Erdheilungsprozesse einzuleiten, sind wir folglich aufgefordert, unsere verengte Einstellung dem Leben gegenüber grundsätzlich zu verändern, sprich ganzheitlich zu denken und zu handeln. Als Kultur und als Einzelpersonen sind wir vor allem auch aufgerufen, die unsichtbaren Bereiche der Erde, der Natur und der Landschaft kennenzulernen und in ihren Rückwirkungen auf die sichtbare Ebene zu erforschen. Nur so kann die meist unbewußt ausgeübte Unterdrückung der Vitalenergetischen, Gefühlsmäßigen und Geistig-Seelischen Dimensionen[2] der Erdsysteme stufenweise aufgehoben werden. Meiner inneren Erfahrung nach verursacht diese Art von Unterdrückung die schlimmste Zerstörung des Erdorganismus, da sie an den unsichtbaren Grundlagen des Lebens zehrt.

[1] den Menschen in den Mittelpunkt stellend

[2] Zur Definition dieser Dimensionen siehe die Einleitung zum folgenden Kapitel.

Das ist der Grund, warum ich die Arbeit an den eigenen, persönlichen Klärungs- und Wandlungsprozessen, die zu größerer Bewußtheit führen, als den wichtigsten Beitrag zur Erdheilung im globalen Sinne verstehe. Dies gilt um so mehr, wenn sie mit der Arbeit an der Veränderung des öffentlichen Bewußtseins verbunden wird. In diesem Sinne halte ich Aktionen zur Erdheilung nicht für sinnvoll, wenn sie insgeheim ausgeführt werden, ohne daß das öffentliche Bewußtsein daran teilhaben kann. Es mögen sich dabei zwar Erfolge einstellen, sie werden aber stark relativiert, weil kein Beitrag zur öffentlichen Bewußtseinswandlung geleistet und dadurch der globale Zerstörungsdruck um kein Milligramm entschärft wurde.

Es handelt sich hier um eine ethisch-moralische Voraussetzung der Erdheilungsarbeit, die auch ich Ende der 70er Jahre noch nicht verstanden hatte, als ich mit meinen Erdheilungen begann. Damals benutzte ich noch ein Pendel als Radiästhesieinstrument[3], um an verschiedenen, mir wichtig erscheinenden Orten nach Kraftlinien zu suchen, die verdreht, gestört oder – wie ich es damals nannte – verdunkelt waren. Hatte ich eine solche Linie gefunden, schmiedete ich eine ein Meter lange Nadel aus Betoneisen, suchte einen günstigen Punkt und schlug die Nadel mit einem Riesenhammer in die Erde, so daß sie spurlos darin verschwand. Mein Vorbild dabei war die Akupunktur, wie sie am menschlichen Körper durch das Einstechen von Nadeln vorgenommen wird. Auch im Falle des Akupunkturverfahrens beim Menschen werden die Nadeln entlang eines Mikrokraftstromes (Meridian) gesetzt, um Heilungsprozesse im Körper anzuregen. Auf ähnliche Weise, so dachte ich, könnte ich auch die Kraftmeridiane der Erde

[3] Radiästhesie ist die Fähigkeit, Strahlungen zu erspüren. Von *radiare* (lat.) – strahlen – und *aisthesis* (gr.) – Wahrnehmung.

behandeln, wenn sie durch menschliche Mißhandlung des Erdorganismus gestört sind. Da es sich aber bei der Landschaft im Verhältnis zum menschlichen Körper um eine andere Größenordnung handelt, wurden aus den winzigen Akupunkturnadeln richtige Eisenstangen, die ich in künstlerischer Weise schmiedete.

Es gab noch einen weiteren Unterschied zur herkömmlichen Akupunktur. Da ich die Stangen in der Regel in einen Boden versenken mußte, von dem ich nie wußte, wem er gehörte, war ich gezwungen, im Geheimen zu handeln. Niemand durfte sehen, daß ich die Eisennadel in den Boden hämmerte, oder wissen, wo sie steckte. Es war mir erstens zu umständlich, die Erlaubnis der Inhaber einzuholen, und zweitens verstand ich die Bedeutung des öffentlichen Charakters der Erdheilung noch nicht. Die gefährlichste Aktion dieser Art habe ich im Sommer 1979 an der Südseite des jugoslawischen Parlamentspalastes in Belgrad ausgeführt. Während eines Aufenthaltes in der Hauptstadt hatte ich entdeckt, daß eine solche »verdunkelte Linie« mitten durch das Parlamentsgebäude verlief. Um nun unser Parlament vor möglichen schlechten Einflüssen zu schützen, schmiedete ich zu Hause eine starke Eisennadel. Anschließend fuhr ich mit einem Freund, dem ich vertraute, nach Belgrad direkt zu dem Platz an der Seite des Parlaments. Wir sprangen aus dem Auto wie zwei Terroristen, liefen zu dem ausgesuchten Punkt, der eine hielt die Eisenstange aufrecht, und der andere hämmerte sie rasch in den Boden. Bevor die überraschten Polizisten und Passanten merkten, was da vor sich ging, war die Nadel im Erdreich verschwunden und wir auf und davon.

Mein »Erdheilungsterrorismus« hat mich letztlich viel Schmerzen gekostet. Auf demselben geheimen Weg, den ich gegangen war, kamen mir, angezogen durch meine Tätigkeit, genau die Kräfte entgegen, gegen die ich hochmütig gekämpft hatte: die sogenannten dunklen Kräfte. In Teil VI komme ich ausführlicher auf die Rolle der Gegenkräfte zu sprechen – hier möchte ich nur davon berichten, wie ich psychisch gequält wurde. Ich hörte verwirrende Stimmen, ich wurde unerwartet in Angstzustände hineingerissen und mußte unzählige schlaflose Nächte durchleiden. Die Gefahr spitzte sich zu, bis ich begriff, daß ich durch mein selbstgewolltes Handeln gegen das sogenannte Böse genau diese Kräfte angezogen und sie zur Aktivität ermutigt hatte. Beschämt zog ich mich schließlich aus dem falschen Erdheilungsprojekt zurück, wurde aber »die Geister, die ich rief«, nicht los. Die Wogen der angezogenen Gegenkräfte prallten noch monatelang gegen meine innere Stille an.

Die Lösung des Problems fand ich erst einige Jahre später, als ich die Möglichkeit entdeckte, die Erdheilung mit der Kunst zu verkoppeln und sie auf diese Weise als öffentlich zugängliches Werk in die gesellschaftlichen Bewußtseinsprozesse einzubinden. So entstand die Methode der Lithopunktur[4], die zwar weiterhin auf dem Prinzip der Erdakupunktur beruht, jedoch die entscheidende Rolle des Bewußtseins beim Erdheilungsprozeß nicht umgeht.

Die früher aus Eisen geschmiedeten »Akupunkturnadeln« ersetzte ich nun durch steinerne Stelen, die so offenkundig in der Landschaft stehen, daß sie nicht zu übersehen sind. Als Steinnadeln wirken sie anregend oder ausgleichend auf die Kraftströmung, mit der sie in Resonanz stehen. Gleichzeitig lenken sie die Aufmerksamkeit des Betrachters auf den Prozeß der Erdheilung. Sie machen etwas sichtbar – und dadurch dem Bewußtsein zugänglich –, was im unsichtbaren Bereich geschieht. Dadurch ist die Voraussetzung erfüllt, die eine

[4] von *lithos* (gr.) – Stein – und *punctura* (lat.) – Einstich

Erdheilung überhaupt erst möglich macht: die Einbeziehung der Bewußtseinsprozesse.
Zusammenfassend würde ich sagen, daß Erdheilung nur möglich ist, wenn folgende Grundsätze beachtet werden:

1. Das zyklische Prinzip der Erden- und Naturwelt sollte respektiert werden, bei dem der dunklen Abbau- und Umwandlungsphase eine gleichwertige Stellung zukommt wie der lichten Aufbau- und Blütephase. Wir sollten unter keinen Umständen die vermeintliche Krankhaftigkeit einer Wandlungsphase zu »heilen« versuchen. Wer heilen will, muß unterscheiden können zwischen dem, was der Heilung bedarf, und dem, was sich dem Bedürfnis nach Heilung entzieht – auch wenn es ihn innerlich betroffen macht. Er sollte bei jeder Erscheinung, die nach Erdheilung zu rufen scheint, zuerst entscheiden, ob im Falle eines Eingreifens nicht gegen die Integrität des Lebenszyklus verstoßen wird.
2. Eine aktiv vorgenommene Maßnahme zur Erdheilung darf das Wachbewußtsein der Öffentlichkeit oder des für den betreffenden Platz verantwortlichen Menschen nicht umgehen. Die Aufhebung der Bewußtseinsspaltung, die Umwandlung der erdfeindlichen Gedankenmuster und die Anerkennung der göttlichen Natur der Erdsysteme sind unabdingbare Voraussetzungen jeder Erdheilung. Wird diese grundlegende Ebene vernachlässigt, so sind noch so großartig erscheinende Heilungsergebnisse nur ein Herumbasteln an den Folgeerscheinungen, das die *Ursachen* der Erd-, Natur und Landschaftszerstörung gar nicht berührt.
3. Klarheit über die eigene Motivation. Was bewegt mich innerlich, mich der Heilung eines Ortes zu widmen? Könnte das stark zunehmende Interesse an Erdheilung

nicht auch ein unbewußter Ausdruck der Furcht vor der Macht der Erde sein, mit Naturkatastrophen auf die menschliche Mißachtung ihrer Gleichgewichte zu reagieren? Oder verbirgt sich hinter dem Drang zur Erdheilung gar der ungebrochene Wille, die Erde und ihre Naturreiche zu beherrschen? Geschah diese Beherrschung traditionell durch die Macht der menschlichen Intelligenz, so könnte sich heute das Gefühl der Überlegenheit gegenüber der Erde in einer falsch verstandenen »Heilungsabsicht« ausdrücken, die nach wie vor die Erde zum Objekt degradiert.

Es sind keineswegs rein rhetorische Fragen, die ich hier stelle. Sie bezeichnen Meilensteine auf meinem eigenen Weg des Suchens nach der Klarheit meiner Motivation. Es sind die Fragen, die jedesmal wieder auftauchen, wenn Menschen mir erzählen, was sie »Tolles« im Bereich der Erdheilung geleistet haben. Äußerlich höre ich den Geschichten zu, innerlich stellen sich die Fragen, besonders auch die Frage, ob der Betreffende nicht in der »objektiven« Welt der Erdsysteme bekämpft und »heilt«, wovor er in der subjektiven Welt der eigenen Psyche zurückschreckt: sich mit seinen eigenen psychischen Problemen auseinanderzusetzen und sich selbst zu heilen. Es ist viel einfacher, die Entfremdung und Zerstörung der Lebensrhythmen im Außen, in der »Umwelt« wahrzunehmen, als sich einzugestehen, daß einem das eigene geistig-seelische Ich fremd ist oder daß man in einem Zustand des inneren Chaos lebt.

Ich sehe drei Möglichkeiten, sich falschen Absichten zu entziehen und die heilende Wirkung einer Erdheilung sicherzustellen:

Als erstes befürworte ich die ständige Hinterfragung des eigenen Gewissens im Hinblick auf die oben angedeuteten

Fragen. Ich sage dies aus der Erfahrung, daß noch so ernsthafte moralisch-ethische Bemühungen, herauszufinden, was wahr ist und was nicht, scheitern können, wenn der Fragende nicht beharrlich an sich selbst im Sinne der persönlichen Disziplin und Meditation arbeitet (SG 2.7.)[5]. Nur eine tägliche Klärung der eigenen geistig-seelischen Verfassung kann die Gewißheit liefern, daß man nicht durch unterschwellige Impulse aus dem Unbewußten irregeführt wird.

Als zweites Kriterium würde ich die Absprache mit der örtlichen Naturintelligenz nennen. Bevor jemand zum Zwecke der Erdheilung in das Gewebe eines Ortes eingreift, sollte er das Bewußtsein des Ortes fragen: Ist mein Eingreifen erwünscht? Ist es erlaubt? Ist die Zeit dafür reif? Die ganze Natur ist mit Bewußtsein durchzogen. Auf allen Ebenen der irdischen Schöpfung sind Elementarwesen als lebendige Bewußtseinszellen angesiedelt, um über die Harmonie der Lebensvorgänge zu wachen.[6] Ganz gleich, ob es sich um einen Baum, einen Hügel oder eine Landschaft handelt, immer ist es möglich, innerlich das betreffende Wesen zu erreichen, um eine Rückmeldung zu erhalten (SG 2.4.).

An dritter Stelle möchte ich auf die Rolle von Lehrern oder Meistern aus der geistigen Welt verweisen. Ich weiß, dies ist heutzutage ein heikles Thema. Zu viele starke Persönlichkeiten ringen um die Ehre, ein Meister zu sein, oder geben sich als solcher aus. Es kursieren Gerüchte, und nicht selten gibt es auch klare Zeugnisse von Betrug. Hinzu kommt das Argument, daß es in der heutigen Zeit darum geht, die innere Selbständigkeit zu erlangen. Also berufen wir uns auf unsere

5 Ich verwende im folgenden diese Abkürzung, um auf bestimmte Kapitel in meinem Buch *Schule der Geomantie*, München 1996, zu verweisen.

6 Siehe dazu mein Buch *Elementarwesen – die Gefühlsebene der Erde*, München 1995.

geistige Freiheit. Alle diese Umstände erklären die oft anzutreffende Abneigung gegen den Begriff eines geistigen Lehrers.

Was mich betrifft, so habe ich schon früh den Unfug erlebt, der mit sogenannten Gurus und aufgestiegenen Meistern getrieben wird. Ich habe daher versucht, die sich neu entwickelnden Bereiche der Erdheilung und Geomantie von solchen Schatten freizuhalten, obwohl mir vollkommen einleuchtete, daß eine Evolution sich geistig nicht entfalten könnte, gäbe es nicht Individuen, die so weit fortgeschritten sind, daß sie die Entwicklung der Menschheit inspirieren und fördern können. – Ich werde diesem Thema im dritten Teil mehr Raum widmen. Schließlich ist im Zusammenhang mit der Erdheilung zu berücksichtigen, daß die Erde ein so umfassender Organismus ist, daß die Folgen eines Eingriffs in ihre Lebenssysteme für ein einzelnes menschliches Bewußtsein fast unüberschaubar sind. Folglich sehe ich es als einen glücklichen Umstand an, daß der Mensch die Fähigkeit besitzt, sich intuitiv oder telepathisch mit Individuen bzw. Wesenheiten in Verbindung zu setzen, die aus der Perspektive jenseits von Zeit und Raum die Erde betrachten und aus dieser Weite heraus den Vorgang einer Erdheilung leiten können. Auf diese Weise können unerwünschte Schäden vermieden werden.

Allerdings gibt es dabei einige Gefahren. Man muß lernen, wahre und falsche Quellen voneinander zu unterscheiden (SG 2.6.B.). Ferner gilt es zu lernen, den Kanal zu schützen, durch den einem die Informationen aus der geistigen Quelle zuströmen, damit die Eingebungen nicht durch störende Kräfte deformiert werden können. Andererseits ist es für den Wahrheitscharakter der Information wichtig, daß die eigene Kreativität in einer gesunden Proportion steht zum Anteil der geistigen Führung. Wird der Anteil des Eigenbeitrags zu gering, so wächst die Gefahr, daß der Mensch durch die Führung, der er sich immer mehr übergibt, irregeleitet wird. Da hilft auch keine Ausrede, daß es sich bei der Erdheilung um übergeordnete Aufgaben handele, die Vorrang hätten gegenüber der persönlichen Entwicklung. Die ausgeglichene und auf der inneren Selbständigkeit basierende Entwicklung des Individuums hat in der Menschheitsevolution immer den Vorrang. Also *dürfen* die Gegenkräfte in dem Falle, daß sich jemand an eine geistige Führung »verliert«, eingreifen und den Betreffenden – oft unmerklich – in eine falsche Richtung leiten. Es geht dabei letztlich nicht um böse Absichten, sondern um eine schmerzhafte, aber fruchtbare Art und Weise, durch schwierige Erfahrungen zu lernen.

Ich selbst habe das Glück, daß zwei meiner Töchter, Ajra Miška und Ana Pogačnik, mit der Engelwelt kommunizieren. Bei Erdheilungsaufgaben, die ich allein nicht bewältigen kann, bilden wir ein Arbeitsteam. Der dritte Beteiligte ist im Falle von Ajra der Engelmeister Christopher Tragius und im Falle von Ana der Engel der Erdheilung namens Devos. (Über die Rolle der Engel vgl. SG 1.3.) Meine Aufgabe dabei ist es, das Problem von allen Seiten zu untersuchen und aus dieser Erfahrung heraus genaue Fragen an den »zuständigen« Engelmeister zu stellen. Eine meiner Töchter wirkt dann als Mittlerin und überträgt durch ihre Fähigkeit die Botschaften makellos von einer Dimension in die andere. Danach setzt wieder meine Verantwortung ein, wenn es gilt, die erhaltenen Informationen in die konkrete Erdheilungsarbeit vor Ort zu übertragen.

TEIL II:

BEREICHE UND EBENEN DER ERDHEILUNG

In meinem Buch *Schule der Geomantie* habe ich ein Modell entwickelt, das sowohl die sichtbaren wie die unsichtbaren Ausdehnungen der Erde, der Natur und der Landschaft in ihrem Verhältnis zueinander darstellt (SG 1.2.). Das Modell zeigt das Universum in drei Phasen gegliedert, von denen jede ihren eigenen Entfaltungsraum findet, wobei der Mensch gleichzeitig in allen drei Raumphasen lebt bzw. zwischen ihnen hin und her pendelt. Die drei Phasen sind:

1. Die *Phase der Ganzheit*, in der das ganze Universum jenseits der Begrenzungen von Raum und Zeit von Ewigkeit zu Ewigkeit in seiner göttlichen Ordnung verweilt. Den dieser Phase des Seins entsprechenden Raumbegriff nenne ich *Urraum der Ewigkeit.*
2. Die *schöpferische Phase* des Universums stellt einen *Mehrdimensionalen Raum* zur Verfügung, in dem verschiedenste Evolutionen ihre Entwicklung und Kreativität erfahren können.
3. In der *Phase der Wandlung* werden separate Daseinsräume für Umwandlungsprozesse erschaffen, die es den Lebewesen ermöglichen, eine überholte Ebene der Entwicklung zu verlassen und eine vollkommenere Stufe zu erreichen. Die Menschheit befindet sich zur Zeit in einer solchen Phase, die durch die physisch-objektive Natur des *Materialisierten Raumes* gekennzeichnet ist.

Im Bereich des Urraumes der Ewigkeit bedarf es keiner Erdheilung. Auf dieser Ebene ist das Universum zugleich heilig und heil. Es ist überhaupt die Ebene, die über den

Gegensatzpaaren »ganz – getrennt«, »heil – krank«, »harmonisch – gestört« steht und dadurch als eine unerschöpfliche Quelle der Heilung auch für die Erde wirkt.
Die eigentlichen Probleme, die die Menschen auf dem Planeten unentwegt produzieren, werden im Bereich des Materialisierten Raumes offenbar, sei es, daß es sich um die Zerstörung der Ökosysteme, das Artensterben, Klimastörungen, Bodenvergiftung oder ähnliche unfreiwillige Folgen der modernen Zivilisationsentwicklung handelt. Dem Naturschutz verpflichtete und ökologisch orientierte Bewegungen und Institutionen versuchen mehr oder weniger erfolgreich, diesen Fehlentwicklungen entgegenzuwirken. Der Ausdruck »Erdheilung« wäre für Bemühungen dieser Art – die zweifellos auch für das Überleben der Erdsysteme wichtig sind – nicht angemessen und wird auch nicht in diesem Zusammenhang benutzt. Etwas zu heilen, heißt nicht nur zu schützen, was da ist, sondern sich aktiv und kreativ mit den Ursachen der Zerstörung der Lebenssysteme der Erde auseinanderzusetzen.
Diese Ursachen sind jedoch nicht im Bereich der Materialisierten Welt zu suchen, sondern in den übergeordneten feinstofflichen Bereichen des Mehrdimensionalen Raumes. Die Mehrdimensionalität der unsichtbaren Welt beruht auf dem *Urmuster der Vier Elemente.* Jedes Element prägt mit seiner Charakteristik eine der vier unsichtbaren Dimensionen.

1. Dem *Element Erde* entspricht nach meinem Modell die *Strukturgebende Dimension*, ein feinstofflicher Bereich, der, bildlich gesprochen, unmittelbar hinter den materialisierten Formen der stofflichen Welt liegt und für ihre charakteristische Ausformung (= Strukturgebung) ebenso zuständig ist wie für ihre Belebung. Zu diesem Bereich gehören die Äther- oder Lebenskraft-

strömungen (chinesisch: Chi oder Qi), Kraftfelder und Kraftspuren in der Landschaft. Auch das Thema des Gleichgewichts zwischen weiblichen und männlichen Kräften (vgl. das folgende Fallbeispiel »Stausee«) gehört in den Bereich der strukturgebenden Dimension, die auch »Formebene« genannt wird.

2. Dem *Element Feuer* entspricht die *Vitalenergetische Dimension*, deren Funktion darin besteht, die lebenskrafterzeugenden und -tragenden Systeme in einem Landschaftsraum aufrechtzuerhalten. Es handelt sich um Kraftzentren, Atmungssysteme, Yin- und Yang-Quellen, Kraftbahnen, Erdchakren und andere vitalenergetische Organe der Erde. Die meisten der folgenden Fallbeispiele haben mit Beeinträchtigungen innerhalb der Vitalenergetischen Dimension zu tun, da sie als Quelle der Lebenskraft für die vitale Qualität des Raumes von entscheidender Bedeutung ist. Traditionell wird diese Ausdehnung des Mehrdimensionalen Raumes auch als »ätherische Ebene« bezeichnet.
3. Dem *Element Wasser* entspricht die *Urbildliche Dimension*. Darin sind die Urbilder bzw. Kosmogramme enthalten, die die Lebensprozesse in der Landschaft steuern. Es handelt sich um das Bewußtsein der Erde und der Natur, in dem auch die Elementarwesen als Intelligenzzellen der Landschaft eine entscheidende Rolle spielen. Traditionell wird diese Dimension auch als »Astralebene« bezeichnet. Die letzten vier der nachfolgenden Fallbeispiele beziehen sich auf die Urbildliche Dimension.
4. Dem *Elment Luft* entspricht die *Geistig-Seelische Dimension* des Mehrdimensionalen Raumes, die die Präsenz der göttlichen Kräfte in der Landschaft darstellt. Es geht um die Geistebene der Erde, die sich gewöhnlich

Abb. 1:
Das Konzept des dreiphasigen Universums

I Der Urraum der Ewigkeit– Die Welt des Geistes

II Der Mehrdimensionale Raum:

Element	*Raumdimension*	*Entsprechende Ebene*
1. Luft	Geistig-Seelische	Geistebene (Mentale Ebene)
2. Wasser	Urbildliche	Gefühlsebene (Astrale Ebene)
3. Feuer	Vitalenergetische	Kraftebene (Ätherische Ebene)
4. Erde	Strukturgebende	Formebene

III Der Manifestierte Raum – Die Welt der Materie

durch Landschaftstempelstrukturen offenbart. Unter den folgenden Beispielen wird diese Raumausdehnung nur im Zusammenhang mit der Stadtlandschaft von Köln erwähnt, weil ihre Präsenz mehr oder weniger jenseits der praktischen Gebiete der Erdheilung liegt. Es handelt sich nämlich um eine Ebene, die nicht unmittelbar beschädigt werden kann. Die geistig-seelischen Kräfte ziehen sich eher von einem gestörten Ort zurück und werden erst wieder präsent, wenn der Ort

Charakteristik	*Erscheinungsform in der Landschaft*
Göttliche Ordnung	Landschaftstempelmuster
Bewußtseinsvorgänge	Brennpunkte von Elementarwesen
Lebenskraftsysteme	Geomantische Systeme
Verwirklichungs-strukturen	Radiästhetische Phänomene

auf den drei erstgenannten Ebenen in Ordnung gebracht wurde.

Die folgenden Fallbeispiele sind nicht in erster Linie gedacht, um die oben beschriebene Ordnung zu illustrieren, sondern vielmehr um der Leserin und dem Leser anhand meiner Erfahrungen ein Gefühl dafür zu vermitteln, wie tiefgreifend und komplex die ökologischen Probleme auf den feinstofflichen Ebenen sind.

1. Jesenice: Blockierung eines Sternförmigen Kraftzentrums

Eine der ersten Aufgaben, die wir in Zusammenarbeit mit dem Erdheilungsengel Devos ausgeführt haben, war die Wiederherstellung des Gleichgewichts im Kraftzentrum von Jesenice. Es handelt sich um eine Grenzstadt, die man erreicht, wenn man durch einen der beiden Karawankentunnel von Kärnten nach Slowenien fährt. Sofort springen einem riesige Eisen- und Stahlwerke ins Auge, die sich im engen Tal des Flusses Save drängen. Dazwischen liegen vom Smog grau getönte Wohnviertel. Man fragt sich, warum sich ausgerechnet in einem herrlichen Alpental eine so schwer belastende Industrie angesiedelt hat.

Geomantisch[7] gesehen liegt das schwierigste Problem darin, daß die Stadt sich vollkommen einseitig in Richtung Osten, abgekehrt von dem Vitalenergetischen Zentrum des Ortes entwickelt hat. Ein Zentrum dieser Art stellt aber die Hauptquelle der Lebenskraft für die umliegende Landschaft dar. Die Kraft quillt gewöhnlich in der Erdtiefe und fließt in Form einer aufsteigenden Spirale der Erdoberfläche zu. Dort trifft sie auf einen Strahl kosmischer Kraft, der, einer Lichtachse gleich, den Quellpunkt in der Erde senkrecht mit dem kosmischen Raum verbindet. Dort, wo die beiden Kräfte an der Erdoberfläche aufeinanderstoßen, kommt es zu einer Art Fusion der beiden Komponenten und zu einer starken, sich sphärenartig in den Raum ausbreitenden Ausstrahlung der Lebenskraft, durch die das Lebensgewebe des Raumes genährt wird. Die gleiche Stelle bildet auch den Ausgangs-

[7] Geomantie kommt von *ge* (gr.) – die Erde – und *manteia* (gr.) – Wahrsagung. Es geht also um Wahrsagung (= die Wahrheit sagen) über die verborgenen Kräfte der Erde.

punkt breiter Kraftbahnen, die strahlenförmig die Landschaft durchziehen und den Quellort mit anderen, qualitativ verwandten Orten verbinden. Kraftbahnen dieser Art nenne ich *Verbindungs-Leylinien*, ihre zentralen Quellorte bezeichne ich als *Sternförmige Zentren* (SG 4.2.).
Das Sternförmige Zentrum für die Landschaft, in der sich die Industriestadt Jesenice ausgebreitet hat, liegt am Flüßchen Jesenica, nach dem die Stadt, die erst in den 20er Jahren gegründet wurde, benannt ist. Der Name wurde also durchaus richtig gewählt. Auch steht an dem Platz des Sternförmigen Zentrums eine der hl. Barbara geweihte oktogonale barocke Kapelle, die die Symmetrie des Kraftzentrums auf eine harmonische Weise widerspiegelt. Die Schwierigkeit liegt darin, daß sich die Stadt das Savetal flußabwärts, vom Zentrum wegstrebend, ausgebreitet hat. Anstatt in der Mitte, im Ballungskern, zu liegen, von wo aus das Sternförmige Zentrum die Stadt mit Kraft durchdringen könnte, strahlt es nun am Rand, unfähig, seine volle Funktion auszuüben. So entsteht ein energetisches Ungleichgewicht, das wiederum eine Blockade des Kraftzentrums bewirkt, so daß nur ein geringer Teil seiner potentiellen Ausstrahlung in das Stadtgewebe hineinfließen kann.
Der Erdheilungsengel hat uns darauf hingewiesen, daß in einem solchen Fall, wo das Sternförmige Zentrum einer Stadt blockiert ist, einzelne, sich selbst überlassene Stadtteile dazu tendieren, sich um eigene lokale Zentren zu gruppieren. Als Folge davon kommt es zu einer kraftmäßigen Zersplitterung des Ganzen, die zu einer weiteren Schwächung des Stadtorganismus führt. Am Beispiel von Jesenice sei deutlich zu sehen, wie die Industrie diese mehrfache Schwächung des Kraftfeldes der Stadt ausgenützt hat, um sich überproportional darin auszubreiten.
Devos hat uns aber zugleich auf eine Möglichkeit der Heilung

hingewiesen: Er machte uns auf ein Ersatzkraftzentrum aufmerksam, das sich gewissermaßen als Ausweg in höchster Not mitten in der Stadt in einem kleinen Park herauszubilden begonnen hatte. Der Platz steht in Resonanz mit dem an den Stadtrand gedrängten Sternförmigen Kraftzentrum. Der Erdheilungsengel schlug uns vor, es in seiner Funktion als Ersatzzentrum zu stärken und mit dem ursprünglichen Zentrum kraftmäßig zu verbinden. Das vitalenergetische Gewebe der Stadt könne später um das Ersatzzentrum zentriert werden und dadurch sein Gleichgewicht finden.
Um ein entsprechendes Stadtheilungsprojekt in Jesenice ausführen zu können, setzten wir unsere Hoffnung auf einen einige Jahren zuvor gegründeten Verein, der sich die Erforschung von Grenzgebieten der Wissenschaft zum Ziel gesetzt hatte. Im Februar 1993 wurde ich von dem Verein eingeladen, meine Einsichten in die Problematik der Stadt vorzustellen, die inzwischen in eine gefährliche Wirtschaftskrise geraten war. Mein Vorschlag, das Ersatzkraftzentrum zur Entfaltung zu bringen und dadurch einen Prozeß der Zentrierung der Stadt anzuregen, wurde begeistert aufgenommen, ebenso sämtliche anderen Stadtheilungsvorschläge, die noch weitere, hier nicht erwähnte Probleme der Stadtlandschaft berührten.
Genau ein Jahr später trafen wir uns mit rund 40 Bürgerinnen und Bürgern von Jesenice zu einem von Devos konzipierten und von mir geleiteten Stadtheilungsseminar. Als erstes haben wir durch Gesang auf dem entsprechenden Punkt im kleinen Park das zukünftige Ersatzzentrum gereinigt (vgl. Teil V »Methoden der Erdheilung«). Danach sind wir zum ursprünglichen Kraftzentrum am Flüßchen Jesenica gegangen, um von dort eine Kraftbrücke zum Ersatzzentrum zu schlagen und die beiden stärker miteinander zu verbinden, damit sie künftig gemeinsam und synchronisiert wirken

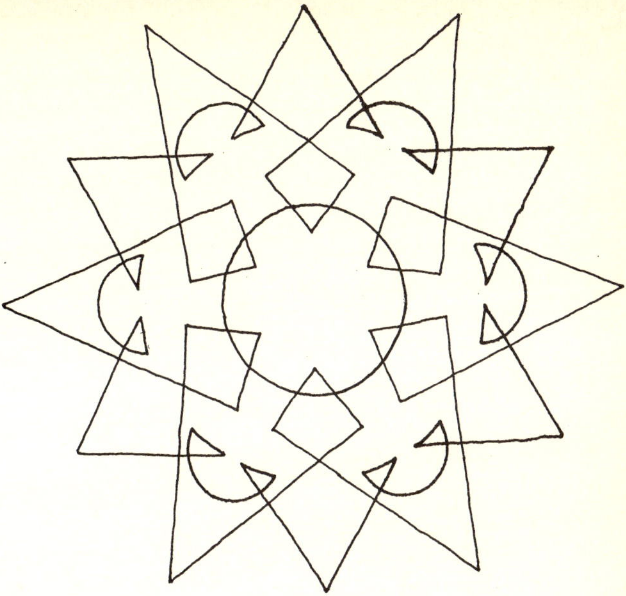

Abb. 2:
Kosmogramm für den Lithopunkturstein am Sternförmigen Ersatzzentrum von Jesenice, Slowenien, 1995.

könnten. Dazu haben wir als Methode die Farbvisualisation angewandt:
Die Gruppe stand mit geschlossenen Augen auf dem Platz des ursprünglichen Sternförmigen Zentrums mitten in der Kapelle der hl. Barbara und visualisierte zuerst eine gelbe Bogenbrücke zum Punkt des Ersatzzentrums. Nach einiger Zeit wurde das Bild gewechselt. Nun visualisierten wir eine Brücke aus blauem Licht, die in umgekehrter Richtung vom Ersatzzentrum zur Kapelle gespannt wurde. Anschließend ließen wir in unserer Imagination die beiden Farben miteinander verschmelzen, so daß daraus letztlich eine grüne Brücke entstand, die die Verbindung zwischen den beiden Zentren kraftmäßig unterstützen sollte. Die Farbe Grün wurde gewählt, weil sie nach Aussagen von Devos die charakteristische Farbe des Sternförmigen Zentrums von Jesenice darstellt.
Um das neue Zentrum im sogenannten Gedächtnispark – einem ehemaligen Friedhof – besser zu verankern und zum Strahlen zu bringen, habe ich zusätzlich vorgeschlagen, einen Lithopunkturstein für den Platz zu gestalten. Es hat die Bürgerinitiative viel Mühe gekostet, bis der Stadtrat mit großer Mehrheit den Beschluß faßte, die Aufstellung von drei Lithopunktursäulen innerhalb des Stadtgewebes zu genehmigen. Der Megalith auf dem Platz des Ersatzzentrums wurde als erster am 28. Juli 1995 mit feierlichen Reden und einem Blasmusikkonzert eingeweiht.

2. Villach, Bern, Berlin: Weitere Probleme von Sternförmigen Zentren

Das Sternförmige Zentrum, das für die Stadtlandschaft von Villach in Kärnten zuständig ist, war von einer ganz anderen Art von Blockade betroffen. Es befindet sich am Rande der Altstadt, unweit der Stadtburg. Besser gesagt, es befand sich dort, denn mit dem Bau der Eisenbahn Ende des 19. Jahrhunderts in dem Bestreben, den Stadtkern zu umgehen, wurde genau das Gelände überbaut, in dem die Kraftquelle verankert war. Es kam zu einem tiefen Erdaushub genau an der sensiblen Stelle, wo die Erdspirale die Oberfläche berührte. Zusätzlich wird die in die Erde eingelassene Bahnlinie noch von zwei auf Betonbrücken verlegten Straßen überquert.

Wenn ich ausschließlich auf meine Wahrnehmungsfähigkeiten angewiesen gewesen wäre, hätte ich das Sternförmige Zentrum von Villach gar nicht gefunden. Selbst nachdem der Erdheilungsengel uns seine ursprüngliche Lage anhand eines Stadtplans »verraten« hatte, bin ich lange am Ort umhergeirrt, um wenigstens eine winzige Spur davon zu entdecken. Schließlich konnte ich mit dem inneren Auge sehen, wie sich vom Himmel ein Kraftfaden herabläßt, der aber bei Erreichen der Erdoberfläche fast vollständig verblaßt ist. Von dem zugehörigen Gegenpol der irdischen Quelle konnte ich weder etwas spüren noch sehen. Das ganze Gebiet vermittelte das Gefühl, sich in einem dunklen Schockzustand zu befinden.

In vielen Fällen kann man größere Erdmassen bewegen, ohne das vitalenergetische Gewebe des Ortes wesentlich zu beschädigen. Wenn es sich aber, wie in unserem Falle, um Plätze handelt, an denen Vitalenergetische Zentren oder Kraftbahnen verankert sind, dann wird die Sache sehr heikel. Die geologischen Schichten des Platzes dienen als Brücke, um die Schwingungen aus der ätherischen Ebene auf die materialisierte Ebene des Seins zu übertragen. Werden diese Schichten entfernt oder umgewälzt, so besteht die große Wahrscheinlichkeit, daß die Resonanzbrücke zwischen den beiden Dimensionen und damit auch der lebenspendende Einfluß der betreffenden Kraftquelle auf die reale Lebensebene verlorengeht.

Im Sommer 1994 erhielt ich vom Kulturamt der Stadt Villach den Auftrag, ein Lithopunkturprojekt für die gesamte Stadtlandschaft zu entwickeln. In diesem Zusammenhang galt es auch, eine Strategie zur Wiederbelebung des unterdrückten Sternförmigen Zentrums zu finden. Als erstes habe ich am Rande des Bahnaushubs einen Platz gesucht, an dem ich eine Resonanz mit der in der Erdtiefe gestauten Kraftquelle erspüren konnte. An diesem Ort sollte das Zentrum neu verankert werden. Es fand sich eine Gruppe von interessierten Bürgerinnen und Bürgern zusammen, um vor Ort die Vorbedingungen dafür zu schaffen. Durch ein komplexes Ritual, das die drei Methoden Gesang, Farbvisualisation und Tanz einschloß, ist es uns gelungen, den ausgesuchten Platz zu reinigen und mit der unterirdischen Quelle zu verbinden. Einige Mitglieder der Gruppe haben in dem anschließenden Gespräch über Wahrnehmungen berichtet, die bestätigten, daß die Quelle wieder zum Fließen gebracht war. Ich selbst konnte die Spirale sehen, die aus der Erde aufsteigend sich nun an dem Platz über die Erdoberfläche zu ergießen begann. Die zweite Phase der Wiederbelebung des Sternförmigen Zentrums bestand darin, daß Alexander Kandut, ein Wiener Bildhauer, einen Lithopunkturstein für den Platz meißelte. Am Lithopunkturprojekt Villach haben acht österreichische Künstler mitgewirkt, wobei jeder – im Einklang mit dem Gesamtplan – für einen der zwölf zur Behandlung ausgewählten Akupunkturpunkte eine Steinsäule gestaltet hat; die restlichen vier Steinnadeln habe ich mit meiner Frau Marika verwirklicht.[8]

Während der Stein am 26. Mai 1995 auf dem neu vorbereiteten Platz des Sternförmigen Zentrums mit Hilfe eines Krans aufgestellt und durch mein leichtes Hin- und Herschieben und Drehen kraftmäßig genau ausgerichtet wurde, konnte ich innerlich beobachten, was im unsichtbaren Bereich vor sich ging: In der Mitte der schon erwähnten Spirale, die in Richtung Erdoberfläche aufsteigt, an dem Punkt, wo nun der Stein steht, schoß ihre Kraft durch die Steinsäule senkrecht nach oben. So wurde auch die Kraftverbindung zum Kosmos wiederbelebt, die neben der Quellfunktion der irdischen Spirale für ein Sternförmiges Zentrum charakteristisch ist.

Als ich einen Monat später zur Kontrolle die Lithopunktursäulen eine nach der anderen aufsuchte und mit dem inneren Auge ihre Wirkung beobachtete, habe ich bei der Säule am Sternförmigen Zentrum bemerkt, daß die beiden schon existierenden Elemente inzwischen noch stärker ausgeprägt waren. Zusätzlich ist noch ein Strahlenkranz aus kristallklarem Licht entstanden, der sich waagerecht nach allen Seiten ausbreitet. Das Zentrum hatte bereits seine wesentliche Funktion wiederaufgenommen, den Raum mit strahlender Lebenskraft zu versorgen.

Als ein weiteres Beispiel sei das Sternförmige Zentrum der Stadtlandschaft von Bern (Schweiz) erwähnt, dessen Problematik ähnlich gelagert war. Auch dort befindet sich das Sternförmige Zentrum am Rande der Altstadt über dem Hang, der steil zur Aare abfällt, die in einer großen Schleife die Landzunge umfließt, auf der die Altstadt thront. Dicht an

[8] Über das Lithopunkturprojekt Villach 1995 hat das Kulturamt der Stadt Villach einen Katalog herausgegeben.

den Hang angelehnt wurde eine breite Eisenbahnbrücke über den Fluß gebaut, die mit einem ihrer schweren Betonpfeiler in den Bereich des Kraftzentrums eindringt. Damit die subtile Zerstörung, die damit – vermutlich unwissentlich – angerichtet wurde, offenbar werde, hat sich in einer ehemaligen Reitschule auf der anderen Seite der Brücke ein alternatives Jugendkulturzentrum angesiedelt. Das Gebäude wurde mit provokativen Sprüchen beschriftet und in einer Weise genutzt, daß sich die Bürger ständig über den Ort ärgerten, ohne den wahren Grund ihres Kummers zu erkennen.
Als ich im Februar 1994 den Platz besuchte, war das Sternförmige Zentrum in einem so jämmerlichen Zustand, daß ich eine ganze Weile brauchte, um seinen Standort überhaupt ausmachen zu können. Es sah aus wie eine schwarze Spinne, die ihr Netz zwar einigermaßen in den Raum ausgebreitet hat, aber nicht um Kraft zu geben, sondern sie aus der Umgebung abzuziehen. In sich selbst verkrampft wirkte das verdrehte Zentrum wie ein zusammengezogener Saugnapf. Der Kommentar des Erdheilungsengels dazu lautete, daß die grausame Verdrehung des Zentrums dazu führte, daß die Stadt als Ganzes in einem schwingungsmäßigen Nebel tappt und energetisch gesehen schläft.
Seiner Bedeutung nach könnte man das Sternförmige Zentrum mit dem Sonnengeflechtchakra beim Menschen vergleichen. Auf der vitalenergetischen Ebene stellt das Chakra die Quelle der Lebenskraft für den menschlichen Organismus dar und repräsentiert die Kraft der Sonne (SG 1.2.B). In dieser Hinsicht ist es schon erstaunlich zu sehen, wie eine Stadt fähig ist, sich aus der eigenen zivilisatorischen Struktur mit den benötigten Kräften zu versorgen und dabei die feinstofflichen Quellen, die die Natur dazu anbietet, in einem einzigen Moment durch die Technik zu überrollen. Man fragt sich, wo das hinführen soll, wenn wir auf der Erde wohnen wollen,

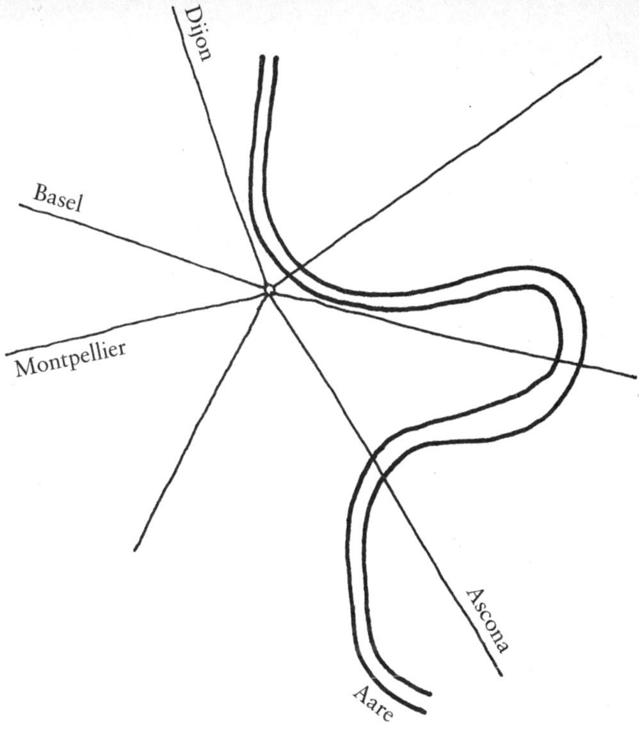

Abb. 3:
Die Lage des Sternförmigen Zentrums von Bern
in Beziehung zur Flußschleife der Aare,
in der sich der alte Stadtkern befindet.
Die Richtungen einiger der Verbindungs-Leylinien,
die von dem Zentrum ausgehen, sind angegeben.

ohne ihre feinsten Dimensionen wahrzunehmen und in unser Dasein einzubeziehen.
Im Herbst desselben Jahres habe ich mich mit einer Gruppe von Bürgerinnen und Bürgern zusammengetan, um durch eine von Devos konzipierte Erdheilungsaktion das Zentrum wenigstens aus seinem negativierten Zustand zu befreien. Dabei stießen wir auf eine weitere Schwierigkeit: Unterhalb und vor der Bahnbrücke war ein Parkplatz errichtet worden, so daß ständig Autos über dem versunkenen Chakra parkten. Um den Punkt überhaupt erreichen zu können, mußte ich auf dem nahegelegenen Paul-Klee-Platz einen Ersatzakupunkturpunkt suchen, durch den wir auf das Sternförmige Zentrum selbst einwirken konnten.
Während wir durch Gesang, Farbvisualisation und Tanz an der Reinigung und Wiederbelebung des Zentrums wirkten, haben wir uns ständig bewußt gemacht, daß wir es stellvertretend für den mit Autos besetzten Platz tun. Nachdem das zwei bis drei Stunden dauernde Werk abgeschlossen war, gingen wir zu dem ca. 60 Meter entfernten eigentlichen Zentrum, um wahrzunehmen, wie es ihm nun ginge. Viele aus der Gruppe konnten zu ihrer Überraschung spüren, wie positiv der Ort sich verändert hatte. Eine Schwingung ähnlich einer sanften Brise wehte vom Platz her. Bevor ich einige Tage später das Land verließ, habe ich den Platz nochmals aufgesucht. Ich konnte die positive Schwingung des Sternförmigen Zentrums in einem Umkreis von 24 Schritten im Durchmesser feststellen.
Soweit konnten wir es auf der rein energetischen Ebene bringen. Ein weiterer, entscheidender Schritt zur Wiederbelebung des Sternförmigen Zentrums könnte gemacht werden, wenn die Stadtverwaltung von Bern sich zum Schutz des Ortes entschließen und ihn aus der Nutzung als Parkplatz ausklammern würde. Durch eine gärtnerische oder künstle-

rische Gestaltung des Punktes, verbunden mit weiteren energetisch-geistigen Maßnahmen könnte das Zentrum wieder voll zum Atmen gebracht werden. Bis auch das öffentliche Bewußtsein bereit ist, den Platz zu pflegen, könnte das Zentrum zwischenzeitlich dadurch am neu gewonnenen Leben erhalten werden, daß einzelne Menschen es unterstützend in ihre persönliche Meditation einschließen. Eine andere Möglichkeit wäre, als Gruppe regelmäßig an dem Punkt selbst zusammenzukommen und mit klarer Absicht harmonische Töne zu singen. Soweit ich weiß, geschieht dies auch.

Die Geschichte des Sternförmigen Zentrums von Berlin ist noch ergreifender. Es befindet sich hinter dem Presbyterium der Marienkirche am Alexanderplatz, mitten im alten Kern von Berlin. Seine Lage in bezug zur Stadtstruktur ist optimal, im Gegensatz zu dem Zustand, in dem sich das Zentrum selbst befindet. Nach Auskunft von Devos ist das Zentrum schon längere Zeit vollständig blockiert, so daß drei Unterzentren seine Rolle übernommen haben. Zwei davon sind inzwischen auch schon außer Funktion, nur das eine, das sich im Park Monbijou befindet, ist noch tätig. Diese Zersplitterung des Zentrums zieht, so der Erdheilungsengel, die Zersplitterung des Stadtorganismus an, so daß die Kraftstruktur des Ortes vollkommen zerrissen ist. Für die Zerstörung des Sternförmigen Zentrums gibt er zwei Hauptursachen an: unheilvolle urbane Entwicklungen einerseits und ein Massenmord an unschuldigen Menschen am Ort des Zentrums andererseits.

Mord an unschuldigen Menschen habe ich an vielen Orten europaweit als eine der schlimmsten Ursachen für Zerstörungen auf der energetischen und geistigen Ebene vorgefunden. Man kann die tiefgreifenden Folgen eines solchen Blutvergießens besser verstehen, wenn man sich klarmacht, daß im

Herz- und Blutkreislaufsystem die göttliche Identität des Menschen verankert ist. Mord ist eine Aggression gegen den heiligen Kern des Menschen und damit auch der Erde. Ein Platz wird dadurch grausam geschändet, was zur Folge hat, daß er sich verdreht und in seinem Gefüge zusammenbricht. Die Erde und damit auch jeder Ort innerhalb ihres Landschaftsorganismus ist nicht nur von Lebenskraft durchzogen, sondern auch von Bewußtsein. Mit anderen Worten: die ätherische Ebene jedes Ortes wird durch eine Gefühlsdimension (astrale Ebene) ergänzt. Sie bildet das Bewußtsein des Ortes und ist für gefühlsmäßige und geistig belastende Angriffe höchst empfindsam. Der Schock auf der astralen Ebene breitet sich in solchen Fällen unweigerlich auch auf die untergeordnete ätherisch-kraftmäßige Ebene aus und verursacht dadurch die Verkrampfung und im schlimmsten Falle eine Lähmung ihrer lebenbringenden Funktion. Als ich bei der Marienkirche nach der Ursache der Zerstörung des Sternförmigen Zentrums suchte, bin ich durch die Schichten der Erinnerungen des Ortes hindurchgegangen. Dabei sah ich einen Gruppenmord geschehen. Meiner Schätzung nach muß er sich im Spätmittelalter ereignet haben. Unter den Opfern bemerkte ich eine hochgewachsene, sehr heilig erscheinende männliche Gestalt mit weißem Haar, die sich wieder und wieder über dem Blutbad aufrichtete, bis sie zuletzt ebenfalls niedergemetzelt wurde. Jemand hat mir später erzählt, daß in jener Zeit tatsächlich eine Gruppe von 60 Juden beschuldigt wurde, das Kirchengerät gestohlen zu haben, und an dem Platz ermordet wurde, obwohl sich später herausstellte, daß es sich um eine absichtlich falsche Beschuldigung gehandelt hatte.

Unter den städtebaulichen Ursachen der Zerstörung des Kraftzentrums spielt der riesige Fernsehturm, den das kommunistische Regime der ehemaligen DDR in unmittelbarer

Nähe des empfindsamen Zentrums errichten ließ, die Hauptrolle. Merkwürdigerweise scheint der Betonkoloß die charakteristischen Formen des Sternförmigen Zentrums nachzuahmen – seine krallenartigen Betonstützen greifen sternförmig über den ganzen Platz. Sie sind zwar unterirdisch verankert, aber deswegen für die Erdkräfte noch störender. Die Vertikale des hochaufragenden Turms wirkt wie eine verblüffende Konkurrenz zu der senkrechten Achse des unsichtbaren Zentrums. Dessen grünfarbene Lichtachse stellt den Kern dar, um den meiner inneren Eingebung nach die Göttin der Stadtlandschaft (SG 6.4.) – gewöhnlich wird sie als *genius loci* bezeichnet – fokussiert ist. Es fühlt sich an, als habe man in der Planungsphase des kommunistischen Zentrums von Berlin eine hellseherische Person hinzugezogen, die den Machthabern die verborgene Rolle des Sternförmigen Zentrums und seiner Lichtachse verraten hat. Man hat dann versucht, einerseits das wahre Zentrum so weit wie möglich zu stören und andererseits seine Elemente in die Turm- und Platzgestaltung einzuverleiben. Meiner Intuition nach wollten die kommunistischen Erbauer dadurch ein falsches, der Machtausübung geweihtes Zentrum für das von ihnen beherrschte Land erschaffen.
Im Gegensatz zu den anderen, vorher beschriebenen Sternförmigen Zentren wird die Lebenskraft beim Zentrum von Berlin nicht spiralig an die Erdoberfläche geleitet, sondern sie wird in der Form einer blauen Kraftsphäre, die unterhalb der Oberfläche schwebt, konzentriert und letztlich in Richtung Oberfläche ausgegossen. Im September 1995 habe ich im Rahmen meines Beitrags zum Sommerprogramm der »Fördergemeinschaft zur Gründung einer Friedensuniversität in Berlin« an der Reinigung und Wiederbelebung des Zentrums gearbeitet. Dabei war ich wieder auf die Gruppenarbeit angewiesen und auf die Werkzeuge wie Gesang, Tanz, ge-

führte Imagination und Visualisation, auf die ich in Teil V genauer zu sprechen komme.
Die Gruppe hat sich bemüht, den Platz zu reinigen und den wichtigsten Teil der Kraftquelle, die Lichtkugel, in die richtige Position unmittelbar unterhalb der Erdoberfläche emporzuheben, da sie infolge der Zerstörung in die Erdtiefen hinabgesunken war. Zuletzt haben wir ein Muster getanzt, durch das die Kernschwingung der Kraftquelle angesprochen wurde, um sie wieder in Gang zu bringen.

3. Vogršček-Stausee: Ein künstliches Übermaß an weiblichen Kräften in der Landschaft

Während des Winters 1992 kam unsere älteste Tochter Ajra Miška regelmäßig in unser altes Bauernhaus im Vipavatal (Slowenien), um in telepathischer Verbindung mit dem Engelmeister Christopher Tragius an der Vorbereitung meines Lithopunkturprojekts im Norden Irlands zu arbeiten.
Unser Haus liegt einsam inmitten des breiten Tales. Um es zu erreichen, mußte Ajra, die in einem Nachbardorf verheiratet ist, ein etwa zwei Kilometer breites Feld überqueren. Eines Abends, Ende Februar, fuhr sie wie üblich nach Abschluß der Arbeit in ihrem Auto über den Feldweg nach Hause. Kaum war sie in dem erst kurz zuvor flurbereinigten Feldkomplex angelangt, als sie unzählige Stimmen vernahm, die sie aufforderten, den Wagen anzuhalten und ihnen zuzuhören. Der Angriff auf ihr Bewußtsein war so bedrohlich, daß sie sich nicht getraute stehenzubleiben. Im Gegenteil, sie gab Gas und jagte über das Feld, um so schnell wie möglich aus dem stockfinsteren Bereich herauszukommen. Erst als sie den Rand des friedlich beleuchteten Dorfes erreichte, stellte sie den Motor ab, um den Stimmen zuzuhören, die sie auch

während der rasanten Fahrt keine Sekunde in Ruhe gelassen hatten.

Es waren die Stimmen unzähliger Elementarwesen, die über die katastrophale Lage im Tal nach dem Bau eines riesigen Stausees in der Nähe unseres Hauses klagten. Dazu muß man wissen, daß in den Jahren 1980–85 eine pedantische Flurbereinigung im Vipavatal durchgeführt worden ist, bei der auch der Wasserspiegel des eher feuchten Tales künstlich gesenkt wurde. Um der nun zu erwartenden Dürre in den heißen Sommermonaten vorzubeugen, hatte man beschlossen, mitten im Tal einen Stausee zu errichten, um die trockenen Felder künstlich bewässern zu können. Erst im Winter 1991 war der Erdwall fertiggestellt worden, der den kleinen Bach namens Vogršček staute, und es dauerte Monate, bis der künstliche See vollgelaufen war.

Im Sommer danach, als der See endlich gefüllt war, haben wir mit Bestürzung festgestellt, daß sich in den umliegenden Dörfern einige so schlimme persönliche Dramen abspielten, daß sie nur im Zusammenhang mit dem gestörten Gleichgewicht im Tal zu erklären waren. Wie es durch dramatische Veränderungen der landschaftlichen Verhältnisse im einzelnen zu einem psychischen Schock kommen kann, konnte ich damals noch nicht verstehen. Deswegen war ich am nächsten Tag, als mir Ajra über das Ereignis auf dem Feld berichtete, sofort interessiert, vom Engelmeister Christopher Tragius mehr darüber zu erfahren.

Seine Antwort lautete: »Gestern hast du einen Hilfeschrei wahrgenommen. Das Vipavatal ist erkrankt, seitdem diese große Menge Wasser in seiner Mitte angesammelt ist. Stauseen wirken auch dadurch destruktiv auf die Landschaft, daß mit dem physischen Wasser zugleich auch die Kraftströme gestaut werden, die das fließende Wasser begleiten. Daraus folgt, daß der betreffende Landschaftsbereich mit dieser Art

von Kraft – hier der Yin-Kraft des Wassers – überflutet wird, wobei anderen Bereichen dieselbe Kraft entzogen wird oder nur in spärlichen Mengen zufließt.
Eine solche Situation ist auch bei dem Vogršček-Stausee entstanden. Vorher herrschte dort ein schönes Gleichgewicht, nun aber häuft sich da ein gewaltiger Überschuß an Yin-Kraft an, die an sich ein negatives Vorzeichen[9] trägt. Folglich ist das ganze Tal aus dem Gleichgewicht geraten. Das Problem könnte durch ein umfangreiches Werk gelöst werden. Grundsätzlich müßten die Yang-Kräfte in der umliegenden Landschaft verstärkt werden, um die Übermacht der Yin-Kräfte zu dämpfen. Ich möchte euch aber warnen, diese Aufgabe nicht zu unterschätzen, denn proportional zu der riesigen Menge gestauten Wassers ist auch die dazugehörige Kraft enorm. Ihr müßt damit rechnen, auf einigen Widerstand zu stoßen, den es zu überwinden gilt.«
Gemeinsam mit Ajra haben wir uns sofort zu einer Notaktion entschlossen, bei der wir leider auf den sonst bewußt gepflegten öffentlichen Charakter unserer Erdheilungsarbeit verzichten mußten. Mit Hilfe des Engelmeisters haben wir im Umfeld des Stausees vier für die hiesige Landschaft entscheidende Yang-Kraftorte ausgesucht. Dann formten wir Kosmogramme aus Kupferdraht und gruben sie zusammen mit je einem Bergkristall an den Kraftbrennpunkten dieser Orte ein. Zum Schluß haben wir die so gestärkten Zentren durch die Kraft unserer Imagination nach dem Prinzip eines Landschaftstempels (SG 6.1.) miteinander verbunden. Außerdem haben wir noch dafür gesorgt, daß der künstliche See mit der

[9] Es ist ausschließlich im energetischen Sinne (nicht moralisch) gemeint, wenn die weiblichen Yin-Kräfte als negativ und die männlichen Yang-Kräfte als positiv bezeichnet werden.

wahren Repräsentantin der weiblichen Kräfte im Vipavatal, dem Fluß Vipava, geistig-energetisch verbunden wurde.
Als Ajra am 13. März 1992 die Frage stellte, ob noch etwas im Hinblick auf die Wiederherstellung des Gleichgewichts getan werden müsse, erhielten wir folgende Bestätigung: »Der Vogrščček-Stausee ist eine neue Struktur in der Landschaft, die nach einer eigenen energetischen Erdung verlangt. Solange diese nicht gegeben ist, wird der See als ein Fremdkörper für das ganze Tal wirken. Ihr Menschen habt den See erschaffen und folglich müßtet ihr auch der Natur helfen, daß sie ihn integrieren kann.
Das Problem ist nun weitgehend gelöst. Die Yang-Kraftpunkte wurden gestärkt; nur der Kraftfluß untereinander ist noch schwach. Er muß noch eingeschaukelt werden. Alles andere läuft nach eigenen Gesetzmäßigkeiten. Der Fluß Vipava ist nun miteingeschlossen, und der künstliche See beginnt endlich zu atmen und wird zu einem Teil von uns sowie zu einem Teil von euch.«
Als wir im folgenden Jahr unter der Leitung des Erdheilungsengels Devos begannen, uns intensiv mit der Heilung von Orten und Landschaften zu beschäftigen, tauchten erneut Probleme mit künstlichen Staubereichen auf. Ein Beispiel dafür war der St.-Martin-Stausee bei Celje, Slowenien. Dort hat Devos vorgeschlagen, das Yang-Zentrum auf dem nahegelegenen Berg Slačjek zu stärken. Nachdem die Gruppe, die am Stadtheilungsseminar in Celje teilnahm, auf den Berg gestiegen war, den Brennpunkt gereinigt und durch harmonischen Gesang gestärkt hatte, wurden wir aufgefordert, den Yang-Kraftstrom von dort aus imaginativ in einem Bogen zu einem Punkt in der Mitte des Sees zu leiten. Wir visualisierten den Strom in den charakteristischen Yang-Farben Gelb und Rot. Dann verankerten wir den Kraftbogen im Seeboden und zerstreuten ihn von dort aus nach allen Seiten durch den See

und seine Umgebung. Dabei hat Devos uns gebeten, nicht aggressiv vorzugehen, damit die sensiblen Yin-Kräfte des Wassers nicht unterdrückt würden. Die weiblichen Kräfte dürfen auf keinen Fall als negativ im Sinne von »schlecht« gedacht oder behandelt werden, es ist ihr durch Menschenhand geschaffenes Übergewicht, das sich schädlich auf das Lebensgewebe auswirkt.

4. Köln: Bitteres Schicksal eines Herzchakras der Erde

Die künstliche Aufblähung der weiblichen Kräfte in der Landschaft, wie sie am Beispiel der Stauseeproblematik angesprochen wurde, ist in Wirklichkeit ein Spiegelbild der aggressiven männlichen Kräfte, die gegenwärtig die Entwicklung unserer Zivilisation vorantreiben. Dem Verstand wird die Macht gegeben zu entscheiden, was für die menschlichen Bedürfnisse am vorteilhaftesten wäre. Das Ergebnis solcher Überlegungen wird mit kühlem Kopf in die Tat umgesetzt, ohne viel Rücksicht darauf zu nehmen, was ein solcher Eingriff an Ungleichgewicht oder Zerstörung auf den feinstofflichen Ebenen der Landschaft auslöst. Da die feinstofflichen Ebenen in der Regel im öffentlichen Bewußtsein gar nicht wahrgenommen werden, denkt auch niemand an ihren Schutz.

Die Aggression der menschlichen Yang-Kräfte, die das sensible Lebenskraftnetzwerk der Erde endgültig zu zerreißen droht, ist am auffälligsten in den Großstädten spürbar. Oft wundert man sich angesichts der dichten Bebauung und des ausgedehnten Straßennetzes, wie das Leben überhaupt noch atmen kann. Dabei liegt mir jegliche Zivilisationsfeindlichkeit oder Zurück-zur-Natur-Ideologie fern. Ich sehe den

Städtebau ebenso wie die Weiterentwicklung der Zivilisation als einen Teil der Kultur, die zusammen mit dem Wesen Mensch auf der Erde willkommen ist, denn der Mensch ist ja auf diesem Planeten, um schöpferisch tätig zu sein und daraus zu lernen. Das Problem sehe ich darin, daß das Gleichgewicht innerhalb der Kultur selbst verlorengegangen ist und damit auch die Sensibilität für die unsichtbaren, für die Lebensqualität aber entscheidenden Dimensionen der Erde, der Natur und der Landschaft.

Eine Stadtlandschaft, die nach den Aussagen des Erdheilungsengels Devos um ihr Überleben kämpft, ist Köln. Gemessen an dem Zustand ihrer feinstofflichen Lebensgrundlagen sei die Stadt kaum noch fähig, den Zerfallsprozessen zu widerstehen, da alle für die Vitalität zuständigen Kraftorgane in höchstem Maße gefährdet seien.[10] Dabei gelte es zu bedenken, so Devos, daß der Umstand, daß es einer Stadt kulturell, wirtschaftlich oder gesellschaftlich ganz gut geht – was für Köln jedenfalls zutreffen würde – noch nichts über den Zustand des mehrdimensionalen Landschaftsorganismus aussagt, in dessen Schoß die Stadt sich entfaltet. Es besagt nur, daß unsere Maßstäbe ausschließlich selbstsüchtig auf die menschlichen Bedürfnisse abgestimmt sind und dabei die Bedürfnisse der Erde, unserer Partnerin, außer acht gelassen werden. In diesem Sinne ließ der Landschaftsengel seine Zustandsanalyse von Köln ausklingen mit dem Aufruf: »Laßt nicht zu, daß die Zivilisation diesen kostbaren Ort vernichtet!«

Nach seinen Worten hat sich die Stadt auf einem Ort außer-

[10] Damit sind vorrangig gemeint: das Sternförmige Zentrum der Stadt, das Yin-Yang-System, das Atmungssystem und die vitalenergetischen Organe, an deren Wiederbelebung ich mit einer Gruppe von Bürgerinnen und Bürgern im Juli 1995 und April 1996 gearbeitet habe.

ordentlicher Kraft angesiedelt. Es handele sich um ein Chakra der Erde[11], das mit seiner Ausstrahlung einen Bereich von 600 km im Durchmesser abdeckt und dem betreffenden Raum wichtige Lebenskräfte zuführt. Ein solches Kraftzentrum könne man als ein Herzzentrum bezeichnen, weil die Schwingung, die sich strahlenförmig aus seinem Zentrum heraus in den Landschaftsraum ausbreitet, Herzqualität aufweise. Das heißt, sie ist sowohl auf der Ebene der Polarität Kosmos-Erde als auch auf der Ebene der Polarität weiblich-männlich (Yin-Yang) vollkommen ausgeglichen. Diese Besonderheit eines Herzzentrums macht es möglich, daß durch seine Tätigkeit das Leben als Ganzheit genährt wird, was wiederum den Erdenraum auf eine grundlegende Weise belebt. Der Erdheilungsengel fügte hinzu, daß es sich im Falle Kölns um ein vitalenergetisches System von überregionaler Bedeutung handele. Es sei verwoben mit anderen Zentren, von denen jedes einen eigenen kreisrunden Raum mit seiner Ausstrahlung speist. Der Umfang der einzelnen Herzzentren variiere zwischen 40 und 900 km im Durchmesser, wobei alle zusammen mit ihren sich teilweise überschneidenden Radien die ganze Erdoberfläche umspannten. Jedes Fleckchen der Erdkugel wird auf diese Weise abgedeckt und mit Lebensqualität durchtränkt.[12] Devos bestätigte auch, daß Köln zu den größeren unter diesen herzkraftausstrahlenden Zentren zählt.

Der Engelmeister Christopher Tragius fügte hinzu, daß die alte Stadt diese einer strahlenden Sonnenscheibe ähnelnde Eigenheit des Ortes auf vorbildliche Weise verkörpert habe.

[11] Mit dem hinduistischen Begriff »Chakra« werden gewöhnlich Kraftzentren des menschlichen Körpers bezeichnet (vgl. dazu SG 1.2.B).

[12] Beim Abfassen der *Schule der Geomantie* kannte ich das System der Herzzentren noch nicht. Es fehlt daher bei der Beschreibung der vitalenergetischen Organe der Erde.

Wenn man das alte Rathaus als Zentrum eines Kreises nimmt, ist die Altstadt in einem fast vollkommenen Rund um diesen Platz herum angeordnet, wobei die Breite des Rheins und der Stadtteil Deutz auf dem »deutschen« Ufer des Flusses dazugehören, wie es auf alten Stichen bezeugt wird. Die neuen Stadtteile haben sich entlang der Strahlen entwickelt, die von dieser »Sonnenscheibe« in alle Himmelsrichtungen gehen. Stellen wir uns weiter vor, daß diese strahlende Sonnenscheibe eigentlich ein Abbild des strahlenden Herzchakras ist, über dem die Stadt erbaut wurde. Die Art, wie sich die urbane Struktur der Stadt Köln entwickelt hat, kann als ein Beispiel dafür dienen, wie es möglich ist, einen Zusammenklang zwischen Kultur und Natur oder besser gesagt, zwischen der urbanen Struktur und dem feinstofflichen Organismus der entsprechenden Landschaft zu erreichen.
Noch bis ins 20. Jahrhundert hinein ist die Stadterweiterung dem Sonnenurbild gefolgt, indem sie sich an den radialen Ausfallstraßen orientiert hat, die, vom Zentrum ausgehend, Köln mit den umgebenden Landstrichen verbinden. Nach dem Abbruch der Stadtmauer wurden Ringstraßen angelegt, die die Rundung der Altstadt respektierten. Kurz vor dem letzten Weltkrieg wurde sogar ein Wald ringförmig um den äußeren Rand der Stadt gepflanzt. Aber schon im 19. Jahrhundert kamen auch die zerstörerischen Gegenschläge. Die Eisenbahn wurde nicht am Stadtrand zurückgehalten, sondern schlug eine schmerzhafte Bresche bis in die Stadtmitte, so daß die Stadtrundung zerschnitten wurde. Die gigantische Konstruktion des Hauptbahnhofs als ein Symbol der »fortschrittlichen« Industrie-Ära mußte ja Schulter an Schulter stehen mit dem Dom als dem Wahrzeichen des »vergangenen« Zeitalters.
Einen zweiten gewaltigen Schock erlebte die Stadt gegen Ende des Zweiten Weltkrieges, als sie durch die Alliierten

vollständig zerbombt wurde. Statt nun aber beim Wiederaufbau die Gelegenheit zu nutzen und die Teilzerstörungen des Stadtkerns aus dem 19. Jahrhundert rückgängig zu machen, hat man sich entschlossen, eine Art Schnellstraße durch die Stadtmitte zu legen – die sogenannte »Nord-Süd-Fahrt« –, die das Zentrum der Altstadt buchstäblich in zwei Teile zerreißt.

Genauer betrachtet liegen die Wurzeln der allgemeinen Zerstörung des Ortes schon in der Zeit der Römer, als der heutige Domhügel urbanisiert und mit einem Jupitertempel überbaut wurde. Auf den Trümmern des später in eine frühchristliche Basilika verwandelten Tempels wurde ein merowingischer und später ein karolingischer Dom gebaut, darüber die größte romanische Kirche des Abendlandes und auf deren Trümmern der heutige Dom. Den Hügel, auf dem heute der der Jungfrau Maria und dem hl. Petrus geweihte Dom steht, gab es ursprünglich nicht: Er stellt vielmehr einen riesigen Trümmerhaufen dar, der die ursprünglich flache Insel im Rhein überdeckt. Diese Insel, die vermutlich von einem Seitenarm des Rheins umflossen war, wurde von den Kelten und Germanen als ein Heiliger Hain verehrt, eine Tradition, an die die erwähnten Sakralbauten anschließen.

Die Heiligkeit der Insel hat jedoch meinen Erfahrungen nach ihre Wurzeln wesentlich tiefer. Sie reichen zurück in die Jungsteinzeit, wo sie als Brennpunkt der Göttin der Lebensfülle bzw. der universalen schöpferischen Kräfte erkannt und geehrt wurde. Es handelt sich dabei um einen Brennpunkt im Rahmen eines ausgedehnten Landschaftstempels den ganzen westlichen Teil von Deutschland betreffend. Dieser Landschaftstempel hat seine drei Hauptzentren in den Bereichen Köln, Cappenberg (bei Dortmund) und Externsteine, wobei er seinen Atem aus der Region München holt.

Wenn ich von Landschaftstempel spreche, so meine ich damit

nicht etwa ein Tempelgebäude, sondern eine geometrische Verteilung der göttlichen Kräfte auf verschiedene Kraftorte einer Landschaft, die untereinander verbunden den geistig-seelischen Organismus des betreffenden Landes darstellen (SG 6.1.). Dabei ist es wichtig zu wissen, daß die Struktur eines Landschaftstempels keine von Natur aus gegebene Ordnung ist, sondern durch die geistig-rituelle Tätigkeit verschiedener Kulturen entstanden und folglich von den geistigen Prinzipien geprägt ist, die für die betreffende Kultur verbindlich waren. Auf diese Weise entstehen verschiedene Schichten von Landschaftstempeln, von denen jede eine feinstoffliche Realität in der Landschaft darstellt. Bei meinen Untersuchungen der Geistig-Seelischen Dimension einer Landschaft beziehe ich mich in der Regel auf die neolithische (jungsteinzeitliche) Schicht, weil sie einer Kulturepoche angehört, in der die Menschen noch ein ganzheitlich ausgewogenes Verhältnis zur Erde und zum Urraum der Ewigkeit[13] unterhielten. So waren sie in der Lage, auch die Landschaft in ihrem weiblich-männlichen Gleichgewicht zu erkennen und durch sakrale Handlungen, Steinsetzungen, Wallanlagen und Pilgerwege geistig-energetisch zu gestalten.
Auch der ausgedehnte Landschaftstempel, dem der Bereich Köln zusammen mit den Landschaftsbereichen um Cappenberg und die Externsteine angehören, hat seinen Ursprung in der Jungsteinzeit, was man an der charakteristischen, auf allen Potenzebenen des Raumes vorhandenen Dreigliederung der einbezogenen Orte erkennen kann. Diese Dreigliederung läßt sich einerseits als ein Ausdruck des Urbildes der dreigestaltigen Göttin betrachten, stellt aber zugleich die grundlegende Dreigliederung der göttlichen Kräfte im Kosmos dar,

[13] Damit bezeichne ich die jenseits von Zeit- und Raumschranken liegende geistige bzw. kosmische Dimension des Lebens (vgl. dazu SG 1.3.).

die nicht unbedingt auf eine personifizierte Vorstellung zurückzuführen sind:

- Die göttlichen Kräfte, die die Ganzheit des Seins aufrechterhalten (= die Kräfte der Weißen Jungfraugöttin)
- Die Kräfte der göttlichen Schöpfung und Kreativität (= die Kräfte der Roten Göttin der Lebensfülle)
- Die göttlichen Kräfte der Umwandlung und Erneuerung (= die Kräfte der Schwarzen Göttin der Wandlung)[14]

Auf der Ebene des übergeordneten Landschaftstempels, der den ganzen westlichen Teil Deutschlands einbezieht, verkörpert die Landschaft um Köln (die Landschaft des Niederrheins) die Kräfte der Ganzheit – das entsprechende Symbol dazu wäre die Jungfraugöttin. Nun manifestiert sich aber, dem Prinzip der mehrfachen Dreigliederung eines Landschaftstempels folgend, die Dreiheit erneut auf einer untergeordneten Ebene.[15]
Konzentrieren wir uns z.B. auf die Landschaft des Niederrheins, die auf der übergeordneten Ebene die Kräfte der Jungfraugöttin repräsentiert, so verkörpert die Stadtlandschaft von Köln darin den Ort der schöpferischen Kräfte (symbolisiert durch die Göttin der Lebensfülle), der Bereich Türnich mit dem Schloßpark, westlich von Köln, steht für die jungfräulichen Kräfte der Ganzheit und das Bergische Land im Osten für den Wandlungsaspekt. Verengen wir den Blickwinkel noch weiter, so müßte es auch einen dreigliedrigen Landschaftstempel innerhalb der Stadtlandschaft von Köln geben. Wegen der starken Entfremdung der Stadt von

[14] Vgl. die ausführlichere Darstellung dieser Ordnung in meinem Buch *Die Landschaft der Göttin*, München 1993.

[15] Vergleichbar dem Prinzip der Puppe in der Puppe in der Puppe …

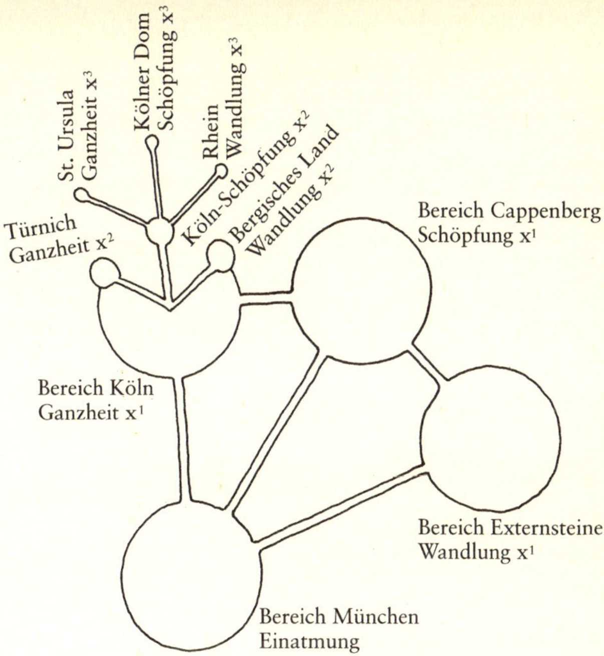

Abb. 4:
Die Dreigliederung des Landschaftstempels
bezogen auf Köln.
Berücksichtigt sind drei Potenzebenen:
x^1 = Landschaftstempel des westdeutschen Raumes;
x^2 = Landschaftstempel des Niederrheins;
x^3 = Landschaftstempel Kölns.

ihrer seelisch-geistigen Identität habe ich ihn lange Zeit nicht erkennen können, bis mir ein koboldartiges Elementarwesen, das im »Heinzelmännchen-Brunnen« unweit des Doms »wohnt«, den schöpferischen Brennpunkt (Göttin der Lebensfülle) gezeigt hat. Wie in meinem Buch *Elementarwesen* ausführlich erzählt, führte es mich zu einer Stelle mitten im Dom, die sich auf der linken Seite des Hauptschiffes zwischen dem dritten und vierten Pfeiler befindet. Im Inneren des vierten Pfeilers konnte ich durch eine tunnelähnliche Verbindung den daruntergelegenen Brennpunkt der göttlich-schöpferischen Kräfte erspüren.[16]

Für schöpferische Vorgänge jeglicher Art ist es bezeichnend, daß sie auf der Interaktion von Yin- und Yang-Kräften beruhen. Also findet auch am schöpferischen Brennpunkt eines Landschaftstempels auf irgendeine Weise ein Austausch zwischen dem weiblichen und dem männlichen Pol des Landschaftsraumes statt, sonst wäre er nicht geeignet, den Fluß der kreativen Kräfte zu verkörpern. Oder andersherum ausgedrückt: Eine ausgeprägte Polarisierung der Landschaftsformen an einem Ort macht diesen Ort geeignet, als Brennpunkt der kreativen Kräfte zu dienen.

Im Falle der ehemaligen Rheininsel, die heute durch den Dom überbaut ist, äußert sich diese Polarisierung landschaftlich in dem Gegensatz zwischen der Plus-Ladung der Insel und der Minus-Kraftladung des Wassers, das die Insel von allen Seiten umspült. Es stimmt zwar, daß eine Polarisierung dieser Art auf natürliche Weise bei jeder Insel zustande kommt. Im Falle der »Dom-Insel« geht es jedoch um den Brennpunkt eines gigantischen Erdchakras einerseits – des beschriebenen

[16] Die dazugehörigen Brennpunkte der Jungfrau- bzw. Wandlungskräfte für die Stadtlandschaft von Köln befinden sich in der Kirche St. Ursula bzw. mitten im Rhein gegenüber der Bastei am Ende des Theodor-Heuss-Ringes.

Herzzentrums – und um einen mächtigen Fluß, den Rhein, andererseits, dessen ausgeprägte sakrale Bedeutung ich in *Schule der Geomantie* ausführlich beschrieben habe (SG 6.2.). Die Kraft und die Heiligkeit der Dom-Insel beruht auf der Interaktion zwischen zwei energetisch und geistig extrem hochaufgeladenen Polen.

Andererseits bewirkt diese dynamische Interaktion mit dem Element Wasser, daß die Stadtlandschaft von Köln ursprünglich einen wäßrigen Charakter hat. Der Engelmeister Christopher Tragius hat ihn als eines der vergessenen Identitätsmerkmale der Stadt ausdrücklich betont. In der heutigen Zeit, da der Inselcharakter des sakralen Zentrums, auf dem der Dom steht, schon längst verlorengegangen ist und die Stadt durch die Kanalisierung des Rheins mittels befestigter und hochgezogener Ufer vom wäßrigen Pol abgeschnitten wurde, ist ihr durch das Element Wasser geprägter Charakter kaum noch zu spüren. Nur die in den letzten Jahren immer häufiger vorkommenden Überflutungen der Altstadt scheinen an die wäßrige Natur der Kölner Stadtlandschaft zu erinnern.

Vom wäßrigen Charakter des Dom-Standortes ist noch in einer Gründungssage die Rede. Darin wird erzählt, daß zur selben Zeit, da im Jahr 1248 mit dem Bau des Doms begonnen wurde, auch eine Wasserleitung gebaut werden sollte. Damals soll der Dombaumeister in seiner Anmaßung gesagt haben: »Eher soll das große Münster vollendet sein als der geringe Wasserbau!«[17] Er allein wußte nämlich, daß die Quelle genau unter dem Turm des Münsters entsprang. So konnte man nicht mit dem Bau der Wasserleitung beginnen. Schließlich jedoch verriet die Frau des Dombaumeisters das Geheim-

17 »Meister Gerhard und der Teufel« in: Christa Hinze (Hg.) *Das alte Köln in Sagen und Bräuchen*, Köln 1986.

nis, und als dieser von dem Verrat erfuhr, verfluchte er den Bau des Münsters und »starb darauf vor Traurigkeit«.
Das mächtige, hochaufragende Bauwerk des Doms, das auf einer riesigen Ansammlung von Kirchenruinen steht, entzieht dem Ort seine waagerechte und wäßrige Natur und läßt ihn völlig »vertrocknen«. Dadurch wird die weiblich-männliche Polarisierung des Ortes endgültig ausgelöscht und damit auch dem Brennpunkt der Göttin der Lebensfülle die Möglichkeit entzogen, an dem Platz noch zu atmen. So wird der Dom nach den Worten des Engelmeisters zu einem Deckel, der alles, was diesen Ort einstmals als heilig ausgezeichnet hat, auf beklemmende Weise unterdrückt – eine Tatsache, die bereits in der Gründungssage vorausgesehen wurde.[18]
Wie kann man nun mit einem solchen mehrschichtigen Problem umgehen? Die Diagnose hat zwei Hauptelemente zutage gefördert: Zum einen den Verlust des wäßrig-weiblichen Charakters des Ortes und damit verbunden das Auslöschen des schöpferischen Zentrums eines übergeordneten Landschaftstempels der Jungfraugöttin. Zum anderen ist am gleichen Ort das oben beschriebene Herzzentrum fokussiert, dessen Wirkungsbereich einen großen Teil Deutschlands (bis Stuttgart bzw. Bremen), einen Teil Frankreichs (bis Reims) und die ganze Fläche Belgiens und der Niederlande einschließt. Auch dieses Herzzentrum ist in seiner Funktion schwer gestört.
Als Beitrag zur Heilung besteht zum einen die Möglichkeit der individuellen Bewußtseinsarbeit durch Meditation und

[18] Das soll nicht heißen, daß eine Kathedrale oder Kirche in jedem Fall unterdrückend auf die Kräfte des Ortes wirkt. Es geht darum zu verstehen, daß es Orte gibt, die zu sensibel sind, um überbaut zu werden bzw. daß es notwendig wäre, einen sakralen Bau eingestimmt auf das Kraftmuster des Ortes zu konzipieren.

Gebet. Dafür wäre der Platz im Dom (beim vierten Pfeiler auf der linken Seite) geeignet, den mir der Kobold gezeigt hatte. Als zweites schlägt Christopher Tragius vor, durch Meditation die alte Buche zu unterstützen, die als weit und breit einziger Baum unmittelbar hinter dem Domchor steht. Im Gegensatz zu ihrer vollkommen urbanisierten Umgebung weist sie eine überraschende Fülle an Lebenskraft auf. Sie steht kraftmäßig noch in Verbindung mit dem zugeschütteten sakralen Ort der ehemaligen Rheininsel und könnte beim Erspüren des Ortes sowie bei seiner minimalen Durchatmung helfen.
Das Herzzentrum, dessen Quellbereich einige hundert Meter im Durchmesser mißt, hat, angesichts der Blockierung der sakralen Insel, schon lange am Rande, und zwar im Bereich der Kirche von St. Ursula ein Teilzentrum entwickelt, durch das seine Funktion zum Teil aufrechterhalten wird. Der Kontaktpunkt dazu befindet sich im Vorraum der Kirche, wo Kerzen zu Ehren der Muttergottes angezündet werden. Dort gilt es zu beten, zu meditieren oder harmonisch zu singen, um das Atmen des Herzzentrums zu unterstützen.

5. Brasilia: Eine Hauptstadt wird auf einem weiblichen Kraftort erbaut

Im Jahr 1957 wurde in Brasilien der Beschluß gefaßt, die Funktionen der Hauptstadt von Rio de Janeiro nach einem 935 km entfernten Ort zu verlegen, an dem es nie eine Stadt gegeben hat. Oberflächlich betrachtet hat man dazu einen beliebigen, weit in der unfruchtbaren Hochebene gelegenen Ort ausgesucht; bei näherem Hinsehen wird jedoch deutlich, daß für den Standort der Hauptstadt der heiligste Platz der alten indianischen Kultur ausgewählt wurde.

Diese Tatsache hat mich bewegt, mich für Brasilia zu interessieren, als ich im November 1995 zusammen mit meiner Frau Marika eingeladen war, um in Brasilien unseren Zugang zur Geomantie und Erdheilung zu präsentieren. Obwohl Brasilia in unserem Reiseplan zunächst nicht vorgesehen war, habe ich während der Vorbereitungen für die Reise doch vorsichtshalber meine Tochter Ana gebeten, den Erdheilungsengel über die Lage von Brasilia zu befragen. Seine Antwort lautete:

»Kurz gefaßt, kann ich sagen, daß die Lage ähnlich ist wie beim Park in Sao Lourenco[19]. Das Kraftpotential des Ortes ist durch den Bau der Stadt und durch andere Missetaten in unbeschreiblichem Ausmaß zerstört. Dazu gilt es zu bedenken, daß sich an dem Ort die drittstärkste Quelle der weiblichen Kraft des Planeten Erde befindet. Ihr könnt euch also vorstellen, welch ungeheure Kraft nun unterdrückt und falsch gebraucht wird. Es tut mir weh, so etwas sagen zu müssen, aber so ist die Lage, und ihr werdet euch auf die eine oder andere Weise damit auseinandersetzen müssen, da es sich um Plätze handelt, die für den Planeten Erde und für uns alle wichtig sind.«

Und tatsächlich ist es so gekommen, daß wir sofort nach unserer Ankunft in Belo Horizonte von unserem Gastgeber, dem Präsidenten der Industriekammer des Bundesstaates Minas Gerais – deren Ökologieabteilung uns eingeladen hatte – gefragt wurden, ob wir am nächsten Morgen zusammen mit seiner Delegation nach Brasilia reisen wollten, um die Hauptstadt kennenzulernen. Ohne zu zögern haben wir uns der Gruppe angeschlossen. Auf diese Weise waren wir einen

[19] Der Park in Sao Lourenco wurde erwähnt, weil bei der Gelegenheit auch geomantische Untersuchungen für diesen wichtigen Kraftort, an dem sich zwölf Heilquellen befinden, vorbereitet wurden.

ganzen Tag frei, die Hauptstadt auf geomantische Gesetzmäßigkeiten hin zu untersuchen. Der brasilianische Architekt Oscar Niemeyer hat die Form der Stadt Brasilia nach dem Vorbild eines Flugzeugs konzipiert. Eine breite, mehrspurige und schnurgerade Straße bildet die zentrale Hauptachse, an der sich ein öffentlicher Gebäudeblock an den anderen reiht. Die quer dazu verlaufenden Wohnviertel bilden die Flügel des imaginären Flugzeugs. Den Platz des Cockpits nehmen die Paläste des Kongresses, des Bundesgerichts und des Präsidenten ein.

Man kann sich lebhaft vorstellen, was für einen Schock es für die weibliche Qualität des Ortes bedeutet, wenn dieser nicht nur gedanklich in ein solch rein rationalistisches Konstrukt hineingepreßt, sondern auch in den entsprechenden verstandesmäßig-quadratischen Formen der modernen Architektur in den Boden eingepflanzt wird. Die Übermacht der daraus entstehenden Yang-Kräfte ist enorm, und es hat mich viel Mühe gekostet, das darunter verschüttete Yin-Chakra zu entdecken. Wenn ich mit meinem Zeigefinger über den Stadtplan fuhr, konnte ich seine Ausstrahlung an dem Platz spüren, der durch den mitten in der Achse stehenden 218 Meter hoch aufragenden Fernsehturm bezeichnet wird. Obwohl ausgerechnet der spitze Fernsehturm, eines der stärksten Yang-Denkmäler der Stadt, daraufsteht, habe ich es doch als eine gewisse Entlastung empfunden, daß Teile des sensiblen Gebietes links und rechts der breiten Achse als Parklandschaft ausgewiesen und unbebaut sind.

Anschließend gingen wir zu dem betreffenden Parkgelände, wo ich lange vergebens nach Plätzen suchen mußte, um mit meinem inneren Blick die entfremdeten Schichten, die über dem Ort liegen, zu durchdringen. Als es mir schließlich gelang, sah ich ein Kraftgebilde ähnlich einer riesigen Sonnenblume, das aus der Tiefe in Richtung Erdoberfläche emporwächst. Der Stengel des blumenähnlichen Chakras stellt den Kanal dar, durch den dieses mit den Erdkräften gespeist wird. Seine Struktur erinnert an die Sonnenblume, die aus unzähligen kraftspeichernden Kernen zusammengesetzt ist, die ein regelmäßiges geometrisches Muster bilden. An der Erdoberfläche dürfte es einen Kreis von mindestens 800 Metern Durchmesser abdecken. Auf der Ebene aber, wo sich seine Wirkung nach außen entfalten müßte, stößt es auf eine dichte, undurchlässige Schicht chaotisierter Schwingungsstrukturen, die durch die rege Tätigkeit der darüberliegenden Stadt produziert werden. Das Erdchakra wird unter die Erdoberfläche gedrückt, die Ausgießung seiner Kräfte verhindert.

Der Erdheilungsengel hat bei einer späteren Gelegenheit das planetare System der Yin-Zentren genauer beschrieben.[20] Es handelt sich um einzelne Quellen, die jeweils in der Mitte durch eine vertikale Kraftsäule aus der Erdtiefe mit Yin-Kraft gespeist werden. Unter der Erdoberfläche breitet sich sphärenartig die tragende Struktur der Quelle aus. Ihre Sphäre erreicht tatsächlich das riesige Ausmaß, das ich im Falle Brasilias wahrgenommen habe. Die eigentliche Quelle, aus der sich die weibliche Kraft über die Erde ergießt, befindet sich in Form einer kleineren Sphäre in deren Mitte und hat einen Durchmesser von 20–140 Metern.

Die einzelnen Yin-Zentren, die über die gesamte Erdoberfläche verteilt sind, sind untereinander durch eine Art Kraftkanäle miteinander verbunden, so daß sie zusammen ein einheitliches Yin-System der Erde bilden, das wiederum durch ein Yang-System ausgeglichen wird. Diese Kanäle ermöglichen eine ständige Zirkulation der weiblichen Kraft

[20] Als ich die *Schule der Geomantie* schrieb, kannte ich dieses System noch nicht, so daß seine Darstellung in Kapitel 4 fehlt.

um die Erde herum und dienen gleichzeitig als eine Art Kraftbeschleuniger. Leider, fügte Devos hinzu, ist das Yin-System der Erde und damit auch das Yin-Yang-Gleichgewicht gestört. Die Gründe dafür seien schon oft genug genannt worden.

Die letzte Bemerkung bezog sich auf die unzähligen lokalen Yin-Zentren, die zu den Yin-Yang-Systemen der einzelnen Orte, Städte oder Landschaften gehören (SG 4.4.A.), die ich in den letzten Jahren nach den Anweisungen des Erdheilungsengels in meinem Land und in den verschiedensten Bereichen Europas aufgesucht habe und deren Leidensursachen ich nachgegangen bin. Nicht selten kommt es vor, daß sie schon im Zuge der Patriarchalisierung der jungsteinzeitlichen Göttinkultur absichtlich und brutal zerstört wurden. Die patriarchale Kultur, die ihre Machtansprüche – nicht nur in der fernen Vergangenheit – aus der Kraft der Yang-Zentren herleitet, hat die weiblichen Orte oft zerstört, um die Kraft der Yang-Brennpunkte übermäßig zu stärken. Da die Yin- und Yang-Quellen nach dem Prinzip des Gleichgewichts miteinander verkoppelt sind, ist es möglich, durch das Schwächen des weiblichen Pols den männlichen zu einer überproportionalen Tätigkeit anzuregen.

Hinzu kommt, daß die »Weichheit« und die allumfassende Fühligkeit der weiblichen Kräfte von der patriarchalen Kultur schlecht gelitten bzw. als Ausdruck innerer Schwäche abgewertet werden. Das hat dazu geführt, daß die weiblichen Plätze, oft sogar unabsichtlich, als Plätze für Hinrichtungen oder andere Greueltaten ausgewählt wurden. Das führte unweigerlich zur Blockierung der entsprechenden Yin-Quellen.

Meine Schilderung der dramatischen Situation, die die weiblichen Systeme der Erde unter den Bedingungen der heutigen Zivilisation durchstehen müssen, möchte ich mit einer erfreulichen Erfahrung in Brasilia abschließen. Es geht um einen riesigen, 80 km langen und bis zu 6 km breiten Stausee, der die Hauptstadt von drei Seiten umspült. Hier wurde der Fluß Paranda unter anderem auch zu Zwecken der Stromgewinnung gestaut und zusätzlich zum Sport- und Erholungsbereich erklärt. Als ich mich dem künstlichen See näherte, war ich wegen der schon geschilderten Erfahrungen mit anderen Stauseen höchst skeptisch eingestellt. Zu meiner Überraschung mußte ich dann aber an mehreren Plätzen entlang des Sees feststellen, daß in diesem Falle eine aufbauende Wirkung von ihm ausgeht. Offensichtlich ist die riesige Wasserfläche mit ihrer Yin-Qualität fähig, die Übermacht der Yang-Kräfte, die die moderne Stadt in der Landschaft angehäuft hat, zumindest teilweise auszugleichen. Man sollte daraus lernen, daß ein Kraftphänomen in der Landschaft nie schlecht an sich ist, sondern immer im Netzwerk seiner Beziehungen betrachtet und bewertet werden muß.

6. Gefährdete Kraftbahnen der Erde

In den vorangegangenen Beispielen wurden verschiedene vitalenergetische Systeme vorgestellt, die einen *zentralen* Charakter aufweisen bzw. sich aus einem Mittelpunkt sternförmig in den Raum hinein ausdehnen. Es gibt aber auch Systeme, die sich *linear* durch den Landschaftsraum erstrecken und die mit dem Sammelbegriff Leylinien[21] bezeichnet werden. Nun sollte man sich aber die Kraftbahnen der Erde nicht einfach als Kraftströme vorstellen, die sich über die Erde ergießen. Eine solche Vorstellung orientiert sich zu

21 »Ley« ist ein altenglisches Wort für Weg. Eine Leylinie wäre demnach ein Kraftweg oder eine Kraftbahn.

sehr an der Analogie zu realen Wasserströmen, die in Länge und Breite die geologische Landschaft durchqueren müssen, um von ihrem Quellpunkt bis zur Mündung ins Meer zu gelangen. Die vitalenergetischen Phänomene der Landschaft, einschließlich der Kraftbahnen, pulsieren im Mehrdimensionalen Raum (SG 1.4.) und kennen folglich keine raum-zeitliche Distanz, sie sind an jedem Punkt in ihrer Ganzheit anwesend.

Demnach müßte man sich eine vitalenergetische Kraftbahn eher als eine schwingende Beziehung zwischen zwei auseinanderliegenden Orten im Raum vorstellen. Wenn diese kraftmäßige Beziehung in die Länge und Breite der materialisierten Landschaft »übersetzt« wird, kann sie von einem feinfühligen Menschen als Kraftlinie wahrgenommen werden, die einen Ort mit einem anderen verbindet. Auf diese Weise können wir auch verstehen, warum die Kraftbahnen in der Form einer fast schnurgeraden Linie wahrgenommen werden: Aufgrund der Umwandlung aus einer Dimension, in der alles im Hier und Jetzt existiert, in die physische Dimension der Wirklichkeit erscheint uns eine Beziehung als der kürzeste Weg zwischen zwei Punkten, folglich als eine gerade Linie.

Die Kraftbahnen, die aufgrund der kraftmäßigen Beziehung zwischen zwei Orten zustande kommen, nenne ich *Verbindungs*-Leylinien. Sie haben ihren Quellpunkt in der Regel in einem der bereits erwähnten Sternförmigen Zentren und erstrecken sich oft über Hunderte von Kilometern bis zu einem verwandten Ort (SG 4.2.B.). Für die *Lebensqualität* einer Landschaft von entscheidender Bedeutung sind die *Kraft*-Leylinien (SG 4.1.). Sie halten durch ihren kosmischen Kern, durch ihre polarisierten Wirbelketten und durch ihre Ausstrahlung eine bestimmte Intensität an Lebenskraft in der Landschaft aufrecht. Außerdem gibt es noch *Gleichgewichts*-Leylinien, die durch ihre polarisierte Yin-Yang-Struktur zum

Kräftegleichgewicht in der Landschaft beitragen (SG 4.6.B.). Im Winter 1995 wurde ich vom Urbanistischen Institut Sloweniens beauftragt, eine Studie über die vitalenergetischen Strukturen von Pomurje – ein am Fluß Mur gelegener Landstrich – zu verfassen. Es handelte sich um eine mehrschichtige Untersuchung dieser östlichsten Region Sloweniens, um die beste Entwicklungsstrategie für das Land entwerfen zu können. Dabei wollte man den Versuch machen, auch meine Wahrnehmung der feinstofflichen Dimensionen der Landschaft einzubeziehen. Im Rahmen dieser Aufgabe habe ich mich unter anderem verpflichtet, einen Bericht über mögliche Probleme in der Beziehung zwischen den vitalenergetischen Organen der Landschaft und den modernen Kommunikations- und Energieübertragungssystemen abzufassen.
Das 1600 km^2 umfassende Gebiet von Pomurje wird von vier Kraft-Leylinien durchquert, zwei davon verlaufen unter einem kleinen Winkel zueinander, ca. 20 km voneinander entfernt in Ost-West-Richtung zwischen dem Schwarzen Meer und dem Atlantik, eine in Nord-Süd-Richtung und eine vierte diagonal dazu. Um ein Beispiel zu nennen, möchte ich die Hürden aufzeigen, die eine dieser Kraftbahnen auf ihrer ca. 40 km langen Strecke durch Pomurje zu überwinden hat. Es handelt sich um die Kraft-Leylinie, die zwischen Atlantik–Genf–Klagenfurt–Murska Sobota–Siebenbürgen–Schwarzes Meer verläuft.
Im Bereich der ca. 40 km, die ihre Trasse durch Slowenien führt, kommt es zweimal zum Bruch der Leylinie, einmal bei der Kreuzung ihrer Kraftbahn mit der Regionalstraße Maribor–Gornja Radgona und das zweite Mal in der Nähe von Murska Sobota, wo sie von zwei parallel zueinander verlaufenden Hochspannungsleitungen überquert wird. Dabei möchte ich betonen, daß Pomurje ein überwiegend landwirt-

Abb. 5:
Die Kraftstruktur einer Kraft-Leylinie,
beobachtet in Cortona, Italien,
im September 1995.

schaftlich geprägtes Gebiet darstellt, so daß Hürden für die Kraftbahnen hier relativ selten sind.
Andererseits bedeutet der erwähnte Bruch an der Kreuzung mit der Regionalstraße nicht, daß jeder Zusammenstoß mit einer Straße zum Bruch an der Leylinie führt. Dieselbe Kraft-Leylinie überquert auf ihrer Bahn durch Pomurje noch weitere 16 Straßen, wird aber davon nicht beschädigt. Das rührt daher, daß eine Kraftbahn auf einer anderen Schwingungsebene die Landschaft durchquert als eine Autostraße, so daß sich die beiden Bahnen gegenseitig nicht stören. Wenn es trotzdem zu einer Störung kommt, so heißt das, daß an dem Platz ein besonders tiefer Eingriff in die Integrität der geologischen Landschaft stattgefunden hat. Es kann sich dabei um tiefe Aushubgräben oder breite Aufschüttungen handeln, umfangreiche Veränderungen an den Landschaftsformen oder um massive Stahlbetonkonstruktionen. Bei Eingriffen dieses Umfangs geht die auf dem Prinzip der Resonanz aufgebaute Beziehung zwischen der Leylinie und dem zugehörigen Landstreifen verloren. Auf ihrer feinstofflichen Ebene mag die Kraftbahn weiterhin als ein Ganzes existieren, die zu stark veränderte materielle »Grundlage« löscht jedoch die Möglichkeit aus, daß sich die Leylinie an dem konkreten Platz in der Landschaft ausdrücken kann. Sie erscheint wie abgebrochen, ihre belebende Wirkung bleibt aus.
Im Falle der Regionalstraße Maribor–Gornja Radgona kam es zu dem geschilderten Bruch, weil genau an der sensiblen Kreuzung der Straße mit der erwähnten Kraft-Leylinie im Zuge der Straßenerneuerung vor einigen Jahren ein ganzer Hang abgetragen wurde. Die Blockade an der Kraftbahn gab es vorher nicht, da die alte Trasse der Regionalstraße durch eine lange Kurve den betreffenden Hang umfuhr und die geologische Identität des Platzes nicht radikal veränderte.

Im zweiten Fall wird dieselbe Leylinie in dem Raum zwischen zwei parallel zueinander verlaufenden Hochspannungsleitungen ausgelöscht. Die Kreuzung mit einer der beiden Leitungen würde sie wohl vertragen, nicht aber den Interferenzraum, der zwischen zwei zu dicht nebeneinander verlaufenden Hochspannungsleitungen entsteht.
Zusammenfassend gilt für beide Blockaden, daß Brüche dieser Art eine Leylinie als Ganzes schwächen und dadurch auch ihre belebende Funktion in der Landschaft gefährden. Um Blockierungen von Kraftbahnen künftig zu verhindern, müßte *vor* dem Bau einer Straße oder Hochspannungsleitung eine geomantische Studie erstellt werden, die die sensiblen Punkte im Bereich der Trasse untersucht und die Bedingungen festlegt, unter denen ein Schaden im feinstofflichen Bereich vermieden werden kann.
Einen anderen Aspekt der Gefährdung der Kraftbahnen der Erde habe ich im Schweizerischen Seeland erfahren, als ich auf Einladung einer Bürgerinitiative ein Lithopunkturprojekt für den Bereich Bieler See vorbereitete. Bei der Gelegenheit machte ich mich auch mit den Kraft-Leylinien vertraut, die das Seeland streifen. Es sind drei an der Zahl: eine verläuft in Nord-Süd-Richtung zwischen Türnich (bei Köln) und Turin, eine zweite diagonal dazu in Richtung Paris–Athen und eine dritte, die in La Tène am Rande des Lac de Neuchâtel ihre Quelle hat und von da in Richtung Moskau verläuft.
Die Schwäche der Kraftbahnen im Seeland geht nicht auf Blockaden der im letzten Beispiel beschriebenen Art zurück, sondern auf den allgemein beklagenswerten qualitativen Zustand der Landschaft. Zum einen wurde Ende des 19. Jahrhunderts die sogenannte Juragewässerkorrektur durchgeführt, in deren Verlauf alle Flüsse im Land kanalisiert wurden, verbunden mit der Absenkung des Wasserspiegels. Da-

durch wurden umfangreiche Feuchtgebiete ausgetrocknet und das Gleichgewicht der Yin-Yang-Kräfte verdreht. Eine wäßrige Landschaft wurde ihrer Yin-Qualität beraubt, ein Schock, der das ganze Land in einen Zustand der schwingungsmäßigen Verhärtung und Entfremdung versetzte. Hinzu kommt noch die Zerstörung einiger wichtiger vitalenergetischer Organe der Landschaft, insbesondere der zweifachen Lichtpyramide, die auf der Peterinsel mitten im Bieler See ihren Brennpunkt hat. Sie stellt ein mächtiges Erdchakra dar, das der Einbindung der Landschaft in die kosmischen Zusammenhänge dient (SG 4.5.B.).
Die verheerenden Auswirkungen der Landschaftszerstörung auf die Kraftbahnen der Erde hat der Erdheilungsengel folgendermaßen erklärt: »Eine Kraft-Leylinie strahlt Energien in den Raum und tränkt ihn dadurch mit Lebenskraft. Schwierigkeiten entstehen, wenn der Landschaftsraum verstockt, blockiert oder zerstört ist, da die Ausstrahlung nicht möglich ist. Die ›dunklen‹ Kräfte der Umgebung drücken auf die reinen Energien der Leylinie, die dadurch in ihren eigenen Raum eingeschlossen werden. An der Breite der Leylinien-Ausstrahlung ließe sich sogar die schwingungsmäßige Qualität eines Raumes messen: Je größer die Ausstrahlung einer Leylinie, desto besser der Zustand und die Reinheit der Landschaft. Und umgekehrt: Je schwächer ihre Ausstrahlung ist, desto mehr ist der entsprechende Raum ›verschmutzt‹. Ist schließlich gar keine Ausstrahlung mehr vorhanden – das heißt, daß nur die Bahn der Leylinie selbst zu spüren ist –, so könnte man sagen, daß es im Raum eine schlimme Blockade gibt bzw. daß er auf der energetischen und geistigen Ebene fast tot ist. Wenn andererseits ein Raum gereinigt und geheilt wird, werden die Linien von sich aus ›aufgespreizt‹, d.h. sie dehnen ihre Strahlung wieder aus. Es ist aber auch möglich, sie durch ein Erdheilungswerk zusätzlich zu bele-

ben, z.B. mit einer Steinsetzung oder einer Lithopunkturnadel. Die Leylinie wird dadurch nicht umgelenkt oder auf eine andere Art mißbraucht. Es geht nur darum, ihre Wiederbelebung zu unterstützen.«
Um eine praktische Vorstellung vom Umfang der Ausstrahlung bzw. der Aura einer Kraft-Leylinie zu geben: Die Ausstrahlung der stärksten der drei erwähnten Leylinien im Seeland, der Linie Türnich–Turin, betrug am 11.3.1994 zwischen 1,5 und 2,2 Meter, was ich als miserabel bezeichnen würde. Eine der zwei Leylinien, die durch die Stadtlandschaft von Villach in Kärnten verlaufen, wies eine ähnliche Ausstrahlung auf, bevor wir im Zuge des schon erwähnten Lithopunkturprojekts Villach einen Lithopunkturstein in ihrer Mitte aufgestellt haben. Schon zwei Wochen nach der Aufstellung des Steines konnte ich eine Ausstrahlung in der Breite von 12 Metern auf jeder Seite der Leylinie wahrnehmen.

7. Graz: Eine Leylinie wurde zum Opfer von Manipulation in der Nazi-Ära

Es ist irgendwie leichter zu verstehen, daß die Lebenskraftsysteme der Erde durch die anonyme Maschinerie der modernen Zivilisation gestört werden, als zu akzeptieren, daß sie durch einen einzelnen oder durch eine Gruppe von Menschen gezielt beschädigt, mißbraucht oder gar zerstört werden. Auch ich hätte es nicht geglaubt, wenn mich nicht bittere Erfahrungen eines Besseren belehrt hätten. Es handelt sich ausnahmslos um egoistische Gründe, die Menschen dazu bringen, die feinstofflichen Grundlagen des Lebens zu gefährden, seien es persönliche Machtansprüche oder Machtbestrebungen gewisser Cliquen oder politischer Parteien.

Im Frühjahr 1988 wurde ich anläßlich des 50jährigen Gedenkens an den Anschluß Österreichs an das Deutsche Reich nach Graz eingeladen, um ein Projekt vorzuschlagen. Durch verschiedene Kunstprojekte an den durch das Nazi-Regime mißbrauchten Plätzen in der Stadt wollte man im Rahmen des »Steirischen Herbstes« dieses unerfreuliche Jubiläum begehen. Ich erklärte mich bereit, ein Projekt im Sinne der Erdheilung vorzubereiten, wenn sich herausstellen sollte, daß ein Aspekt der Stadtlandschaft von Graz durch die Aktivitäten des Nazi-Regimes auf der feinstofflichen Ebene beschädigt wurde. Daraufhin wurde ich von den Organisatoren für drei Tage nach Graz eingeladen, um diesbezügliche Untersuchungen anstellen zu können.
In der Nacht zum 29. Februar 1988, unmittelbar vor Antritt meiner Reise, hatte ich einen Traum, der mir vorerst unverständlich blieb, obwohl ich hinter den Symbolen Hinweise für mein Reisevorhaben vermutete. Ich träumte, daß ich im Begriff war, einen Fluß auf einer Brücke zu überqueren. In der Mitte des Flusses sah ich eine künstlich aufgeschüttete Insel liegen, deren Boden mit einer dünnen Schicht eines glitzernden »Schnees« bedeckt war. Ich hatte das Gefühl, daß ich durch den scheinbar echten Schnee, der aber keiner war, gewarnt werde, daß es sich bei meiner Aufgabe um etwas Verborgenes handelt, was ich sehr leicht übersehen könnte. Da bemerkte ich, daß ein am oberen Ende der Insel abzweigender Kanal einen Teil des Wassers ableitete. Der Kanal verlief noch eine Weile parallel zum Fluß, dann entfernte er sich aber und schlug eine ganz andere Richtung ein, bis er letztlich das abgezweigte Wasser sogar in die Gegenrichtung zu lenken schien. Außerdem machte es mich stutzig, daß das Wasser in dem Falle doch bergauf fließen mußte. Das konnte doch nicht von Natur aus entstanden sein, dachte ich bei mir.

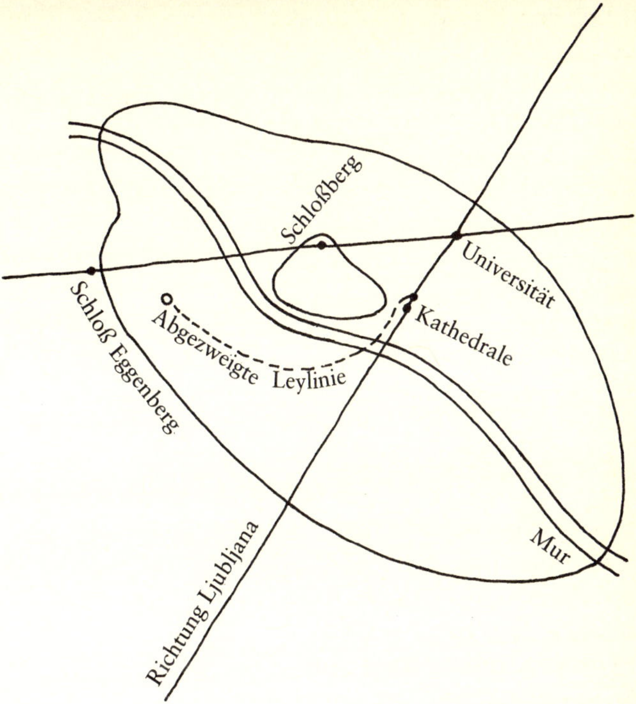

Abb. 6:
Umriß der Stadtlandschaft von Graz
mit den zwei Kraft-Leylinien und der
abgezweigten Leylinie,
die in Richtung Ljubljana verläuft.

Als ich dann in den nächsten Tagen den Verlauf von zwei Kraft-Leylinien durch die Stadtlandschaft von Graz untersuchte, mußte ich feststellen, daß eine von ihnen, die in Nordost-Südwest-Richtung verläuft, tatsächlich eine Abzweigung aufwies, durch die ein großer Teil der Kraft der Leylinie in unbestimmter Richtung abfließt. Der Abzweig beginnt auf dem Burghof, kurz bevor die Kraftbahn die Kathedrale von Graz durchquert. Bis zur Höhe des Landhauses läuft er fast parallel zu der Leylinie, von da aus wird die abgezweigte Kraftbahn in einem Bogen in westlicher Richtung geführt, das heißt in eine Gegenrichtung, wie es der Traum bereits angedeutet hatte. Der »Zweigkanal« verläuft über den Südtiroler Platz und endet scheinbar ohne jeden Sinn in einer Industriezone an der Eggenberger Straße. Dort erfaßte mich ein unbekanntes Gefühl von Todespanik. Der Platz erschien wie ein riesiges schwarzes Loch, in dem die gewaltsam hierher geleitete Lebenskraft spurlos verschwindet. Ich selbst fühlte mich in dieses Todesloch hineingezogen und hatte, je länger ich mich dort aufhielt, das Gefühl, als drohten mir sämtliche Körperteile, beginnend mit den Händen, abzusterben.

Als ich später am Tag meinen Gastgebern von diesem bedrohlichen Platz berichtete, an dem die künstliche Kraftbahn endet, stellte sich heraus, daß an dem Ort bis Kriegsende eine Halle gestanden hatte, in der Adolf Hitler sämtliche seiner provokanten Reden gehalten hatte. Es waren jene feurigen Reden, durch die er die Faszination der österreichischen Bürger an sich gefesselt hatte, um schließlich im Jahr 1938 Österreich an das von ihm begründete Dritte Reich anzuschließen.

War der künstlich hergestellte Abzweig von der Leylinie gemacht worden, um insgeheim die Faszination der Zuhörer in der betreffenden Halle zu steigern? Das wäre möglich, doch diese Frage geht uns im Rahmen unseres Themas nicht unbedingt etwas an. Tatsache ist, daß durch diesen mißbräuchlichen geomantischen Eingriff eine planetare Kraft-Leylinie wesentlich in ihrer lebensbringenden Rolle geschwächt wurde. Durch das egoistische Interesse einer machtbesessenen Elite wurde auf diese Weise jahrzehntelang dem mitteleuropäischen Raum ein vitaler Schaden zugefügt.

Andererseits wurde, nach den Worten von Christopher Tragius, durch die Negativierung der zugeführten Kraft – die ich selbst so stark erlebt habe – ein sakraler Bereich endgültig zerstört, der im Landschaftstempel von Graz eine wesentliche Rolle spielte. Der Bereich, in dem die erwähnte Halle stand, stellt auf der geistig-seelischen Ebene den Brennpunkt der Kräfte der Jungfraugöttin dar.[22] Der Bereich wurde schon durch die Errichtung des angrenzenden Güterbahnhofs und der Industriezone, der die Halle angehörte, stark beschädigt, durch den beschriebenen Mißbrauch der Nazis jedoch, nach den Worten des Engelmeisters, vollständig in seiner sakralen Funktion ausgelöscht.

Mein Vorschlag, durch Aufstellung von drei Lithopunktursäulen an der Leylinie deren natürliche Bahn fortzusetzen und damit den künstlichen Abzweig zu löschen, wurde seitens der Veranstalter nicht angenommen. Erst am 14. März 1993, als ich mein erstes Stadtheilungsseminar in Graz leitete, habe ich mich mit den teilnehmenden Bürgerinnen und Bürgern der Aufgabe angenommen, dem Raub an der Kraftbahn ein Ende zu bereiten. Unter der Anweisung des Erdheilungsengels haben wir uns auf einem Punkt der Leylinie

[22] Die zugehörigen Orte der Göttin der Lebensfülle und der Göttin der Wandlung werden durch den Schloßberg und den Rosenhein-Park verkörpert.

aufgestellt, wo sie noch ganz ist; dann haben wir durch eine Farbvisualisation die ursprüngliche Information, durch die die Abzweigung bewerkstelligt wurde, gelöscht. Nach den inneren Erfahrungen einiger Teilnehmer scheint die Information einst in ein an dem Platz eingegrabenes Objekt eingeprägt worden zu sein. Abschließend haben wir uns an dem kritischen Ort entlang des Verlaufs der Kraftbahn in einer langen Linie aufgestellt, um ihre richtige Bahn durch die Anwesenheit unserer Körper und unseres Bewußtseins zu stärken.

8. Unsichtbare Kraftinstallation: Die Berliner Mauer

Eine Ahnung von dem Mißbrauch geomantischen Wissens seitens der kommunistischen Regierung der ehemaligen Deutschen Demokratischen Republik habe ich schon im Zusammenhang mit der Zerstörung des Sternförmigen Kraftzentrums von Berlin bekommen. Während der Vorbereitung eines Erdheilungsseminars in Berlin stieß ich auf einige weitere Zeichen, die in dieselbe Richtung weisen, darunter auch die unsichtbare Kraftstruktur der inzwischen abgerissenen Berliner Mauer.

Die schreckeneinflößende Mauer wurde in den 60er Jahren auf einer Länge von 160 km um den westlichen Teil von Berlin herum angelegt, um diese unerwünschte Insel westlicher Kultur vom Rest des umliegenden, durch das kommunistische Regime beherrschten Landes abzugrenzen. Sie bestand im wesentlichen aus einer Doppelmauerlinie und einem dazwischen liegenden Todesstreifen. Außerdem wären noch die unzähligen Wachposten dazuzurechnen, die durch ihre im wahrsten Sinne des Wortes »gezielte« Aufmerksamkeit

dem Schrecken der Mauer noch das Element des psychischen Terrors hinzufügten.
Während meiner Vorbereitungen für das Seminar habe ich auch den Wunsch geäußert, ein Stück des Geländes zu erspüren, auf dem noch vor fünf Jahren die Mauerinstallation verlief. Man brachte mich zum Brandenburger Tor, neben dem der ehemalige Todesstreifen in der Mitte der heutigen Straße verläuft. Als ich dieses Gelände mit dem inneren Blick anschaute, nahm ich zu meiner Überraschung in der Linie des »Todesstreifens« einen tiefen schwarzen Kanal wahr, in dem nebeneinander zwei Kraftlinien verlaufen, eine dickere gelbe und eine dünnere rote. Meinem Gefühl nach handelte es sich um ein aus zwei Strängen bestehendes Seil, mit dessen Hilfe Westberlin auf der Kraftebene erwürgt werden sollte.
Diese Vorstellung hat mich angesichts der gegenwärtigen Probleme in den innerdeutschen Beziehungen, von denen immer wieder erzählt wird, so bedrückt, daß ich meinte, man müsse sofort an die Auflösung dieser gespenstischen Mauerinstallation gehen. Die Aufgabe schien mir jedoch zu tiefgreifend, um ohne die Anweisungen des Erdheilungsengels bewältigt zu werden. Seine Botschaft lautete: »Es ist wahr, die Mauer wurde nicht nur auf der physischen Ebene aufgebaut, sondern auch auf der energetischen und emotionalen Ebene, um ihre Kraft und Wirksamkeit zu steigern. Dasselbe gilt auch für ihren Abbau, die Mauer wurde bisher nur auf der physischen Ebene beseitigt, auf den beiden anderen Ebenen blieb die Begrenzung bzw. Blockade weiterhin bestehen. Ihr könnt dazu beitragen, daß der Abbau der Mauer auch auf den anderen beiden Ebenen beginnt. Für einen vollständigen Abbau wird es eine längere Zeit brauchen, noch wichtiger aber ist es, daß Menschen bei dieser Umwandlung mithelfen. Es sollte dabei nicht übersehen werden, daß es bei der Berliner Mauer um eine tiefere Symbolik geht oder besser

gesagt, um eine Spiegelung der Situation auf der Erde, wo statt der Liebe noch immer Haß, Rachsucht und Entfremdung die Übermacht haben.«

Es hat mir sofort eingeleuchtet, daß ein so aufschlußreiches Beispiel für die Aggressivität des menschlichen – besser gesagt unmenschlichen – Egoismus nicht abgeschafft werden darf, bevor wir Menschen unsere Lektion daraus gezogen haben. Besonders gilt es zu lernen, welche verheerenden Folgen für die Qualität unseres sozialen und psychischen Wohlbefindens entstehen, wenn wir unsere nahezu grenzenlosen kreativen Fähigkeiten in den Dienst der zerstörerischen Kräfte stellen und uns bewußt oder unbewußt mit ihrer lebensfeindlichen Absicht identifizieren. Denn das sind die Umstände, die den Aufbau einer Mauer dieser Art weltweit möglich machen. Andererseits könnten wir aus der Erfahrung der Berliner Mauer lernen, wie illusorisch Umwälzungen auf der physischen Ebene sind, wenn sie nicht in den tieferen Schichten des Seins, auf der energetischen, emotionalen und geistigen Ebene von komplementären Umwandlungsprozessen begleitet werden.

Am nächsten Morgen habe ich den Teilnehmern des Erdheilungsseminars von meinen Erfahrungen mit der unsichtbaren Mauer und der Botschaft von Devos berichtet. Mein Vorschlag war, nach den Anweisungen des Erdheilungsengels ein Bruchstück der Mauer-Kraftinstallation abzubauen, um die bedrohliche Wirkung der Schlinge aufzulösen. Wir wählten dazu den Teil zwischen dem Reichstag und der Spree aus, weil dort der künftige Sitz der Bundesregierung sein soll – die vorbereitenden Bauarbeiten begannen genau in jenen Tagen, so daß wir darin auch eine symbolische Geste gesehen haben.

Unsere Arbeit bestand aus zwei Arten von Akupunkturgesang gekoppelt mit Farbvisualisation und einer geführten

Imagination. Aus den anschließenden Berichten der Teilnehmer konnten wir den ganzen mühsamen Prozeß der »alchemistischen« Umwandlung der Mauerkräfte an dem Platz nachvollziehen. Einige hatten auch Wahrnehmungen der Hilfestellung, die uns dabei seitens der Engelwelt zuteil wurde.

Als ich abends den Platz zur Kontrolle noch einmal innerlich betrachtete, konnte ich sehen, daß statt des schwarzen Tunnels an derselben Stelle oberirdisch ein weißes Band verläuft, in dem die Farben des Regenbogens gespiegelt werden, ein Zeichen der gelungenen Umwandlung. Um mich auch zu vergewissern, daß der Rest der Mauer »noch steht«, habe ich mit meinem Freund einen Ort in der Nähe des Nordbahnhofs aufgesucht, wo sogar noch ein Teil der physischen Mauer erhalten ist. Zu meiner »Beruhigung« konnte ich sehen, daß mitten im ehemaligen Todesstreifen die Installation des schwarzen Kanals mit den gelben und roten »Seilen« dort noch besteht. Zusätzlich haben wir bemerkt, daß es ein zweites Kraftband der unsichtbaren Mauer gibt, das sich einige Meter davon entfernt oberirdisch, ca. 80 cm über der Erdoberfläche ungeordnet dahinzieht; es ist aus den Farben Schwarz und Rot zusammengesetzt. Ich vermute, daß es sich dabei um ein Ätherband handelt, das durch die psychische Einwirkung des menschlichen Bewußtseins entstanden ist, zum Beispiel durch die Beobachtung des Todesstreifens seitens der Wachposten, eine jahrzehntelange ständige Aufmerksamkeit, die durch Angst- und Haßgefühle energetisiert wurde. Ich erwähne dieses Kraftband, um bei künftigen Untersuchungen der Mauerkräfte vor der Verwechslung dieses relativ harmlosen Bandes mit dem wirklich gefährlichen »Doppelseil« zu warnen.

9. Salzburg: Das ausgepreßte Herz der Stadt

Als ich bei den Vorbereitungen eines Erdheilungsseminars für die Stadtlandschaft von Salzburg den Erdheilungsengel nach dem gravierendsten Problem fragte, erhielt ich zur Antwort: das Herzzentrum der Stadt. – Das Herz eines Ortes habe die Aufgabe, die Kraft, die durch verschiedene vitalenergetische Systeme des Ortes erzeugt wird, zu konzentrieren und sie durch sämtliche Kraftsysteme der Stadtlandschaft zu verteilen. So entstünden die zwei Phasen, die ein Herzzentrum, ähnlich wie das Herz eines Menschen, charakterisieren: die zusammenziehende Wirkung der Konzentrationsphase und der ausdehnende Effekt der Ausbreitungsphase: der vielgepriesene Herzrhythmus.
Das Herzzentrum besteht aus einer Art Wirbel, der die einfließende Kraft verwirbelt und dadurch verstärkt, ihr einen zusätzlichen Schwung gibt und auch eine besondere Ladung einfließen läßt. Diese Ladung wird durch Resonanz vom übergeordneten Herzzentrum empfangen, das für die Erzeugung der Herzkraft des betreffenden Landes zuständig ist. Dabei denke ich an das System der planetaren Herzzentren, von dem ich im Zusammenhang mit Köln erzählt habe.[23] Dadurch bekommt die sich in dem erwähnten Wirbel konzentrierende Kraft die Qualität eingeprägt, die als Herzqualität bezeichnet wird. Ihre Besonderheit liegt darin, daß sie auf der *Kraft*ebene eine Synthese der zwei polaren Kräfte bewirkt – der Kräfte der Erde und der kosmischen Kräfte –

[23] Es handelt sich um das Herzsystem, das sowohl auf der planetaren wie auf der lokalen Ebene besteht und das ich teils nicht kannte, teils nicht verstanden hatte, als ich das Buch *Schule der Geomantie* verfaßte. Es kommt daher in dem Kapitel über die vitalenergetischen Systeme des Raumes noch nicht vor.

Abb. 7:
Aufgestellt in Form eines Sterns breitet die Gruppe durch harmonischen Gesang die Kräfte des wiederbelebten Herzzentrums von Salzburg in den Stadtraum aus, 1994 (Foto: Heide Hage).

und auf der *geistigen* Ebene eine Quelle der göttlichen Liebe darstellt, die ich als die alles zusammenhaltende Kraft der Schöpfung bezeichnen würde (SG 1.2.E.).

Die im Herzzentrum konzentrierte Kraft wird nun in der nächsten Phase in die ganze Stadtlandschaft hinauskatapultiert. Ähnlich wie beim Blutkreislauf des Menschen wird sie mittels unzähliger Kraftbahnen vom Zentrum durch die Umgebung verteilt, um jedes Fleckchen Landschaft zu durchtränken. Um diese allgemeine »Durchspülung« zu erreichen, verzweigen sich die Hauptbahnen in immer dünnere Linien. Die restliche Kraft wird letztlich durch die vitalenergetischen Organe des Ortes aufgenommen, um dort erneuert und anschließend wieder zum Herzzentrum geschickt zu werden. Im Falle Salzburgs ist jedoch das Herzzentrum blockiert, so daß die einfließende Kraft nicht richtig verwirbelt und ausgestrahlt werden kann. Vielmehr wird sie teilweise in die Erde geleitet, wo sie sich verliert, und zum anderen Teil wahllos in den Raum der Stadt geschleudert, ohne die entsprechende Kraft und Qualität zu erreichen. Im Anschluß an diese Diagnose des Problems hat uns Devos genaue Anweisungen gegeben, wie das Herzzentrum zu reinigen und neu einzustimmen sei.

Als wir mit der Gruppe fleißig an dieser Aufgabe arbeiteten, bekam meine Tochter Ajra plötzlich das Gefühl, unter der Kuppel des Salzburger Doms zu stehen. Sie meinte, der Platz im Lehener Park, an dem sich das Herzzentrum heute befindet, sei nicht sein ursprünglicher Platz. Vermutlich habe das Herz in der Stadtmitte gelegen, dort, wo sich der barocke Dom befindet.

In der Tat war ich leicht verunsichert gewesen, als der Erdheilungsengel uns als Platz des Herzzentrums einen Punkt weit von der Stadtmitte entfernt angedeutet hatte. Man würde doch erwarten, daß sich das Herz in dem durch den

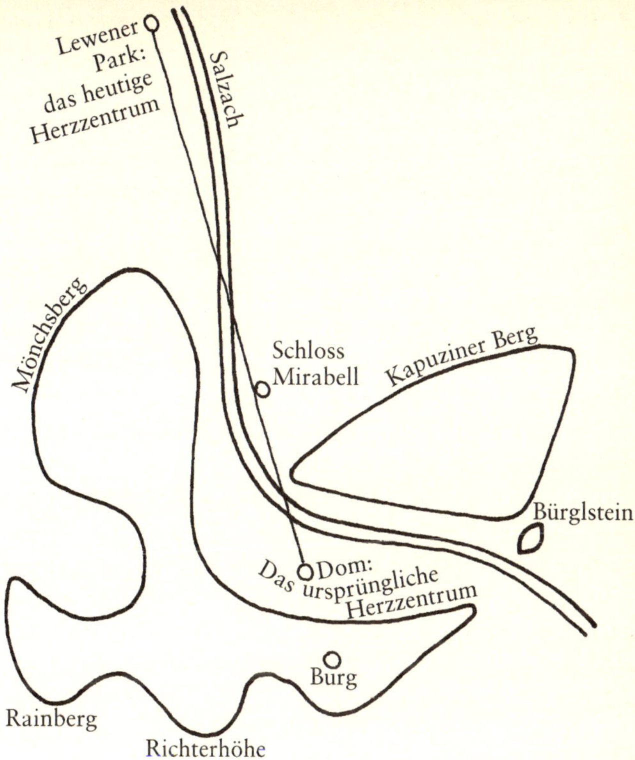

Abb. 8:
Drei Felsmassive bilden zusammen mit dem Fluß den Rahmen der Stadtlandschaft von Salzburg. Die Linie bezeichnet die »Flucht« des Herzzentrums vom Dom zum Lehener Park.

Mönchsberg einerseits und den Kapuzinerberg andererseits abgerundeten Raum der Altstadt befinden würde und nicht auf der weiten, ungeschützten Ebene nördlich des Stadtzentrums. Hinzu kommt, daß das Herzzentrum von Salzburg wie üblich nicht als ein selbständiges Organ im Raum vorkommt, sondern vom Yin-Yang-Kraftsystem der Stadt getragen wird (SG 4.4.A.). Vom Zentrum dieses Yin-Yang-Systems verläuft nämlich in Richtung Herzbrennpunkt ein aus Yin- und Yang-Strömen geflochtenes Band, das das Herz der Stadt nährt und unterstützt.

Alle diese beunruhigenden Hinweise haben mich veranlaßt, vor meinem zweiten Seminar in Salzburg im Jahr 1994 den Engelmeister Christopher Tragius zu befragen. Seine Botschaft lautete: »Der Stand der Händler und Kaufleute hat im Verbund mit der Macht des Klerus durch massive und prächtig erbaute profane und sakrale ›Paläste‹ erbarmungslos auf den ursprünglichen Stadtkern gedrückt und alles aus ihm herausgepreßt, was eigentlich das Leben ausmacht. Mit anderen Worten könnte ich sagen, daß durch diesen Druck das Herz der Stadt zerstört wurde. Ein Herz ist jedoch unzerstörbar, und daher fand es einen Weg, an einen Ort auszuweichen, der damals noch der freien Natur angehörte. Die Verbindung mit dem ursprünglichen Platz des Herzzentrums innerhalb des Doms ist irgendwie erhalten geblieben, denn sonst wäre die Funktion des Herzens verlorengegangen. So ist das energetisch-geistige Herz der Stadt die ganze Zeit hindurch wirksam geblieben, obwohl seine Tätigkeit tief in das Unterbewußtsein des Ortes abgesunken war und erst heute wieder durch eure Hilfe ins Licht des Bewußtseins gehoben wird.«

Christopher fügte hinzu, daß, bildlich gesprochen, das Herz der Stadt unter »Heimweh« gelitten habe angesichts der Tatsache, daß seine »Heimat«, die Stadtmitte, buchstäblich erwürgt wurde durch die massive prunkvolle Bebauung, verkoppelt mit dem, was er das »jahrhundertealte Eis des toten Stadtkerns« nennt. Er gab uns zu verstehen, daß es uns nicht gelingen würde, das Herzzentrum an den ursprünglichen Platz zurückzubringen, daß es aber sinnvoll wäre, die Beziehung zwischen dem heutigen Ersatzplatz und dem Ursprungsort zu stärken.

Dem zuletzt genannten Hinweis folgend habe ich mich auf die Suche nach dem vergessenen Herzplatz begeben und mir dazu die Hilfe eines Elementarwesens geholt, das mich dabei führen sollte. Es ist nämlich für einen Menschen sehr schwer, etwas zu erspüren, was fast nicht mehr existiert. Die Elementarwesen, die ich als das Bewußtsein der vier Elemente bezeichnen würde, bewahren unter anderem auch das Gedächtnis der Erde und besitzen dadurch die Fähigkeit, etwas zu wissen, was schon längst aus der Wirklichkeit gelöscht wurde. Da es sich hier um die Suche nach einem Platz im Bereich des Elementes Erde handelte, habe ich die Hilfe eines koboldartigen Wesens gesucht.

Der Kobold führte mich in den riesigen, mit barockem Prunk überladenen Dom, wo ich mich an einem bestimmten Platz auf der linken Seite niedersetzen sollte. Weiter konnte ich ihm nur noch durch mein Bewußtsein folgen. Er lenkte es wie durch einen dunklen Tunnel in die Erdtiefe hinein unter die nördlichen Fundamente des Doms. Dort unten gab es einen an eine Grabkammer erinnernden ebenso dunklen Raum, in dem ein riesiger, walfischähnlicher weicher Körper lag – ein symbolisches Bild für das unterdrückte Herzzentrum. Es war mir, als sei es mit einem Stahlseil fest zusammengebunden, so daß es sich nicht rühren konnte und damit auch sein charakteristischer Pulsschlag gelöscht war. Dabei fiel mir auf, daß das »Seil«, nachdem es unzählige Male den reglosen Herzkörper umwickelt hatte, schnurgerade in einer bestimm-

ten nordwestlichen Richtung führte; wohin, konnte ich der Vision nicht entnehmen.
Ich bedankte mich für die mir geschenkte Vision und machte mich an die Aufgabe, ihre symbolische Sprache in die realen Verhältnisse zu übersetzen. Es stellte sich heraus, daß noch die Vorgängerin des heutigen Doms, die vom irischen Bischof Virgil im frühen Mittelalter erbaute Basilika, so genau plaziert worden war, daß das Herzzentrum auf ihrer Hauptachse lag und dadurch das geistige Zentrum der Kirche bildete. Dann kam das Barock und die Machtübernahme durch den Erzbischof Wolf Dietrich (1587–1612), der die ehrwürdige alte Basilika niederreißen und die Achse des neuen Doms so versetzen ließ, daß seine nördliche Wand über dem Herzzentrum zu liegen kam, wobei einer der schweren steinernen Seitenpfeiler genau auf den Herzplatz drückt. Das Herzzentrum wurde gezielt erwürgt.
Um die Frage zu beantworten, warum ein solches geomantisches Verbrechen begangen wurde, mußte ich der Richtung des Stahlseils aus meiner Vision folgen. Die Spur führt über den Fluß Salzach zum Schloß Mirabell, das derselbe Wolf Dietrich für seine Kurtisane erbauen ließ.[24] Die Beziehung zwischen dem Lustschloß und dem Dom ist in der Form einer breiten Sichtachse für jeden Betrachter offenbar und bildet ein beliebtes Motiv auf Ansichtskarten von Salzburg. Niemand ahnt, daß sich hinter der eindrucksvollen Sichtachse eine gespenstische Kraftinstallation verbirgt, die für einen Kirchenfürsten angelegt wurde, um von der Kraft des erwürgten Herzzentrums zu zehren und sie für die Aufblähung seiner weltlichen Machtbestrebungen zu mißbrauchen.

[24] Seine Taten haben schließlich den damaligen Papst so erzürnt, daß dieser ihn aus seinem Dienst entließ und sogar exkommunizierte.

10. Bodensee: Ein Gleichgewichtsorgan der Erde lahmgelegt

Es ist unglaublich, was die Menschen alles treiben, um ihre selbstsüchtigen Ziele zu erreichen oder ihre Machtgier zu befriedigen. Dazu bemächtigen sie sich unter anderem auch der sensiblen Kraftsysteme der Erde, ohne Rücksicht darauf zu nehmen, daß die Lebenssysteme eines göttlichen Planeten unter der Zerstörung zu leiden haben. Es ist an der Zeit, diese mißbräuchlichen Praktiken in das öffentliche Bewußtsein zu bringen, damit dem Untergraben der planetaren Gleichgewichte endlich Schranken gesetzt werden.
Im Bereich des Bodensees, auf beiden Seiten der Grenze zwischen Deutschland und der Schweiz, arbeite ich seit 1993 an der Wiederbelebung eines der Gleichgewichtsorgane der Erde (SG 4.6.A.). Im ersten Jahr habe ich mit interessierten Bürgerinnen und Bürgern an der Kraftachse des Organs gearbeitet, die von der Erdmitte kommend weit über die Erdoberfläche hinausreicht und den feinstofflichen Körper der Erde im Kosmos verankert hält. Sie ist in der Nähe von Egg, oberhalb des Seeufers zentriert. Auch haben wir uns mit sämtlichen Problemen der Orte befaßt, die innerhalb des Umfangs der Lichtkugel liegen, die den Punkt, wo die Kraftachse die Erdoberfläche berührt, zum Zentrum hat. Eine Hälfte der Lichtkugel, die einen Durchmesser von 30 km hat, wölbt sich über die Erdoberfläche, die andere unterhalb. Im Jahr 1995 haben wir die Arbeit fortgesetzt, wobei nun die zwei Kraftdreiecke im Mittelpunkt unserer Bemühungen standen, durch die sowohl die Kraftachse des Gleichgewichtsorgans als auch die Lichtkugel in der Landschaft des Bodensees verankert sind. Eines der Dreiecke, das eine Yin-Charakteristik aufweist, erstreckt sich in der Landschaft innerhalb des Umfangs der Lichtkugel und unterstützt durch

einen pyramidenförmigen Überbau die Kraftachse des Organs. Das andere, das über den Kugelumfang hinausgeht, könnte man als Yang-Dreieck bezeichnen. Seine Funktion besteht darin, die Lichtkugel in die umgebende Landschaft einzuspannen.

Schon während der Vorbereitungen des Seminars hatte uns der Erdheilungsengel darauf aufmerksam gemacht, daß jedes der beiden Kraftdreiecke an einem bestimmten Punkt in seiner Funktion blockiert wurde. Das Yin-Dreieck wurde gestört an dem Platz, wo es durch eine Kirche am Westufer des Sees verläuft. Dabei wird nach Auskunft von Devos die Kraft, die entlang des Dreiecks fließt, nicht nur blockiert, sondern auch verwirbelt und dabei umgepolt, so daß sie verkehrte Informationen weiterträgt und, statt dem Gleichgewichtssystem behilflich zu sein – es zusätzlich belastet. In der Tat konnte man die chaotisierten Kraftwirbel an der Südseite der Kirche deutlich als starke innere Erschütterung spüren.

Als ich mich an dem Ort in die Ursachen der Chaotisierung vertiefte, sah ich genau im Bereich des Streifens des Kraftdreiecks eine Gruft unter dem Kirchenboden. Einer Leiche, die dort beigesetzt war, wurden gewisse extrem furchterregende Informationen eingeprägt, die dann, von dem Kraftdreieck aufgenommen, dramatische Folgen hervorrufen. Ich sah, wie zwei Männer in der Tracht des 18. Jahrhunderts streng geheim mit der »Programmierung« der Leiche beschäftigt waren.

Wir haben uns als Gruppe sehr viel Mühe gegeben, nach den genauen Anweisungen des Erdheilungsengels die falsche Information zu löschen und die Kraftlinie in ihr ursprüngliches Muster zurückzuverwandeln. Als nächstes kamen die Probleme des Yang-Dreiecks hinzu, von denen sich das gravierendste unweit des Stadtkerns von Konstanz befand. Devos be-

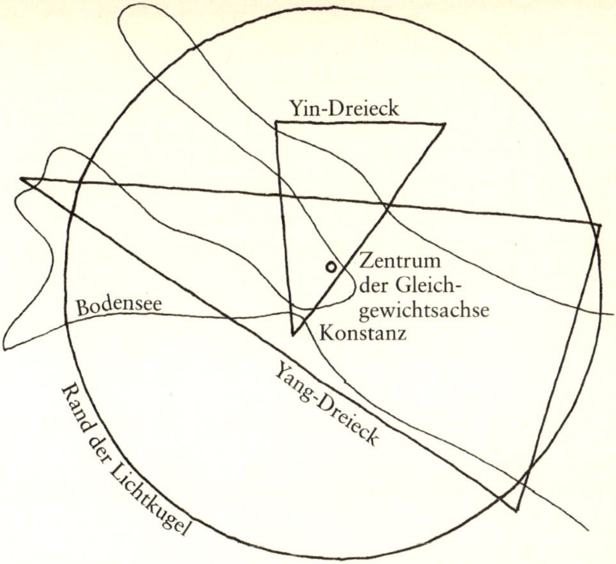

Abb. 9:
Grundriß des Gleichgewichtsorgans der Erde, das sich im Bereich Bodensee befindet.

zeichnete den Platz als den Schwachpunkt der Stadt. Durch eine spezifische Druckausübung war hier in die Kraftschichten des Ortes eingebrochen worden, so daß ein »schwarzes Loch« entstand, das man als eine tiefe Depression oder als einen kaum auszuhaltenden Druck wahrnehmen konnte. Er empfahl, sich dort besonders sorgfältig durch einen Lichtmantel zu schützen.

Als ich den Platz des schwarzen Loches aufsuchte, leuchtete mir sofort ein, warum es dem Ort so schlecht gehen muß. Ich fand dort einen Gedenkstein mit der Aufschrift, daß an dem betreffenden Platz der tschechische Reformator Jan Hus (16. Jh.) von der katholischen Kirche als Ketzer verurteilt und verbrannt worden sei. Der Mord an einem der göttlichen Wahrheit verpflichteten Menschen kann so tiefgreifende Spuren an einem Ort hinterlassen, wie Devos sie angedeutet hat. Was mich jedoch überraschte, war, daß ich, als ich mich auf die Gedächtnisschichten des Ortes (SG 5.1.A) konzentrierte, keine Spur eines Scheiterhaufens wahrnahm. Was ich sah, war das Dunkel der Depression, von der Devos gesprochen hatte, sowie zwei bis drei Männer in derselben Tracht des 18. Jahrhunderts, wie ich sie bei der geheimen Handlung in der erwähnten Kirche gesehen hatte. Ich vermute, daß sie mittels einer magischen Handlung die negativierten Schwingungen des Platzes, an dem Jan Hus tatsächlich verbrannt wurde – auch die Überlieferung besagt, daß der Ort des Scheiterhaufens weiter von der Stadt entfernt lag –, auf den Platz fokussiert haben, an dem heute der Gedenkstein steht, um die Kraftlinie des Yang-Dreiecks zu zerstören.

Die Intuition, die dem Bild folgte, deutete darauf hin, daß eine esoterische Loge auf okkulte Weise die Macht des Bischofs von Konstanz zu untergraben suchte. Dabei wurde das Kraftsystem des Gleichgewichtsorgans – ohne zu verstehen, worum es sich bei dem Organ eigentlich handelt – als die Kraftstruktur angesehen, auf die sich die Macht des Kirchenfürsten stützte. Durch Blockierung der beiden Kraftdreiecke erhoffte man sich, im Sinne der Aufklärung des 18. Jahrhunderts, die Kirche zu entmachten. So wurde ein sensibles Gleichgewichtsorgan der Erde bedenkenlos für den Kampf zwischen zwei Machtstrukturen lahmgelegt!

11. Vertriebene Elementarwesen

An einem Sonntagabend, nachdem ich mein zweites Erdheilungsseminar für die Landschaft des Bodenseeraumes beendet hatte, wurde ich von einigen Mitgliedern der Gruppe dringend gebeten, den Ort unweit von Konstanz, an dem sie arbeiten, zu besuchen, um sie in ihrer Auseinandersetzung mit den Schwierigkeiten des Ortes zu beraten. Es war inzwischen dunkel geworden, ein Umstand, der für das Untersuchen eines Geländes schwierig sein kann. Da ich aber unbedingt am nächsten Morgen weiterreisen mußte, habe ich, müde, wie ich nach einer zweitägigen Gruppenarbeit in der Landschaft war, doch zugesagt. Ich deutete scherzhaft auf den Vollmond, der uns seine glänzende Scheibe als Beleuchtung anbot.

Es handelte sich um eine anthroposophisch orientierte Anstalt, in der die Pflege körperlich und geistig behinderter Menschen mit gärtnerischer Tätigkeit und einem landwirtschaftlichen Hof verbunden ist. Während mir im Mondschein die verschiedenen Bereiche und Gebäude des Ortes vorgestellt wurden, habe ich meine Begleiter dies und jenes gefragt und dabei erfahren, daß der ganze Komplex vor zwei Jahrzehnten von Grund auf neu aufgebaut worden war. Und tatsächlich fiel mir bald auf, daß es keine alten Bäume gab, die mir eine Erinnerung an den Zustand des Geländes vor der erwähnten Umwälzung hätten vermitteln können. Als ich mich darüber beklagte, trösteten mich meine Gastgeber. Am Rande des Geländes stünde noch ein uralter Birnbaum, der die Umgestaltung des Ortes überlebt habe.

Ich bat meine Begleiter, zurückzubleiben, während ich mich dem mächtigen Baum näherte und meine Hände leicht und liebevoll an seine rauhe Rinde legte. Nun wandte ich mich an das Bewußtsein des Baumes, seinen »Faun«, und bat ihn, mir aus seiner Erfahrung der Vorgänge vor Ort einen Hinweis zu geben, in welcher Richtung ich nach den Ursachen der Störung suchen sollte. Meine Begleiter hatten mir erzählt, daß es in unterschiedlichen Bereichen ihrer Tätigkeit Störungen gebe, die in vergleichbaren anthroposophischen Einrichtungen nicht in demselben Maße vorkämen.

Das Bild, das ich als Antwort erhielt, war einfach. Ich sah ein vollkommen eingeebnetes Gelände, jedes Lebens entblößt, einer Wüste ähnlich, auf der keine einzige Pflanze wächst. Das Bild wurde von der Intuition begleitet, es handele sich um einen umfassenden Eingriff in die Kontinuität der Lebensprozesse des Ortes, dessen Folgen noch nicht geheilt sind.

Als ich meinen Begleitern von meinen inneren Erfahrungen berichtete, wurde das Bild sofort verstanden. Tatsächlich, so bestätigten sie mir, sei in der Zeit vor Baubeginn im gesamten Bereich die lebendige Erdschicht (Muttererde) abgebaggert und an den nahegelegenen Waldrand geschoben worden. Man wollte die Erde »schützen«, um sie später bei der Neugestaltung des Gebietes wieder über den Ort zu verteilen. Es hatte also in einer gewissen Zeitspanne eine vollständige Verwüstung des Geländes gegeben, die später durch die Neubepflanzung verdeckt wurde und nur scheinbar keine störenden Folgen in den Lebenssystemen hinterlassen hatte.

Für den Menschen stellen zwei, drei Jahre solcher Verwüstung eines Ortes kein größeres Problem dar: Der Platz wird anschließend begrünt, mit sozialem Leben ausgefüllt, und das öde Bild der zurückliegenden Jahre ist bald vergessen. Anders ergeht es der Naturintelligenz des Ortes, die in unzähligen Elementarwesen manifestiert ist (SG 5.3). Als Elementarwesen bezeichne ich die Bewußtseinsbrennpunkte nicht nur einzelner Steine, Pflanzen, Bäume, usw., sondern auch der Gewebegemeinschaften der Erde, wie der Erdschichten, Gewässer, Landschaften ... Diese Bewußtseinszellen, die Elementarwesen, sind keine Wesenheiten mit einem materialisierten Körper, wie etwa Mineralien, Pflanzen, Tiere oder Menschen. Sie sind vielmehr bei der Ausführung ihrer Lebensaufgaben ausschließlich auf ihre feinstoffliche Körperstruktur angewiesen – ähnlich wie die Engel. Der Unterschied zu den Engelwesen liegt darin, daß die Engel das Bewußtsein der allumfassenden Ganzheit des Kosmos darstellen (SG 1.3), die Elementarwesen jedoch das Bewußtsein eines in sich relativ abgeschlossenen Teilaspekts der Ganzheit: des Planeten Erde und seiner Lebensbereiche.

Die Aufgabe der Elementarwesen innerhalb des planetaren Organismus ist es, den Pflanzen und Mineralien ein Bewußtsein einzuverleiben, Lebensprozesse zu leiten, die Entwicklungen auf verschiedenen Ebenen des Seins untereinander zu verweben, die Wachstumsvorgänge in den Bahnen ihrer Urmuster zu halten, Lebensreiche mit der Qualität der Weisheit und der Liebe zu durchtränken, und vieles mehr. Um diese Vielfalt der Aufgaben ausführen zu können, ist die Welt der Elementarwesen reich gegliedert. Es gibt Bewußtseinszellen, die einfache Lebewesen beseelen, wie einzelne Bäume, Kräuter, Bäche oder Erdschichten. Es gibt aber auch eine Vielfalt von höherentwickelten Elementarwesen, die auf übergeordneten Ebenen Zusammenhänge in der Landschaft betreuen.

Neben dieser Differenzierung in verschiedene Entwicklungsstufen ist für die Ordnung des Reiches der Elementarwesen noch die Beziehung zu den vier Elementen charakteristisch: Jedes Elementarwesen, ganz gleich, auf welcher Entwicklungsstufe es sich befindet, gehört entweder dem Bereich des Elementes Erde, des Elementes Wasser, der Luft oder des Feuers an (SG 5.3.A).

Im Zusammenhang mit unserer Betrachtung ist es noch wichtig zu wissen, daß Elementarwesen eine zweifache »Gestalt« besitzen. Ihr Körperorganismus gleicht gewöhnlich einem Kraftwirbel oder -muster und ist auf der vitalenergetischen (ätherischen) Ebene angesiedelt, ihr Bewußtseinsaspekt hingegen gehört der Gefühlsdimension der Wirklichkeit an (auch »astrale« oder »urbildliche« Dimension genannt). Dabei gilt es zu verstehen, daß der ätherische Körper eines Elementarwesens eingewoben ist in das vitalenergetische Gewebe des Ortes und daß es ihm in der Regel nicht möglich ist, seinen Platz einfach zu wechseln. Ein Elementarwesen wird an einen Ort gebunden, obwohl sein Bewußtseinsaspekt sich frei in dem ihm zugewiesenen Raum entfalten kann.

Wenn also, wie in unserem Falle, die Vegetation vernichtet und die fruchtbare Erdschicht abgebaggert wird, dann gehen auch die Brennpunkte verloren, an die die Elementarwesen gebunden sind, um ihre Aufgaben zu erfüllen. Für die Elementarwesen geschieht etwas ähnliches wie beim Tod des Menschen, wenn die Seele durch das Absterben des Körpers die konkreten Beziehungen zu Mitmenschen und zu ihrer gewohnten Umgebung in der materialisierten Welt verliert. Die Seele findet jedoch durch die Stufen des Sterbeprozesses ihren Weg in die geistige Dimension des Seins, um auf dieser Ebene ihre Entwicklung fortzusetzen. Die entwurzelten Elementarwesen aber, als Teile eines Gemeinschaftsorganismus – des Bewußtseins der Erde – werden von ihrer Bindung an die erteilte Aufgabe und an den entsprechenden Ort nicht frei. Sie schweben in den Astralschichten über dem zerstörten Ort und trauern über ihre Unfähigkeit, die ihnen durch die göttliche Bestimmung zugeteilten Aufgaben zu verwirklichen.

Dabei hilft es nichts, wenn nach Abschluß der Bauphase – wie in unserem Falle geschehen – der Erdbereich neu gestaltet und bepflanzt wird[25], solange niemand dafür Sorge trägt, daß die verbannten Elementarwesen ihre Brennpunkte im Gewebe des neugestalteten Geländes finden können. Es kann Jahrzehnte oder Jahrhunderte dauern, bis die Natur es fertigbrächte, an einer solchen Wundstelle das vitalenergetische Gewebe wieder zuwachsen zu lassen, und dadurch die natürlichen Umstände geschaffen wären, damit sich die entsprechenden Elementarwesen wieder neu ansiedeln könnten.

Es ist aber im Sinne der Erdheilung möglich, diesen Prozeß zu beschleunigen, wenn es um Orte geht, wo Menschen sich nach der Anwesenheit von Elementarwesen sehnen, weil ihnen inzwischen bewußt geworden ist, wie schmerzhaft es für alle Beteiligten ist, in einer Gefühlswüste zu leben.

In unserem Falle bin ich so vorgegangen, daß ich mir zeigen ließ, wohin die ganze Muttererde des Geländes damals gebracht wurde. Wie ich vermutete, waren die Elementarwesen, denen niemand rechtzeitig kundgetan hatte, welches Schicksal ihnen bevorstand, mit der Erdmasse »mitgegangen«. In der Tat fand ich, daß sie sich massenweise am Waldrand aufhielten, wo vor zwei Jahrzehnten noch die angehäufte Erde gelagert war. Noch nie habe ich eine so

[25] Es gibt natürlich auch wieder Elementarwesen, die die neu angesiedelten Pflanzen beseelen, ich spreche hier aber von den ursprünglichen Elementarwesen dieses Ortes.

dichte Präsenz von Elementarwesen gespürt, die sich um mich herum drängten. Welch ein Glück im Unglück, daß die Erdmasse an den Waldrand geschoben worden war und die vertriebenen Elementarwesen in dem unberührten Waldorganismus Zuflucht hatten finden können. So blieb ihnen das Schicksal erspart, auch noch bewußtseinsmäßig chaotisiert zu werden.

Ich sprach innerlich zu den sich um mich drängenden Elementarwesen und entschuldigte mich für die Fehler meiner Mitmenschen. Ich bat sie, die Plätze in »ihrem« angestammten Gebiet wieder einzunehmen und versprach ihnen dabei unsere Hilfe. Dann schlug ich meinen Gastgebern vor, am nächsten Tag eine Menge Steine an den Waldrand zu legen und die vertriebenen Elementarwesen zu bitten, ihre Kraftbrennpunkte daran anzuheften. Nach 24 Stunden sollten sie die Steine an verschiedene, nach dem Gefühl ausgesuchte Punkte im ganzen damals eingeebneten Gelände auslegen. Diese Steine würden neue Brennpunkte der Elementarwesen auf dem Gelände darstellen.

Es wäre natürlich viel klüger, einen ähnlichen Vorgang *vor* jedem Eingriff in ein Gelände auszuführen, auf dem gebaut werden soll. In diesem Fall sollte man am Rande des gefährdeten Gebietes einen Bereich ausweisen, der während der Bauphase nicht berührt wird. Dorthin sollte man in der beschriebenen Weise die Elementarwesen des Ortes umsiedeln, um sie nach Beendigung der Erdumwälzungen auf ihren ursprünglichen oder neugewählten Plätzen wiederanzusiedeln. Nicht minder wichtig wäre es, soviel wie möglich diejenigen Plätze, an denen gewisse höherentwickelte Elementarwesen ihre Brennpunkte haben, während der Baumaßnahmen zu umzäunen, um sie vor jeglichem Eingriff zu bewahren. Dadurch entstünden Inseln der elementaren Kräfte, von denen aus nach Beendigung der Bautätigkeit im Zuge der Neugestaltung des Geländes die Wiederbeseelung des Bereiches ausgehen kann. Die beste Lösung wäre es, beide Methoden miteinander verbunden anzuwenden.

12. Innsbruck: Wohin mit den entwurzelten Raumfeen?

Als ich ein zweites Erdheilungsseminar zur Stadtlandschaft von Innsbruck vorbereitete, um mich den Problemen des Yin-Yang-Systems, dem Atmungssystem usw. zu widmen, hat der Landschaftsengel seiner Botschaft am Ende die Bitte hinzugefügt, wir möchten uns außerdem noch eines Platzes am östlichen Ende des Hofgartens annehmen, der dringend unsere Hilfe brauche. Die Wesenheiten, die dort »wohnhaft« sind, seien vollkommen unterdrückt. Er gab uns den Rat, die näheren Umstände zu untersuchen und dann liebevoll bei der Rückverwandlung der Wesen mitzuhelfen. Weitere Anweisungen gab Devos nicht, weil es ihm, wie üblich, darum geht, daß wir Menschen soviel wie möglich aus unserer Selbständigkeit heraus zur Erdheilung beitragen.
Den Hofgarten mit einigen wundervollen alten Bäumen kannte ich schon, da ich im Jahr zuvor im vorderen Teil des Parks einen Bereich entdeckt hatte, wo höher entwickelte Elementarwesen verschiedenster Arten angesiedelt sind, um von da aus die Lebensprozesse in dem Landschaftsbereich zu leiten, der heute durch das Stadtzentrum besetzt ist. Diese Art Steuerungszentren der Elementarwesen nenne ich einen *Naturtempelbezirk* (SG 5.3.B.). Als Devos nun auf Probleme einer anderen Gruppe von Elementarwesen im Hofgarten hindeutete, war ich recht neugierig, was es an wichtigen elementaren Kräften dort in der östlichen Ecke des Hofgartens noch geben könnte, da der Bereich meiner Erfahrung

nach durch die Einflüsse aus dem erwähnten Naturtempelbezirk doch abgedeckt sein müßte. Ein zweites Steuerungszentrum dort zu erwarten, ergab mir keinen Sinn.
Um meine Neugierde zu stillen, ging ich während der Vorbereitungen zum Seminar zunächst zu der östlichen Ecke des Hofgartens. Kaum hatte ich mich vertieft und begonnen, mit dem inneren Auge meines Herzens den Raum zu betrachten, als ein Adler auf mich niederstürzte, seinen beinharten Schnabel dicht an meine Stirn preßte und seine Flügel ausbreitete, als wolle er – es war wohl ein geistiger Adler – verhüten, daß ich die Wahrheit erblickte. Beschämt zog ich mich aus der Vertiefung zurück, da ich in meiner Ungeduld vergessen hatte, klar zu sagen, wer ich bin und mit welcher Absicht ich gekommen war. Der Adler war offenbar ein Schutzgeist der in Bedrängnis geratenen Elementarwesen, auf die mich Devos hingewiesen hatte.
Nachdem ich das Versäumte nachgeholt hatte, eröffnete sich mir ein erschütternder Anblick. Ich sah eine Gruppe von erstarrten, puppenähnlichen Wesenheiten, die nach menschlichem Maßstab geschätzt mindestens acht Meter hoch waren. Sie drängten sich alle auf einem schmalen Platz, wohin sie offensichtlich nicht gehörten, und torkelten in einem chaotischen Rhythmus hin und her, als ob sie betrunken wären. Nicht nur, daß ihre Gestalten steif waren, als wären sie aus Holz geschnitzt, auch ihr Blick war düster und wie erstarrt. Dabei schienen sie machtlos zu sein, wie vom Himmel abgestürzte Vögel.
Da ich seit einiger Zeit die Möglichkeit habe, in solchen Fällen die Hilfe der »Erdmutter« herbeizuholen, habe ich auch diesmal davon Gebrauch gemacht, um herauszufinden, wie die tragische Situation zustande gekommen war. Sie taucht aus der Erde in Form eines riesigen rundlichen Gesichtes auf, das aus Klumpen dunkelbrauner Erde zusammenge-

fügt zu sein scheint. Deswegen nenne ich diesen hilfreichen Geist »Erdmutter«. Sie stellt sich zwischen meine inneren Augen und das zu betrachtende Phänomen, so daß, durch sie hindurchblickend, meine Schau mit zusätzlichen Informationen angereichert wird. Im Falle unserer »Puppenprinzessinnen« erfuhr ich, daß sie eine Gruppe von Raumfeen darstellen, deren Brennpunkt noch bis vor kurzem in einem nahegelegenen Park verankert war, an dessen Stelle jedoch ein modernes Kongreßzentrum erbaut wurde. Durch die Zerstörung ihrer natürlichen Umgebung und die entfremdende Bautätigkeit am Ort sind sie in einen psychisch-energetischen Zerstörungsprozeß hineingeraten, der sie aus ihrer räumlichen Weite in einen Zustand der Erstarrung gestürzt hat.
Mit dem Begriff Raumfeen[26] bezeichne ich Luftelementarwesen, die das Bewußtsein eines Landschaftsraumes repräsentieren und die Lebensvorgänge in der Natur mit denen der ansässigen Kultur koordinieren und harmonisieren. Diese mächtigen Wesenheiten bilden eine Schar, die, von einem zentralen Punkt ausgehend, der hoch in der Atmosphäre fixiert ist, den ihrer Obhut anvertrauten Raum immer wieder durchstreifen. Der Ausgangspunkt ihrer Tätigkeit, die einen ganzen Landschaftsraum umfaßt, ist durch eine Lichtsäule fixiert, die an einem zentralen Punkt in der betreffenden Landschaft im Boden verankert ist. Durch die Zerstörung und Entfremdung des Ortes, an dem die Raumfeenschar des Innsbrucker Raumes ihren Ausgangspunkt verankert hatte, ist es zu ihrer tragischen Lage gekommen, auf die mich der Erdheilungsengel aufmerksam gemacht hatte.
Nach seiner Anweisung hat sich die Seminargruppe am nächsten Morgen der Erlösung und Befreiung der negativierten Elementarwesen gewidmet. Dazu haben wir in ihrer

26 *Elementarwesen*, S. 56–60

Mitte Töne gesungen. Um ihre Kraftfelder wieder ins Positive umzupolen, haben wir sie durch einen Umwandlungsprozeß hindurchgeführt. Dazu stimmten wir zuerst einen Klagegesang an, um sie in ihrem derzeitigen Zustand abzuholen. Dann gingen wir stufenweise zur Harmonisierung unserer Stimmen über, um den Umwandlungsprozeß in Gang zu setzen – immer begleitet von tiefem Mitgefühl. Viele von uns konnten die Befreiung der mächtigen Luftwesenheiten sehen – wie sie sich federleicht und formbefreit nacheinander in die Atmosphäre erhoben.

Um den Heilungsprozeß richtig abzurunden, müßte ich an dem betreffenden neuen Platz noch einen Lithopunkturstein mit einem Kosmogramm setzen, damit der Brennpunkt der Raumfeen dort stabil verankert wäre. Ich hoffe, es kommt die Zeit, da das öffentliche Bewußtsein so weit ist, zu verstehen, wie kostbar die ungestörte Tätigkeit der Elementarwesen für die Lebensqualität unseres gemeinsamen planetaren Raumes ist – insbesondere wenn es sich um dicht besiedelte Stadtlandschaften handelt. Dann sollte auch das Aufstellen eines solchen Lithopunktursteines in einem öffentlichen Park kein größeres Problem mehr sein.

Noch wichtiger allerdings wäre es, die Naturschutzbestrebungen auch auf den Bereich der Elementarwesen auszudehnen und neben den kostbaren Biotopen auch die Brennpunkte der Elementarwesen in der Natur- und Stadtlandschaft zu schützen sowie für die Unverletzbarkeit der Naturtempelbezirke oder der Brennpunkte der Raumfeen zu sorgen.

13. Die Schattenseite rapider Stadterweiterungen

Für die Erde verläuft die Zeit viel langsamer als für uns Menschen. Wenn wir um uns herum die Erweiterung einer Stadt über einen Zeitraum von einigen Jahrzehnten betrachten, sehen wir, wie ein Grundstück bebaut wird, ein neues Stadtviertel entsteht, eine neue Straßenführung das Verkehrsnetz erweitert usw. Wie ein Mosaik, das sich im Raum ausbreitet, wächst mehr oder weniger systematisch der Körper der Stadt.

Für das Zeitempfinden der Erde und der Natur geschieht selbst eine sich über mehrere Jahrzehnte erstreckende Ausbreitung der modernen Städte explosionsartig. Innerhalb »weniger Sekunden« wird quasi der lebendige Boden an unzähligen Stellen aufgerissen, es werden Kraftsysteme der Erde entwurzelt und chaotisiert, die Elementarwesen rücksichtslos vertrieben und starre, für das Atmen des Lebens kaum durchlässige Strukturen errichtet. Diese vernichtende und die Landschaft in die Erstarrung führende Welle breitet sich wie ein Wirbelsturm nach allen Seiten aus. Was diese Vernichtungswelle hinterläßt, ist eine dichte, für die Natur äußerst schwer am Leben zu erhaltende Stadtlandschaft, die ständig bedroht ist, in eine Wüste umzukippen.

Der explosionsartige Ausbau der Städte mag durchaus nach vernünftig erstellten, »ordentlich« wirkenden Stadtentwicklungsplänen vonstatten gehen. Doch gibt es dazu eine Schattenseite, die leider das Gegenteil einer Ordnung zeigt, nämlich ein allesvernichtendes Chaos. Mehr noch, das Bewußtsein dafür, daß es sich um einen Zerstörungsvorgang handelt, wird zumindest in den Städten der reichen Nationen durch eine fast pedantische Ordnung auf der funktionalen Ebene verschleiert. Die ausgeprägt rationalistische Ordnung zeigt als Schattenseite die Lieblosigkeit in den Beziehungen zu den Lebenssystemen der Erde.

Zum wiederholten Male muß ich betonen, daß es mir nicht um eine allgemeine Zivilisationsfeindlichkeit geht, sondern um die Forderung nach einer Weiterentwicklung in Richtung einer ausgewogenen Mehrdimensionalität. Die Kraft des Herzens, das Mitgefühl mit den sichtbaren und unsichtbaren Wesenheiten der Erdsysteme sollten gleichwertig mit den Kräften des Verstandes kreativ in die Zivilisationsentwicklung einbezogen werden. Dabei handelt es sich im Grunde genommen nicht nur um eine Gleichwertigkeit, sondern um eine neue Schwerpunktsetzung: Der liebevollen Beziehung und Kommunikation mit den Lebenssystemen der Erde müßte der unbedingte Vorrang vor der rationalen Entscheidung und Planung gegeben werden, weil nur auf diese Weise eine ganzheitliche und alle Aspekte des Lebens einschließende Entwicklung sicherzustellen ist.

Geschieht dies nicht, werden weiterhin durch die Zivilisationsentwicklung ungeheure Mengen an negativierten Kräften produziert, die, für das physische Auge unsichtbar, wie riesige Wolken über den Stadtstrukturen hängen. Es mischen sich darin entwurzelte Energien, die einmal verschiedenen, inzwischen zerstörten Kraftsystemen der Stadtlandschaft angehörten, mit den verdunkelten Gefühlskräften der leidenden Elementarwesen, die aus ihren Brennpunkten und Aufgaben verdrängt worden sind. Daran haften noch zusätzlich die »Gefühlsabfälle« der Stadtbewohner (SG 5.1.B.), die diese, unfähig mit ihren Gefühlen auf eine harmonische oder kreative Weise umzugehen, massenweise in die astrale Atmosphäre (Gefühlsebene) des Ortes ausscheiden. Auf die kraftmäßigen Anhäufungen dieser Art hat uns der Erdheilungsengel das erste Mal im Juni 1994 aufmerksam gemacht, nachdem wir uns mit einer Erdheilungsgruppe schon länger mit den

Abb. 10:
Gruppengesang zur Reinigung im Schloßhof
von Murska Sobota, Slowenien, 1993.

Problemen der Stadt Murska Sobota, im Osten Sloweniens, herumgeschlagen hatten. Vor 60 Jahren gab es diese Stadt noch fast nicht. Es gab einzig ein Schloß mit einem wunderschönen Landschaftspark und einer kleinen Siedlung. Nach der Machtübernahme durch das sozialistische Regime wurde der Ort zur Regionalhauptstadt erklärt und dementsprechend binnen weniger Jahrzehnte ausgebaut und industrialisiert.
Nachdem ich mit meiner Frau Marika zwei Jahre an der Lithopunktur des erwähnten Landschaftsparks gearbeitet und zwischendurch immer wieder mit Gruppen an der Reinigung und Wiederbelebung der vitalenergetischen Organe der Stadtlandschaft gewirkt hatte, hat uns Devos gelobt. Das Kraftniveau sei im Steigen begriffen und die Stadt dabei, sich zu öffnen. An ihr hingen jedoch noch weiterhin Gewichte, die sie in den Sumpf zögen. Um uns einen solchen »Alptraumpunkt« zu zeigen, ließ er mich in die hinterste Ecke eines Schulsportplatzes gehen und einen Brennpunkt der negativierten Stadtkräfte erspüren. Zuvor hatte er mich gewarnt, mich persönlich energetisch gut zu schützen, um nicht verletzt zu werden: »Das sind im wahrsten Sinne des Wortes wildgewordene Energien, aggressive Kräfte, die bei jeder Stadtentwicklung entstehen, obwohl sie gewöhnlich mehr über den gesamten Stadtraum verteilt sind und deswegen nicht so mörderisch gefährlich sind. Sie sind eine Begleiterscheinung des Wachstums der Städte. Es dürfte euch wohl klar sein, daß das ein tiefer Eingriff in die Natur ist und damit auch in die natürlichen Kraftsysteme und die Welt all jener Wesenheiten, die ursprünglich in dem Gebiet lebten. Es handelt sich um eine Aggression seitens der Menschheit, die sich dazu schmerzhafter Methoden bedient. Es ist uns allen klar, daß die Zivilisation, so wie sie ist, anders nicht vorgehen kann. Es kommt aber auf die Art und Weise an, wie das

Wachstum vorangetrieben wird. Es wäre möglich, dieselben Vorgänge auf eine viel gemäßigtere und mehr geerdete Weise auszuführen. Statt dessen laßt ihr zu, daß »giftige« Brennpunkte und Anhäufungen dieser Art entstehen, die einen Gegenpol zur Stadtentwicklung darstellen, der eine unglaubliche Kraft besitzt und Katastrophen entfesseln kann. Punkte dieser Art könnte man als Brennpunkte des Stadtselbstmordes bezeichnen.«

Devos ermahnte uns schließlich, als wir uns unter seiner Leitung an das Erlösungswerk machten, uns sowohl einzeln wie auch als Gruppe zu schützen (SG 2.7.E.). Außerdem riet er uns ausdrücklich davon ab, aggressiv vorzugehen, weil dadurch in der ohnehin stark negativierten Schwingungsmasse ein noch tiefgreifenderes Durcheinander erzeugt werden könnte. Wir sollten auch nicht das ganze Problem auf einmal lösen wollen, weil die amorphe Masse viele Verzweigungen und Punkte habe, an denen sie haftet. Als viertes hat er uns aufgefordert, uns dem Problem liebevoll anzunähern, auch für den Fall, daß unsere Gefühle der Liebe und des Mitgefühls von den negativierten Kräften zurückgewiesen würden. Zumindest könnten wir dadurch positive Kräfte aus der Umgebung zur Hilfe gewinnen. Fünftens riet Devos den Gruppenmitgliedern, die sich im Augenblick labil oder ängstlich fühlten, bei dieser Aufgabe aus der Gruppe auszuscheiden. Bei den negativierten Kräften, mit denen wir es dort zu tun hatten, handelte es sich nach seinen Worten überwiegend um gefühlsmäßige Kräfte, die durch Schmerz, Unglück, Trauer, Verzweiflung usw. geprägt waren.

Als erstes haben wir den Platz selbst durch Gesang gereinigt. Als zweites wurde durch Farbvisualisation ein Krafttunnel aufgebaut, der als »Reinigungsanlage« dienen sollte. Durch ein besonderes Tanzmuster, das uns der Erdheilungsengel gelehrt hatte, haben wir die negativierten Kräfte laufend von unten in den Tunnel hineingezogen, um sie durch einen Umwandlungsprozeß hindurch nach oben zu leiten. Die gereinigten Kräfte sollten wir schließlich mit Hilfe der Farben Blau und Violett durch den Stadtraum verteilen.

Seitdem habe ich in verschiedenen Städten Europas mit Aufgaben dieser Art zu tun gehabt und wurde gelehrt, verschiedene Methoden der Reinigung zu gebrauchen. In der Regel wird dabei an verschiedenen Punkten in den Städten gearbeitet, meistens an ihren Gefühlszentren (SG 5.4.), um die Hauptmasse der astralen Anhäufungen erreichen zu können, die amöbenähnlich durch die gefühlsmäßige Atmosphäre einer Stadt verbreitet sind.

Es ist dabei auch zu dramatischen Ereignissen gekommen, als sich z.B. während des Reinigungsvorgangs herausstellte, daß sich innerhalb der astralen Anhäufungen ganze »Taschen« voll dämonisierter Elementarwesen vermischt mit den Seelenhüllen friedlos verstorbener Menschen (SG 5.1.D.) befinden. In dem Falle reicht ein Reinigungsprozeß nicht aus. Es ist nötig, Bewußtseinsarbeit miteinzubeziehen, d.h. den »gefangenen« Wesenheiten ihre Lage bewußt zu machen, sie durch einen Umwandlungsprozeß zu führen und ihnen schließlich zu helfen, wieder den ihnen bestimmten Platz innerhalb der universalen Ordnung zu erreichen (vgl. Teil VI/5 »Unerlöste Seelenhüllen«).

Das Auflösen der negativierten Astralkräfte einer Stadt ist eine Sisyphusarbeit, wenn die Zivilisation ihre zerstörerische Haltung gegenüber den unsichtbaren Dimensionen der Stadtlandschaft nicht ändert.

14. Die Landschaft als Opfer von Kriegen

Wenn man die kraftmäßigen Folgen der Expansion der Städte in ihrer negativierten Gefühlsqualität erfährt und versteht, kann man sich leicht vorstellen, welch destruktive Vorgänge in einer Landschaft durch Kriegshandlungen ausgelöst werden. Dabei geht es zum einen um die Kraftstrukturen der Orte, die durch die Kriegstechnik zerstört werden; die gravierendsten Folgen häufen sich jedoch auf der Gefühlsebene (SG 1.4.C.) an. Gefühle von Haß und Furcht, ja Todesangst, und unvorstellbarem menschlichen Leiden werden in Kriegsgebieten aufgestaut.

Die Menschen vergessen relativ schnell die Übel des Krieges, der einst durch die Landschaft getobt ist, nicht aber die Lebenssysteme der Erde, die ebenfalls darunter gelitten haben. Das ist das Wichtigste, was ich aus dem Landschaftsheilungsprojekt im Soča(Isonzo)-Tal im Westen Sloweniens gelernt habe. Dort hatten während des Ersten Weltkriegs vier Jahre lang die schlimmsten Kämpfe gewütet. Innerhalb des engen Alpentales, das sich 90 km durch wunderschöne Alpengebirgsketten zieht, sind mindestens 1,2 Millionen Menschen ums Leben gekommen, ohne die unzähligen Mitstreiter zu nennen, die zwar überlebt, aber vielleicht noch mehr gelitten haben. Man kann sich vorstellen, daß das Tal mit allen seinen Lebensreichen bis in die tiefsten Schichten des Seins erschüttert wurde. Den meisten Menschen scheint das der Vergangenheit anzugehören, die zwar zu denken gibt, aber keine Realität hier und jetzt darstellt. Heute steht das Tal im Mittelpunkt eines regen Tourismus – jedermann möchte die unglaublich grün-blaue Farbe des Soča-Flusses bewundern und genießen.

Das Tal ist jedoch für einige hochsensible Menschen, die dort leben, durchaus nicht so friedlich. Sie hatten mich eingeladen zu prüfen, ob es im Tal nicht doch unsichtbare Schäden gäbe, die die Lebensprozesse unterschwellig stören. Bei meinem ersten Durchgang durch das Tal stellte ich zu meiner Überraschung fest, daß keine Schäden zu spüren waren, die allgegenwärtig auf Schritt und Tritt zu finden gewesen wären. Allerdings gab es an gewissen einsamen oder zurückgezogenen Orten ganz explosive Problemherde, die unter der Schicht des Vergessens aktiv rumorten. Es gab sie z.B. bei Slatnica in der Nähe von Čezsoča, mitten im Feld bei Idrsko, unterhalb von Zatolmin usw.

Das Tal scheint sich in den letzten 70 Jahren aus eigenen Kräften ganz gut erholt zu haben. Die entwurzelten und negativ aufgeladenen Gefühlskräfte, die durch die Kriegsereignisse und das Leiden der Menschen und anderer Wesenheiten entstanden sind, konnten jedoch nicht verschwinden. Vermutlich hat kaum jemand an die menschliche Verantwortung für ihr schmerzhaftes Dasein gedacht. Sie haben sich im Laufe der Jahrzehnte langsam zusammengeballt und sind in den tiefen Schichten des »Unterbewußtseins« des Raumes – besser gesagt, der Menschen – verschwunden. Ihre scheinbare Beruhigung habe ich aber als bedrohlich wach erlebt, als ich zum Beispiel die Plateaus bei Slatnica besuchte.

Als ich 1994 das Seminar im Soča-Tal vorbereitete, bat ich den Erdheilungsengel, uns Wege zu zeigen, wie eine so gigantische Zusammenballung negativierter Astralkräfte aufzulösen sei. Seine Botschaft begann mit folgenden Worten: »Auf den Plateaus von Slatnica befindet sich tatsächlich ein Zentrum der aus dem Weltkrieg stammenden verwirrten Kräfte. Sie sind hier tiefer verwurzelt als ähnliche Zusammenballungen über Idrsko, wirken aber nicht so auf die Gesamtheit des Tales wie jene, die sich mitten im Kraftdreieck des Tales befinden. Wenn ich sie beschreiben sollte, würde ich sagen,

Abb. 11:
Gruppengesang zur Reinigung bei
Idrsko im Soča (Isonzo)–Tal, Slowenien, 1994.

daß sie vergleichbar einem schweren Deckel über dem Landschaftsraum hängen. Um sie erreichen zu können, werdet ihr an unterschiedlichen Punkten in diesem Teil des Tales wirken müssen, wobei ihr euch sorgfältig schützen solltet. Das Hauptproblem dabei sind die Kraftmuster, die aufgrund der furchtbaren Schlachten in die Astralschichten des Raumes eingeprägt sind. Der Ort erlebt dieses Leiden immer aufs Neue, da die Kämpfe auf der Kraftebene noch weiterwüten.«
Die Probleme in diesem Bereich konnten wir bei der Gelegenheit ganz gut lösen, indem die Gruppe nach den Anweisungen von Devos an drei ca. 5 km auseinander gelegenen Plätzen im Bereich Bovec an der Reinigung, Umwandlung und Wiederbelebung des Ortes gearbeitet hat. Nicht so erfolgreich waren wir offensichtlich bei der Erdheilungsarbeit inmitten des erwähnten Kraftdreiecks bei Idrsko. Beim Anschlußseminar im Jahr 1995, als wir unser Werk in Richtung Süden, talabwärts, fortführen wollten, schickte Devos die Gruppe zuerst einmal zurück zu dem Platz bei Idrsko mit der Aufforderung, einen Teil des für diesen Ort konzipierten Vorgangs zu wiederholen. Das bedeutete aber nicht, daß wir im Jahr zuvor nicht erfolgreich genug gewesen wären. Wir haben uns davon überzeugt, indem wir den Platz nun, mit einjährigem Abstand, spürend überprüften. Den Teilnehmern wurde diesmal nicht mehr übel im Magen wie damals. Den Unterschied konnten wir ganz klar erspüren, obwohl ich während des Reinigungssingens noch einzelne schwarze, segelähnliche Fetzen von Negativitäten hoch im Raum wahrnehmen konnte, die wir diesmal noch in den Wandlungsprozeß einbeziehen konnten.

Mehr über die gefühlsmäßig-energetischen Folgen der Kriegsführung habe ich am anderen Pol Europas erfahren, als ich mit Hilfe meiner Tochter Ana und des Landschaftsengels das erste von drei Seminaren für die Landschaft von

Morayshire im Norden Schottlands vorbereitete. Wir konnten uns dabei nicht dem »schwarzen Loch« entziehen, das das berühmte Schlachtfeld von Culloden Muir darstellt, wo im 18. Jahrhundert die schottische Armee durch die Engländer in einem Blutbad vernichtend geschlagen wurde.
Die Anweisungen, was wir zur Heilung des Ortes tun sollten, begannen mit einer Schilderung der Lage: »Als erstes solltet ihr euch die Folgen auf der energetischen Ebene vergegenwärtigen, die durch diese blutige Schlacht entstanden sind. Eine dichte schwarze Wolke dehnt sich über dem ganzen Raum aus, die sich aufgrund der großen Verwirrung, die in dem Gebiet herrscht, unglaublich schnell ausbreitet. Sie ist so stark, daß sie immer größere Teile der Landschaft mit ihren Kräften und Wesenheiten in ihre Dunkelheit hineinzieht. Alles Positive wird negativiert, das Lichte verdunkelt. Es ist ein »schwarzer Abgrund«, in dem alles ohne Unterschied versinkt. Die Greueltaten, die sich während der Schlacht dort abgespielt haben, haben dem Ort ein Siegel eingeprägt, ein Muster, das noch heute aktiv ist und dessen Kraft sich sogar beschleunigt. Gewalttaten mit tödlichem Ausgang, Gemetzel, Drohungen ... sind im Äther geblieben, sie wurden in den Raum eingeprägt, und diese Eindrücke setzen die Schlacht und die Ereignisse fort, ja sie steigern sich sogar noch. Bevor ihr dort irgend etwas unternehmt, solltet ihr euch den persönlichen und den Gruppenschutzmantel anlegen. Auch solltet ihr euch im Bewußtsein dessen, was oben beschrieben wurde, fest auf eure eigenen Beine stellen und, tief vom Sinn der Erdheilungsarbeit überzeugt, nicht zulassen, daß auch ihr in dieses Chaos hineingezogen werdet.«
Nach allen Anweisungen, die uns als Gruppe auf eine stundenlange, psychisch anstrengende Reinigungsarbeit vorbereiteten, hat Devos abschließend eine Bemerkung gemacht,

die mir zu denken gab. Er sagte, das Erlösungswerk müsse unbedingt mindestens einmal jährlich erneuert werden. »Das Problem liegt darin, daß die Menschen den Ort dieser grausamen Schlacht weiterhin besuchen und dabei mit ihren Gedanken und Gefühlen die Geschichte aktualisieren. Sie fachen die unheilvollen Kräfte dauernd an und geben ihnen mehr und mehr Macht.« In der Tat habe ich während meines Besuchs von Culloden Muir gesehen, wie Massen von Touristen durch Fremdenführer, die in historische Kriegsuniformen gekleidet sind, über das ehemalige Schlachtfeld geführt werden in einer Weise, daß sie ermuntert werden, sich die blutige Schlacht mit aller Vorstellungskraft zu vergegenwärtigen. Ich frage mich, welche Art von Erlebnis Menschen darin suchen? Sie sind sich jedenfalls nicht bewußt, daß sie dazu beitragen, das Delirium des Ortes unendlich zu verlängern.

TEIL III:

DIE PERSÖNLICHE WANDLUNG IST GRUNDLEGEND FÜR DIE HEILUNG DER ERDE

In der Einleitung zum vorangegangenen Kapitel habe ich kurz die vier Dimensionen der unsichtbaren Wirklichkeit beschrieben und ihre verschiedenen Rollen in der Landschaft dargestellt. Dabei handelt es sich um die makrokosmische Welt der Erde und der Natur. Das Aufregende am Aufbau unseres Kosmos ist jedoch, daß jedes Menschenwesen als ein eigenständiger und kompletter Mikrokosmos gestaltet ist. Im menschlichen Organismus manifestieren sich dieselben Raumdimensionen »im kleinen«, die in der Landschaft »im großen« zu erleben sind.

Die Strukturgebende Dimension z. B. äußert sich im Mikrokosmos des Wesens Mensch in der Form der Aurafelder oder in der Form der feinen Kraftbahnen, die als Akupunkturmeridiane bezeichnet werden. Die vitalenergetischen Zentren und Organe der Landschaft entsprechen den Chakrensystemen beim Menschen. Die Präsenz der Urbildlichen Dimension – der astralen bzw. Gefühlsebene – ist beim Menschen durch seine Gefühlswelt, seinen Astralkörper und das Elementare Ich nicht weniger ausgeprägt als beim Erdsystem. Auch kennen wir die Seelisch-Geistige Dimension, die beim Menschen, der seine Spiritualität auf einer anderen Ebene angesiedelt hat als die planetare Landschaft (SG 1.4.D.), mit der Gedankenwelt – der mentalen Ebene – gleichzusetzen ist. In dieser erstaunlichen Korrespondenz zwischen den Erdsystemen und dem Wesen Mensch offenbart sich der tragische und zugleich hoffnungsvollste Moment der Bemühungen zur Heilung der Erde. Aufgrund der unausweichlichen Resonanz zwischen den miteinander korrespondierenden Makro- und Mikrowelten übt die für den modernen Menschen im allgemeinen bezeichnende Entfremdung, Fragmentierung und Chaotisierung seines Wesens eine zerstörerische Wirkung auf die Lebenssysteme der Erde aus. Die Erde leidet auch aufgrund der intimen Probleme der Menschen, von denen wir meinen, daß sie niemanden etwas angehen als uns selbst – ganz zu schweigen von der Zerstörung, die wir dadurch anrichten, daß wir unsere ungelösten Probleme individuell oder kollektiv nach außen in die Landschaft und in ihre ökologischen Gewebe hineinprojizieren.

Die makro-mikrokosmische Beziehung zwischen der Erde und dem Menschen birgt jedoch, wie schon angedeutet, auch einen hoffnungsvollen Aspekt, den es in diesem kritischen Moment unserer Evolution unbedingt zu aktivieren gilt. Wie kann das geschehen?

Wenn mehr und mehr Menschen ihre innere Stille und eine Einstimmung mit ihrem wahren Selbst finden, so wirkt sich die daraus entstehende heilende Kraft unweigerlich auf die planetaren Lebenssysteme aus. Es werden Erdheilungsprozesse angeregt, auch wenn man nichts Spezielles in dieser Richtung unternommen hat. Dieser mit geradezu mathematischer Präzision, auf dem Gesetz der makro-mikrokosmischen Resonanz beruhende Rückwirkungsprozeß ist der Grund, warum ich davon überzeugt bin, daß das Bemühen um den persönlichen Wandlungsprozeß der wichtigste Beitrag zur Erdheilung ist. Es ist auch der demokratischste: Niemand kann sich damit herausreden, er oder sie sei unwissend, was die Geheimnisse der Erdheilung angeht. Es geht einfach darum, wie jemand mit dem eigenen Körper, mit seinen Gedanken und Emotionen umgeht. Dieser Verantwortung dem ganzen Leben gegenüber kann sich niemand entziehen und umgekehrt: Jeder kann auf seine eigene und einmalige Weise zur Erdheilung beitragen.

Im Mittelpunkt der Erdheilung auf dieser Ebene stehen Vorgänge, die sehr individuell gefärbt sind. Jede Verallgemeinerung erscheint fragwürdig. Trotzdem unterliegen auch die ganz persönlichen Wandlungs- oder genauer gesagt Selbsterkenntnis- und Selbstheilungsprozesse gewissen Gesetzmäßigkeiten, die für uns alle gültig sind. Einige grundlegende Vorgänge dieser Art möchte ich hier, um eine anonyme Verallgemeinerung zu vermeiden, anhand der persönlichen Erfahrung meines letzten Wandlungszyklus darstellen.

1. Das Ego als Gegenspieler

Im Herbst 1994 plagten mich ständig relativ belanglose Beschwerden. Ich mußte z. B. während meiner Vorträge, in denen ja von Heilungsvorgängen in den Erdsystemen die Rede ist, dauernd laut husten. Es gab einen offenkundigen Gegensatz zwischen dem, worüber ich redete, und dem, was ich verkörperte, ohne daß ich die Ursache dafür finden konnte. Sie lag in einem »toten Winkel«, so daß ich sie weder durch angestrengtes Nachdenken, noch durch innere Vertiefung entdecken konnte. Dann kam mir ein Traum zu Hilfe, mit dem ich aber zunächst nicht viel anzufangen wußte: Wir blieben mit unserem Auto auf der Zufahrt zu einer Vorfahrtsstraße stehen. Wir wollten gerade einbiegen, als uns ein Fahrzeug einholte und unser Fahrer ihm zuerst Platz machen mußte, damit es vor uns auf die Hauptstraße einbiegen konnte. Als es vorbei war, dachten wir, nun seien wir an der Reihe abzubiegen. Das ging aber nicht, weil wir im Rückspiegel weitere Autos ausmachten, die in Kürze auch würden vorbeifahren wollen. Also blieben wir stehen und warteten lieber ab, bis auch sie vorbei waren. Da meldete ich mich zu Wort und schlug vor, der Fahrer möge doch den Wagen links an die Seite stellen, wo es einen freien Parkplatz gab, damit wir in Ruhe abwarten könnten, bis alle Autos, die unser Abbiegen auf die Vorfahrtsstraße stören könnten, vorbei wären. In dem Moment hörte ich eine kräftige Männerstimme auf der Seite sagen, das dürfe ihm nicht angetan werden. Wir müßten auch an sein Wohl denken. Es dürfe doch nicht dazu kommen, daß er letztlich zu Fuß den Weg zurücklegen müsse. Erst jetzt fiel mir auf, daß der breite Kombiwagen, in dem der Mann saß, auf der rechten Seite unseres Fahrzeugs stand.

Die Botschaft des Traumes ist klar genug. Das Zögern vor dem Einbiegen in die Vorfahrtsstraße hieß, daß ich mich vor Veränderungen auf meinem Weg fürchtete und am liebsten auf der Ebene, die ich schon gemeistert hatte, stehengeblieben wäre, statt den Schritt ins Neue und Unbekannte zu tun. Jeder verzögernde Umstand kam mir gelegen, um das »Abbiegen« in eine neue geistig-seelische Entwicklungsphase (eine Straße höherer Ordnung) weiter hinauszuschieben.

Die Furcht vor allem Neuen und Unbekannten ist keine hilfreiche, aber eine menschliche Eigenschaft, mit der es immer wieder zu ringen gilt. Was mich beunruhigte, war die Männerstimme, die vollkommen unerwartet von der rechten Seite kam. Sie klang einerseits mitleiderregend und gleichzeitig so aufdringlich gebieterisch, als würde sie im Namen einer Kraft sprechen, die sich ihrer geheimen Überlegenheit über meine Entscheidungen sicher sei. Dabei schien ihre Aussage im ersten Moment vollkommen sinnlos und losgelöst vom Inhalt der Traumbotschaft. Ihre reale Logik habe ich leider erst neun Monate später begriffen.

Da ich mir keinen Reim darauf machen konnte, ließ ich diesen Teil des Traumes einfach außer acht, ohne zu ahnen, daß ich damit den Kern der Traumbotschaft übersehen hatte. Statt dessen konzentrierte ich mich auf den ersten Teil der Botschaft. Ich gab mir Mühe, mich innerlich für die mögliche

Weiterentwicklung meiner Kreativität, der Beziehungen zu meiner Familie usw. zu öffnen. Einen besonderen Erfolg im Sinne einer Selbsterkenntnis konnte ich jedoch nicht verzeichnen. Ohne den beiseite gedrängten Teil der Traumbotschaft ernstzunehmen, konnte es offensichtlich keinen wirklichen Fortschritt geben.
So blieb es nicht aus, daß sich neun Monate später wieder dieselben Beschwerden einstellten. Trotz des heißen Sommers mußte ich immer wieder aus vollem Hals husten, ohne richtig krank zu sein. Angesichts der Tatsache, daß ich ständig und in dichten Abständen Gruppen zu leiten hatte, empfand ich meine Hustenanfälle als recht peinlich. Glücklicherweise hatte ich mir am Ende des Sommers vierzehn Tage für Ferien reserviert. Unter dem Druck der »Krankheit« schwor ich mir, diese Zeit nicht, wie üblich, für die Vorbereitung künftiger Projekte zu verwenden, sondern die ganze Zeit der Erforschung meiner beklagenswerten Lage zu widmen. Die Ferien verbringen wir gewöhnlich auf einer winzigen Insel in der Adria, wo mir ein kleiner Meditationsgarten mit drei jungen Olivenbäumen zur Verfügung steht. Tagelang saß ich dort und vertiefte mich in unzählige persönliche Fragen, für die ich in den letzten drei Jahren nie genügend Zeit gefunden hatte. Am dreizehnten Tag meiner Vertiefung gelang es mir schließlich, den frechen Fahrer aus meinem Traum wiederzuerkennen. Ich war gerade dabei, die Schattenseiten meiner Persönlichkeit zu erforschen, als vor meinem inneren Blick eine Gestalt auftauchte, die sowohl die hochmütige Einstellung jener Traumfigur als auch meine eigenen Gesichtszüge aufwies. Diesmal konnte ich mir nicht vormachen, es handele sich um eine finstere, von außen wirkende Kraft, die es nur darauf abgesehen habe, mich zu stören. Offensichtlich erhielt ich einen Einblick in einen Aspekt meiner selbst, der mir vorher verborgen war und der

in kritischen Momenten unterschwellig auf mein Leben Einfluß nahm. Er zeigte gar nicht den ganzen Körper, sondern nur den Kopf mit linker Schulter und Arm, eine furchterregende Gestalt, die aus verrostetem Eisen gegossen zu sein schien. Seine absolute Kälte und die vollständige Abwesenheit der geistig-seelischen Qualitäten, die ich in meinem Leben anstrebe, wie Sensibilität, Offenheit, Vertrauen, Bescheidenheit, Gutwilligkeit, Sinn für das Spielerische usw. zeigte mir, daß es sich um eine Gegenkraft zu meinen inneren Idealen handelte. Mir graute vor ihm, und gleichzeitig wußte ich, daß ich mich dem Einfluß dieser finsteren Gestalt nicht entziehen kann, da sie ein Teil meines Ichs ist.
In dem Moment verstand ich, warum besonders östliche Lehrer vor dem Einfluß des Egos warnen und behaupten, daß der übermächtige Einfluß des Egos auf die Lebensentscheidungen der Menschen im Westen die Welt in eine Katastrophe treibe. So weit mein Verstand – meine Intuition dagegen war ganz anderer Meinung: Um ein Wesen mit freiem Willen zu werden, das der Mensch in seinem Kern ist, muß er innerhalb seiner eigenen Persönlichkeit einen Gegenspieler ausbilden, der ihm die Schattenseiten seines Wesens widerspiegelt. Durch diese Widerspiegelung wird der Mensch so lange gequält, bis er bereit ist, seine Schatten zu erkennen, sich einem Wandlungsprozeß zu unterziehen und dadurch seine destruktiven Seiten zu überwinden.
Dieser relativ negative, das Fehlerhafte im Menschen widerspiegelnde Aspekt des Ichs sorgt dafür, daß der Mensch die Schwelle zu einer vollkommeneren Ebene des Seins nicht übertreten kann, solange er noch ungeklärte und ungeläuterte Aspekte seines eigenen Wesens in sich trägt. Einen zweiten positiven Gesichtspunkt dieser düsteren Gestalt sehe ich darin, daß der Mensch nicht auf höhere Wesenheiten angewiesen ist, um an der eigenen Entwicklung zu arbeiten (SG

1.6.A.). Wenn wir z. B. einen Weg einschlagen, der unterschwellig vom Ehrgeiz geleitet wird, so sorgt der Gegenspieler unseres Ichs, das sogenannte Ego, dafür, daß wir die Dinge in dieser Richtung so weit treiben, bis sich die Folgen unseres Tuns so übermäßig aufgebläht haben, daß wir sie früher oder später als fehlerhaft erkennen müssen. In diesem Sinne wirkt das Ego als ein Hüter unserer Selbständigkeit.
Ich sehe kein Problem darin, wenn das »Ego« in seiner Rolle als Gegenspieler uns zur Ich-Entwicklung herausfordert. Problematisch wird die Sache erst, wenn Menschen unkritisch seiner Irreführung folgen, ohne zu erkennen, daß sie die Verkörperung ihrer eigenen Mängel zu ihrem Meister erwählt haben. Es hilft nichts, gute Absichten zu erklären oder sich auf seine innere Führung zu berufen. Solange unbewußt eine Spur von Selbstsucht, Machtstreben, Lieblosigkeit und ähnliches in die Gedanken oder Taten einer Person einfließen, die sich z. B. mit Erdheilung befaßt, hat der Gegenspieler das Recht, einzugreifen und das ganze Unternehmen scheitern zu lassen.
Gegen die Einwirkung des eigenen Egos gibt es keinen geistig-energetischen »Schutzmantel«, weil das Ego innerhalb desselben Schutzmantels wohnt. Auch die Ausrede, man stehe unter der Führung der geistigen Welt, hilft nichts. Das einzige, was hilft, sich dem destruktiven Einfluß des Gegenspielers zu entziehen, ist, die Reinheit der Absicht zu pflegen und in jeder Lage liebevoll zu handeln. Dazu gehört viel innere Disziplin, Selbstbeobachtung, Meditation, Erdung und Übungen ähnlicher Art (SG 2.7.). Erst dadurch wird das Wollen zum Sein. Der abgespaltene und entgegenwirkende negative Aspekt des Ichs wird auf diesem Wege wieder stufenweise in die Ganzheit der Persönlichkeit integriert. Dadurch wird der Zwiespalt des in einen »Spieler« und einen »Gegenspieler« zersplitterten Ichs aufgehoben und der Weg

zum Aufstieg auf eine höhere Daseinsebene für den betreffenden Menschen frei.

2. Das Elementare Ich

Es ist offensichtlich, daß der Mensch kein einfach strukturiertes Wesen ist, eher ein Brennpunkt, in dem verschiedene irdische wie kosmische Aspekte des Seins zusammentreffen. Andersherum formuliert: Als ein Abbild des Göttlichen ist der Mensch eine unteilbare Einheit, als Wesen, das im Laufe vieler Erdenverkörperungen eine Entwicklung durchmacht, stellt der Mensch jedoch eine Komposition aus verschiedenen Teilwesen dar, von denen jedes eine eigene Rolle auf dem Weg zur Ganzheit spielt.

Was die Verkörperung auf dem Planeten Erde angeht, ist insbesondere auf die Persönlichkeit hinzuweisen – das »Äußere Ich« bzw. das »Ego« –, dem das vorangegangene Kapitel gewidmet war, zum anderen aber auch auf das sogenannte »Elementare Ich« des Menschen. Den Begriff des Elementaren Ichs hat meine Tochter Ajra in ihrem ersten Buch ausgearbeitet[27], ich habe ihn im Rahmen meiner Erforschungen der Welt der Elementarwesen und der Geomantie aufgegriffen und im Sinne einer grundlegenden Beziehung des Menschen zur Erde und zur Natur weiterentwickelt (SG 1.6.B.). Man kann sich vorstellen, daß die Erde auf ähnliche Weise für die inkarnierte Menschenseele sorgt wie für andere Lebewesen, die ihre Reiche beleben. Die Rolle dieses Fürsorgers übernimmt ein Elementarwesen, das ich das »Persönliche Elementarwesen« eines Menschen nenne. Es wohnt als

[27] Ajra Miška: *Dotik večnosti* (Von der Ewigkeit berührt – Die Erzählung eines Engels), Ljubljana 1993.

ein unsichtbares Geistwesen innerhalb des Gefühls-(astralen) Kraftkörpers des Menschen. Sein Wirkungsbereich dehnt sich, den Kraftströmungen des Astralkörpers folgend, frei durch die ganze Körperstruktur und die Aurafelder aus. Es hat die Aufgabe, die unzähligen Körperfunktionen in gleichgewichtigem und harmonischem Zusammenwirken aufrechtzuerhalten. In dieser Hinsicht stellt das persönliche Elementarwesen das Körperbewußtsein eines Menschen dar. Zum zweiten können wir die Rolle der elementaren Kräfte der Erde innerhalb des Menschenwesens so verstehen, daß der geistige Mensch – sprich die Menschenseele – eine viel umfassendere Unterstützung für seine Verkörperung braucht, als die Körperstruktur sie von sich aus anbieten kann. Um sich inkarnieren zu können, braucht die Seele das Wissen, wie sich der Geist unter den Bedingungen des materialisierten Raumes, ja der festen Materie, ausdrücken kann. Es ist dieses Wissen, oder besser gesagt die Weisheit, die die Elementarwesen durch ihr Wirken in den Materialisierungsprozessen der Erdsysteme über unendlich lange Zeiträume angesammelt haben. Diese Weisheit wird jeder sich verkörpernden Menschenseele dadurch zuteil, daß sie ihren Lebens- und Körperraum während ihrer gesamten Inkarnation mit einem Elementarwesen teilt, das ich das Elementare Ich des Menschen nenne.

Auf das Geheimnis, daß innerhalb des Menschenwesens zwei verschiedene Aspekte der kosmischen Evolution vereint sind, deutete schon Rudolf Steiner hin, indem er auf das Geheimnis der zwei Jesusknaben hinwies.[28] Bei genauerem Hinsehen zeigt sich, daß die Geburt Jesu nur von zweien der vier Evangelisten behandelt wird, und es fällt auf, daß die beiden

[28] Siehe dazu Hella Krause-Zimmer: *Die zwei Jesusknaben in der bildenden Kunst*, Verlag Freies Geistesleben, Stuttgart 1969.

Geburtsmythen einen vollkommen unterschiedlichen Charakter aufweisen. Bei Matthäus wird Jesus als Nachfolger in der königlichen Linie Davids zur Welt gebracht und erfährt dementsprechend die Huldigung der Heiligen Drei Könige. Bei Lukas hingegen wird von der Geburt im ärmlichen Stall inmitten der Tiere erzählt. In diesem Falle sind es einfache Hirten, die die Geburt bezeugen.

Übertragen auf das Thema der Erdenverkörperung würde die königliche Geburtsszene der Manifestation des irdisch-elementaren Ichs Jesu entsprechen, die demutsvolle Geburt im Stall hingegen der Inkarnation seines kosmischen Ichs. Die Vereinigung der beiden Aspekte seines Wesens wird, nach den Einsichten Rudolf Steiners, in der Geschichte vom zwölfjährigen Jesus geschildert, der im Tempel zu Jerusalem die Gelehrten durch seine Äußerungen in Erstaunen versetzt.[29] Das Elementare Ich Jesu verschmolz, meiner Interpretation nach, in dem Moment mit seiner göttlichen Seele und ermöglichte es ihr zum erstenmal, ihr wahres Wesen – das Wesen eines Avatars – zum Ausdruck zu bringen.

Es gibt verschiedene Darstellungen der beiden Jesusknaben in der bildenden Kunst der Renaissance und des Barock. Eine wohl einzigartige Darstellung dieser Art fand ich in der Wallfahrtskirche Sveta Gora (Monte Santo), die sich hoch über dem Soča-Tal im Westen Sloweniens befindet. Es handelt sich um eine lebensgroße, barocke Holzskulptur der Muttergottes in einer Kapelle hinter dem Hauptaltar. Während sie den einen Jesusknaben im Schoß hält, ruht ihr linker Fuß merkwürdigerweise auf einem Knabenkopf, dessen Gesichtszüge identisch mit denen des Jesusknaben sind. Dieser stellt offensichtlich seinen irdisch-elementaren Gegenpol dar. Nachdem ich mein erstes Erstaunen überwunden hatte, habe

[29] Lukas 2,41–51.

ich mich an dem Ort vertieft und konnte innerlich eine Knabengestalt wahrnehmen, die vollkommen vergessen in der Kälte der menschlichen Verachtung zitterte. Gleichzeitig wurde mir bewußt, daß diese Gestalt nicht nur den mißachteten irdisch-elementaren Aspekt Jesu repräsentierte, sondern ohne jeden Zweifel auch einen Teil von mir darstellt. Diese erschütternde Erfahrung hat mich monatelang zum Suchen bewegt, bis ich während der vierzehntägigen Vertiefung auf der Ferieninsel auch Einblicke in die Beziehung des Elementaren Ichs zu meiner Lebensrealität gewann.

Die Offenbarung begann mit meiner Entdeckung, daß ich mich kraftmäßig von den Erdsystemen abgrenzte, anstatt den freien Austausch zwischen meinen seelischen und den irdischen Energien zuzulassen. Diese Abgrenzung beruhte auf einer subtilen Furcht davor, die Erde und meinen irdischen Körper als zeitweilige Heimat zu akzeptieren. Diese Angstschwingung, die mir gar nicht bewußt war, bewirkte eine Blockade, durch die mein Elementares Ich ständig unterdrückt und in dem elenden Zustand gefesselt blieb, in dem ich es in der beschriebenen Vision erfahren habe.

Ich empfand den dringenden Wunsch, diese Blockade abzubauen – aber wie? Glücklicherweise habe ich schon zwei Jahre vorher, als ich an der Vorbereitung meines Buches *Elementarwesen* arbeitete, auf der Insel Freundschaft mit einem höherentwickelten Elementarwesen geschlossen, einem »Alten Weisen«, der seiner Äußerung nach Julius heißt. Ich habe damals schon gelernt, mit dieser unsichtbaren Präsenz zu kommunizieren, und so konnte ich ihn auch diesmal aufsuchen – er saß noch immer am Gipfel des Venus-Hügels – und ihm die Frage stellen, wie ich das Kind in mir, das ich in einem so unglücklichen Zustand erlebt hatte, befreien könne.

Dabei muß ich vorausschicken, daß ich zu jener Zeit schon

verstand, warum das Elementare Ich, wie im Mythos von den zwei Jesusknaben, sich nicht älter als ein zwölfjähriges Kind offenbart. Das bedeutet keine Abwertung seiner Rolle im Rahmen des Menschenwesens, sondern eher einen Hinweis auf die grundlegende Funktion, die nicht über die Schwelle der Individualisierung hinausreicht, die der Mensch in der Pubertät überschreitet. Das Kind in uns steht für die durch die spätere Bewußtwerdung unbeeinträchtigten elementaren Lebenskräfte in uns.

Ich fragte daher Julius, wie ich das Glück und die Unbefangenheit des Kindes in mir wiederherstellen könne. Sein Rat enthielt drei Vorbedingungen:

1. Hege unter keinen Umständen Angstgefühle.
2. Pflege eine spezifische Gefühlsqualität, die darin besteht, dich unvoreingenommen zu freuen, was auch immer dir begegnen mag.
3. Übe dich darin, ständig im zweiten Chakrazentrum zentriert zu bleiben. – Dieses Chakra wird gewöhnlich mit den geschlechtlichen Funktionen assoziiert, Julius spricht jedoch vom »Zentrum des inneren Friedens« und bezeichnet es als den Sitz des Elementaren Ichs. Später wurde mir noch erklärt, daß die Beziehung dieses Chakras zu den Sexualfunktionen des Körpers in diesem Zusammenhang auch eine tiefgreifendere Bedeutung hat. Es handelt sich um die Beziehung zur Erotik, die auch zu den elementaren Bereichen des Lebens gehört. Erotik wurde mir als eine grundlegende Qualität der Beziehungen zwischen den Lebewesen der Erde gezeigt, die nicht nur etwas mit der Reproduktion zu tun hat, sondern auch mit der Verkörperung der universellen Liebe auf der Ebene der Erdsysteme. Dabei wies er mit großem Bedauern auf den Mißbrauch der

Erotik in der menschlichen Zivilisation hin und auf die gefühlsmäßige Verhärtung des planetaren Raumes, die die menschliche Rationalität allen anderen Lebewesen der Erde aufgezwungen hat. Das wunderbare erotische Gefühl, das die ganze elementare Lebenswelt durchdringt und mit einer Ekstase erfüllt, wird dadurch geschwächt, ganz zu schweigen davon, daß Menschen durch ihre Ansicht, der irdische Aspekt der Liebe sei etwas Niedriges, sich aus dieser Grundschwingung selbst ausschließen.

3. Die Kräfte der Seele erden

Die Faszination über die Entdeckung des Elementaren Ichs im Menschen, das bei esoterischen Schulen gewöhnlich übersehen wird, sollte bald ihre Schattenseiten zeigen. Ich habe mich zum Beispiel bemüht, mit dem Elementarwesen in mir zu kommunizieren und alle möglichen Antworten von ihm zu bekommen. Schließlich mußte ich meine Zudringlichkeit zurücknehmen, weil ich begriff, daß das persönliche Elementarwesen in jedem Moment vollkommen seiner Aufgabe hingegeben ist, die Voraussetzungen dafür zu schaffen, daß die Seele der betreffenden Person sich innerhalb der Erdsysteme ausdrücken kann. Anstatt es mit meinen Fragen zu stören, sollte ich lieber dafür sorgen, daß die Kräfte meiner Seele frei dafür wären, die Hilfe des Elementarwesens anzunehmen.

Interessanterweise wurde ich sofort, nachdem ich mein Elementares Ich in der Gestalt eines verachteten Knaben in der Marienbasilika auf dem Heiligen Berg von Sveta Gora in mir erlebt hatte, davor gewarnt, angesichts dieses aufregenden Themas die möglicherweise gleichermaßen kritische Bezie-

hung zu meinem geistigen Selbst – der Seele – zu vergessen. Schon in der folgenden Nacht empfing ich nämlich einen diesbezüglichen Traum, den ich aber leider für eine bloße Wiederholung der Erfahrung mit dem Elementaren Ich hielt: Ich gehe mit meiner Frau abends ins Kino und lasse einen Gast allein zu Hause zurück. Als wir heimkehren und ich die Tür öffne, sehe ich vor mir im Flur eine Gestalt auf einen Sessel gebunden, den Kopf mit einem Tuch bedeckt und mit einer grellweißen Farbe übergossen. Mit unzähligen hin und her verlaufenden Schnüren war sie so fest an den Sessel gebunden, daß sie sich nicht rühren konnte.
Im ersten Moment dachte ich, in der Zeit unserer Abwesenheit seien Räuber ins Haus eingebrochen und hätten unseren Gast gefesselt. Aber innerlich wußte ich, daß es dabei um einen vollständig blockierten Aspekt meines eigenen Wesens ging. Rasch zog ich den Schluß, es handele sich dabei um die Unterdrückung meines Elementaren Ichs. Es sollte einige Monate dauern, bis ich in meiner Ferienklausur auf der Insel begriff, was die Botschaft des Traumes eigentlich bedeutete: Ich wurde ermahnt, mit derselben Begeisterung an der Befreiung meiner Seele zu arbeiten wie an der Erlösung ihres komplementären Gegenpols, des Elementaren Ichs. Wäre ich etwas aufmerksamer gewesen, so hätte ich anhand der Traumsymbolik diese beiden Ebenen gut auseinanderhalten können. Die gefesselte Gestalt zeigte keine Knabenfigur, sondern die Züge meiner erwachsenen Gestalt. Außerdem war sie dick mit der Farbe Weiß besprüht, die für die ganzheitlichen Kräfte der Seele steht. Um die fehlerhafte Interpretation des Traumes zu korrigieren, habe ich während meiner Vertiefungen auf der Insel darauf geachtet, den beiden Seiten meines Ichs, die nach tieferer Anerkennung verlangten, gleichwertig Raum zu geben.
Dabei verstehe ich die Seele als den Ewigkeitsaspekt des

Menschen, als seine geistige Kerngestalt, die sowohl jenseits der raum-zeitlichen Grenzen als auch innerhalb der Lebensspanne zwischen Geburt und Tod des verkörperten Menschen existiert. Die Seele wäre demnach jener Teil von uns, der sich von Ewigkeit zu Ewigkeit entfaltet und der, eingeprägt in den Lichtkörper des Menschen, dessen göttliche Identität trägt, die letztlich danach strebt, zu ihrem vollen, individuellen Ausdruck zu gelangen (SG 1.3.).

Die Evolution der Menschenseelen wird so geführt, daß jeder Seele ein spezifischer Durchgang durch zyklisch aufeinanderfolgende Verkörperungen auf dem Planeten Erde angeboten wird, damit sie durch die Interaktion mit den Erdsystemen lernen kann, ihre Qualitäten auszudrücken und zu verwirklichen. Um ihr diesen Erfahrungsweg zu ermöglichen, stellen ihr die Lebenswelten der Erde ein Elementarwesen zur Verfügung, das sie bei ihrem Gang durch das Erdenleben unterstützt. Die Seele und das Elementare Ich sind also zwei verschiedene Sphären des Seins, die im Zuge der Verkörperung zusammentreffen, bei der Verwirklichung ihrer Lebensaufgabe aufeinander angewiesen sind und in dem Moment, da ein Lebensweg durch den Tod abgeschlossen ist, wieder auseinandergleiten.

Theorien dieser Art – ich versuche sie in diesem Buch so kurz wie möglich zu halten – waren mir schon eine geraume Zeit bekannt. Sie werden, insbesondere was die Beziehungen zwischen Geist, Seele und Körper betrifft, seit der Begründung der Theosophie Mitte des 19. Jahrhunderts immer wieder auf verschiedenste Weise gedacht. Wo also lag das Problem? Warum mußte ich unter soviel Mühe erfahren, daß mein seelisches Wesen trotz dieses Wissens unterdrückt ist? Es ist die alte Geschichte: Das esoterische Wissen ist zu nichts nutze – außer zum Aufbau geistigen Hochmuts –, wenn es nicht im persönlichen Alltag erfahren und praktiziert wird.

Aus meiner eigenen Erfahrung während der Klausurtage auf der kleinen Insel würde ich folgendes empfehlen, um die Potentiale der eigenen Seele zu befreien:

1. Grundlegend ist die *Erdung* der geistigen Kräfte im Menschen. Äußerlich betrachtet gehören wir zwar einer Zivilisation an, die sich vordringlich mit materiellen Dingen befaßt, so daß wir gut geerdet sein müßten. Das sieht aber leider nur so aus. Praktisch durchdringen die geistigen Kräfte der Seele die materiellen Aspekte unseres Daseins nur sehr mangelhaft. Anstatt den Geist in jedem Moment durch den Körper hindurch tief in die Erde hineinzuführen – eine Übung, die täglich praktiziert werden sollte (SG 2.7.B.) –, schwebt dieser in unseren Vorstellungen noch immer irgendwo über unserem Kopf und darf sich meist nur in gedanklichen Prozessen entfalten, was heißt, daß wir die Seele auf einen kleinen Prozentsatz ihres wirklichen Potentials beschränken.
2. An zweiter Stelle ist die Aufarbeitung veralteter Gedankenmuster zu nennen, die oft regelrechte Energieschnüre darstellen, durch die die Kräfte der Seele im Menschen – seine realen geistigen Kräfte! – gefesselt werden. Es handelt sich gewöhnlich um Muster, die der Mensch aufgrund schmerzhafter Erfahrungen von Verkörperung zu Verkörperung weitertragen muß, bis er reif genug ist, sie bewußt abzubauen. Diese Muster können sehr unterschiedlicher Herkunft sein; da läßt sich keine Regel aufstellen. Es gilt, meditativ zu beobachten, was an die Oberfläche des Bewußtseins drängt, sei es in Form von »unerklärlichen« Erlebnissen oder Krankheiten, sei es durch Träume oder Intuitionen.
3. Zum dritten möchte ich auf eine Art innere Ethik

hinweisen, durch die man seiner Seele einen Wirkungs- und Schutzraum innerhalb der persönlichen Welt verschaffen kann. Dabei geht es zunächst darum, sich die aggressive und herrschsüchtige Haltung der Persönlichkeit bzw. des Egos abzugewöhnen. Positiv ausgedrückt heißt das, dauerhaft einen inneren Raum für eine sensible, liebevolle und friedliche Haltung aufrechtzuerhalten. Dadurch wird die Qualität der Herzkraft zur führenden Schwingung des persönlichen inneren Raumes erhoben, eine Qualität, die der Schwingung der Seele entspricht.

Der Kommentar des Erdheilungsengels Devos zu meinen Bemühungen um die Befreiung der eigenen Seelenkräfte, den er Ana am 6. 9. 1995 gab, klang in dieser Richtung aus: »Es gilt sich in das Herz zu vertiefen und vom Herzen ausgehend die Pforte in das eigene Innere und in die Welten zu suchen; auch die Reinigung sollte vom Herzen ausgehen. Das Herz soll der Ausgangspunkt sein für alles, was ihr in Richtung Befreiung der Seelenkräfte tut. Lernt, in das eigene Herz einzutreten und es zu öffnen. Dort findet ihr den Schlüssel zu jeder Frage: Im Herzen ist alles eingeschrieben, was ihr herausfinden müßt; es ist das Buch der Vergangenheit, Gegenwart und Zukunft. Lernt, dem Herzen zu lauschen, um dadurch Führung und Ausrichtung zu erhalten. Das Herz soll die Basis werden, von der ihr ausgeht und auf der ihr gegründet seid.«

4. Die Unterelementare Ebene des Raumes

Erst drei Jahre nach dem Abschluß meines Buches über die Elementarwesen bin ich zu grundlegenden Erkenntnissen über die tiefste Ebene des Seins gelangt, aus der die elementare Welt ihre Kraft bezieht. Ich muß bekennen, daß ich schon zu einem früheren Zeitpunkt seitens der Elementarwesen eine Chance geboten bekam, tiefer in die Geheimnisse dieser Welt einzutauchen, aber ich war persönlich noch nicht reif dafür. Zu schnell hatte ich mich mit den märchenhaften Formen meiner Erfahrungen zufrieden gegeben, ohne mir ihrer tieferen Botschaft bewußt zu werden.

Wie in meinem Buch *Elementarwesen* geschildert, hatte ich im Winter 1993 entdeckt, daß ich durch einen imaginierten Tunnel am unteren Ende meiner Wirbelsäule in die Erdtiefe unterhalb meiner Füße gelangen konnte. Jedesmal, wenn ich mit meinem Bewußtsein »unten« ankam, lernte ich eine andere Wesenheit kennen, die mich an eine der urbildlichen Gestalten aus der slowenischen Sagenwelt erinnerte.[30]

Von meinem heutigen Standpunkt aus – nachdem ich die Unterelementare Ebene des Raumes kennengelernt habe – würde ich sagen, daß es sich dabei tatsächlich um Urbilder handelte, die die leitenden Muster darstellen, an denen sich die Elementarwesen orientieren, wenn sie an der Entwicklung der irdischen Schöpfung arbeiten. Damals war ich noch nicht in der Lage, die Elementarwesen von den Urbildern der Unterelementaren Ebene zu unterscheiden. Das führte dazu, daß sich in meine Erzählung über reale Beobachtungen von Elementarwesen bei ihrer Tätigkeit in der Landschaft Elemente hineingemischt haben, die schwer einzuordnen sind. Besonders bedaure ich die Tatsache, daß ich später die

30 *Elementarwesen*, S. 24–39.

unverstandenen Wahrnehmungen der Unterelementaren Ebene teilweise abgewertet habe mit der Behauptung, sie seien auf ein veraltetes, schamanistisches Modell der Wahrnehmung zurückzuführen, das dem modernen Menschen nicht mehr angemessen sei.[31] Aufgrund einer neuen Reihe von Erfahrungen mit der Unterelementaren Ebene, die mir im Winter 1996 zuteil wurden, möchte ich diese Abwertung zurücknehmen und dahingehend korrigieren, daß es sich bei den zwei Methoden der Wahrnehmung der elementaren Welt um die Wahrnehmung von zwei verschiedenen Ebenen dieser Welt handelt. Die eine ist auf einer Schwingungshöhe angesiedelt, die eine Verwandtschaft mit unserer menschlichen Gefühlswelt hat, weshalb es möglich ist, »horizontal« eine Beziehung zu ihr aufzunehmen. Dies ist die Ebene, auf der die Elementarwesen tätig sind, die für die Lebensvorgänge in der Natur und in der Landschaft Sorge tragen.

Die zweite Ebene ist, bezogen auf den Horizont unserer Wahrnehmung, als unterirdisch zu bezeichnen.[32] Man hat das Gefühl, daß sie unterhalb der Fußsohlen liegt. Für den Menschen ist sie normalerweise, wie oben beschrieben, durch den vertikalen Tunnel erreichbar, durch den man sich bewußtseinsmäßig in die Tiefen der Erde hinablassen kann. Die Welt, die man dort vorfindet, habe ich als »Unterelementare Welt« bezeichnet, obwohl sie auch »Urelementare Welt« heißen könnte, weil in ihr die Urbilder der irdischen Welt gespeichert sind, die bis hinauf zur physischen Ebene gestaltend auf die Lebensvorgänge wirken.[33]

31 *Elementarwesen*, S. 240 243

32 Sie ist nicht zu verwechseln mit dem Tätigkeitsbereich einzelner Elementarwesen, der auch als »unterirdisch« bezeichnet werden kann.

33 Aus dem erwähnten Grund fehlt leider auch eine Abhandlung über die Unterelementare Ebene im 5. Kapitel der *Schule der Geomantie*.

Ich hatte schon einmal den Schlüssel in der Hand, mit dessen Hilfe ich die rätselhafte Rolle der Unterelementaren Welt hätte verstehen können. Es war ein Hinweis seitens der Elementarwesen, daß sie während ihres Lebenszyklus immer wieder eine Zeit der Auflösung in der Ganzheit der Erde und der Regeneration in der »Unterwelt« durchleben, bevor sie neue Aufgaben in den unsichtbaren Dimensionen der Landschaft übernehmen.[34] An dem Punkt hätte ich der Frage nachgehen müssen, was die eigentliche Bedeutung dieser »Unterwelt« für das Leben, die Landschaft und den Menschen ist. Da ich es seinerzeit versäumt habe, stand ich nun drei Jahre später wieder fragend vor der gleichen Tür.

Der Erdheilungsengel hat auf mein Nachfragen die Unterelementare Ebene des Seins als das *Fundament* des ganzen Raumes einschließlich seiner verschiedenen Dimensionen dargestellt. In ihm sind, wie in einem genetischen Code, sämtliche Informationen gespeichert, durch die auf den höheren, darüber liegenden Ebenen der Existenz, das Leben gestaltet und gesteuert wird. Man kann sich die Unterelementare Ebene als die Quelle der unerschöpflichen, das Leben vorantreibenden Kraft vorstellen, als das Schwungrad, das nie zulassen wird, daß der Lebenszyklus zum Stillstand kommt. Die Unterelementare Welt ist die archetypische Basis der irdischen Schöpfung.

Diese kurze Charakteristik der Unterelementaren Ebene läßt erahnen, wie wichtig sie für die Erhaltung und stetige Erneuerung der lebendigen Erde ist, aber auch wie sensibel und verletzbar. Ein Eingriff in diese Welt – durch Magie oder durch wissenschaftliche Methoden, wie Atomkraft und genetische Manipulation – ist einem Angriff auf das Fundament des Lebens gleichzusetzen. Durch die zerstörerischen

[34] *Elementarwesen*, S. 39.

Folgen solcher Eingriffe wird der ganze Lebensorganismus der Erde, einschließlich Mensch, zutiefst gefährdet. Viele Formen der Erdzerstörung wurzeln im Einmischen des Menschen in diese sensible Welt, ein Tun, vor dem der Erdheilungsengel bei dieser Gelegenheit mit Entschiedenheit warnte.

Die Wesenheiten, die von Natur aus Zugang zu der Unterelementaren Welt haben, sind die Elementarwesen. Sie schöpfen ihre Kraft und ihr Wissen aus der Unterelementaren Welt und tragen durch ihr Wirken die dort gespeicherten Urmuster in das Gewebe des Raumes und in die Lebensprozesse hinein. Die Elementarwesen sind die Mittler zwischen den Informationsschätzen der Unterelementaren Welt und der Ebene des manifestierten Lebens, die wir mit unseren Sinnen wahrnehmen und genießen. So lüftet sich das Geheimnis um die Frage, woher die Elementarwesen so haargenau wissen, wie eine gewisse Lebensform aufzubauen ist. Sie verdanken ihr Wissen ihrer fortlaufenden Beziehung zu den Urbildern der Unterelementaren Ebene.

Die genaueste Darstellung der Unterelementaren Welt in ihrem Verhältnis zu der Ebene der Elementarwesen und der manifestierten Wirklichkeit fand ich in einem Fresko des Johannes von Kastav vom Ende des 15. Jahrhunderts. Es handelt sich um eine Darstellung des festlichen Zuges der Heiligen Drei Könige, der die Nordwand einer kleinen Kirche in dem Dorf Gradišče bei Divača in der Nähe der berühmten Grotten von Škocjan im Westen Sloweniens schmückt. Zwischen die Hufe der Pferde ist eine Reihe kleiner Männlein in witzigen Posen und Kostümen eingeflochten, die die Ebene der Elementarwesen darstellen. Tiefer darunter gibt es noch eine Reihe von Tieren, menschenähnlichen Gestalten, paradiesischen Pflanzen und rätselhaften archetypischen Szenen.

Abb. 12:
Ausschnitt aus dem Fresko der Anbetung der Heiligen Drei Könige in der Kirche von Gradišče bei Divača, Slowenien. Ein Werk des Johannes von Kastav, 15. Jahrhundert. Oben die Füße der Pferde des festlichen Zuges, darunter Elementarwesen, noch tiefer die Unterelementare Ebene.

Diese unterste, von der übrigen Szene getrennte Reihe, stellt die Unterelementare Ebene dar. Darüber entfaltet sich die Ebene der Elementarwesen, die schon in engerer Beziehung zu der Ebene der Lebensprozesse steht, die in dem Zug der Heiligen Drei Könige darüber versinnbildlicht ist. Das Wissen über die Lebensgeheimnisse, mit dem dieser Maler vertraut gewesen sein muß, ist erstaunlich.[35]

Soweit zu der Rolle der Unterelementaren Welt in ihrer Bedeutung für die Ausdehnungen des Erdenraumes mit seinen Lebensprozessen. Nun stellt sich die Frage, in welcher Beziehung diese Unterelementare Welt zum einzelnen Menschen steht. In dieser Hinsicht spricht der Engelmeister Christopher Tragius von einer Art energetischem Wurzelsystem, das der Mensch unter seinen Fußsohlen trägt. Ein ungestörtes Wirken der Gesamtheit der Körperfunktionen sei von diesem Wurzelsystem abhängig, das man mit der Unterelementaren Ebene gleichsetzen könne.

Man sollte sich vorstellen, daß entlang der Wirbelsäule eine Lichtsäule verläuft, die er mit einer Leylinie in der Landschaft vergleicht. So wie eine Kraft-Leylinie die feinstofflichen Dimensionen einer Landschaft mit Lebenskraft versorgt, dient die Lichtsäule einer ähnlichen Versorgung des Körperorganismus. Dabei sollte man nicht meinen, die Lichtsäule würde mit der Wirbelsäule am Steißbein enden. Nein und nochmals nein! Sie verläuft weiter bis zu dem Wurzelsystem auf der Unterelementaren Ebene des Menschen. Dort hat sie ihre eigentliche Quelle, und von dort schöpft die Kraft-Leylinie des Menschen ihre belebende Kraft. Die Lichtsäule, die ihre Basis im Wurzelsystem des Menschen hat und senkrecht bis

[35] Vgl. auch seine einmaligen Fresken in der Kirche von Hrastovlje, von denen ich ausführlich in meinem Buch *Die Landschaft der Göttin*, S. 25–28, erzählt habe.

zum Kronenchakra auf dem Scheitel führt,[36] stellt die tragende Struktur der Erdung der Seele dar, über die ich im letzten Kapitel gesprochen habe.

Die Andeutung einer zweiten Rolle der Unterelementaren Ebene beim Menschen fand ich in der Erzählung *Der kleine Prinz* von Antoine de Saint-Exupéry. Der kleine Prinz hat unter seinen Füßen seinen eigenen Mikroplaneten, für den er verantwortlich ist. Auch andere Menschen, denen er begegnet, wohnen auf eigenen Planeten, sei es der König, der Säufer, der Geograph oder der Laternenanzünder. Das Wesen des »Planeten« entspricht jeweils dem Wesen desjenigen Menschen, der ihn bewohnt. Tatsächlich wird, wie bereits angedeutet, in der Unterelementaren Welt der genetische Code des individuellen Menschen fokussiert und gehütet. Dieser wichtige Schlüssel liegt verborgen in dem symbolischen Fleckchen Erde, das wir als unseren persönlichen Planeten unter unseren Fußsohlen tragen.

In gewissem Sinne wurde ich schon bei meinem ersten bewußten Kontakt mit der elementaren Welt im Winter 1993 auf die Schlüsselbedeutung der Unterelementaren Ebene für die Identität des Menschen hingewiesen. Wie in meinem Buch *Elementarwesen* geschildert, erlebte ich damals während einer Rückführung den Moment meines Todes in einer früheren Verkörperung. Ich sah, wie in dem Augenblick eine Gruppe von Heinzelmännchen kam und mein Herz forttrug. Verwandelt in einen Kristall wurde es dann in der Unterelementaren Welt aufbewahrt, und ich mußte mit meinem Bewußtsein in diese Welt hinabsteigen, wenn ich die Verbindung mit meinem Herzen aufnehmen wollte.[37]

[36] Das Wurzelsystem ist nicht mit der Kundalini-Kraft zu verwechseln, die der Welt der Seele zugehört. Vgl. dazu Kapitel 2 in *Die Landschaft der Göttin*.

[37] *Elementarwesen*, S. 20–23.

Da ich damals das Geheimnis um die in der Unterelementaren Welt gespeicherten Urbilder noch nicht kannte, dachte ich, mir sei hier etwas Einmaliges widerfahren, was mich von anderen Menschen unterscheidet. Heute weiß ich, daß mir etwas gezeigt wurde, was jedes Lebewesen der Erde, darunter auch den Menschen, der das Schicksal des Erdenlebens mitträgt, betrifft. Der »Herzkristall«, der für jeden Menschen in den Hallen der Unterelementaren Welt aufbewahrt wird, stellt das Urmuster der persönlichen Identität dar, das der Mensch jedesmal, wenn er sich auf den Weg in eine neue Verkörperung begibt, gewöhnlich unbewußt – aufsuchen muß, um die Bahn seiner Entwicklung auf der Erde weiterführen zu können. Durch jenes märchenhafte Erlebnis wurde mir eigentlich gesagt, ich müsse eine bewußtere Beziehung zu meinem in der Unterelementaren Welt gespeicherten persönlichen Urmuster aufnehmen, um auf meinem Entwicklungsweg weiterzukommen.

Eine Parallele zu meiner märchenhaften Erfahrung habe ich inzwischen auf einem mittelalterlichen Fresko vom Tod der Heiligen Maria entdeckt, das sich in der Apsis einer kleinen Kirche in Koseč bei Drežnica oberhalb des Soča (Isonzo)-Tals befindet. In der Mitte sehen wir Maria auf dem Sterbebett umringt von den klagenden Aposteln. Oberhalb Mariä ist Christus in der Mandorla dargestellt, der ihre Seele in Gestalt eines kleinen Mädchens wiegt. Von ihrem Herzen fällt ein goldener Tropfen in Richtung Erde in einen Kelch. Dieser Kelch mit dem Tropfen symbolisiert das elementare Urbild des Menschen, das im Heiligen Gral der Unterelementaren Welt gehütet wird. Dieser steht in Beziehung zu seinem oberen Gegenpol, der Seele als dem himmlischen Urbild des Menschen, das sich in der Christusmandorla – im Schoß des höheren Selbst – befindet.

Nun stellt sich die Frage, was wir praktisch tun können, um

die in unserer Kultur fast vollkommen in Vergessenheit geratene Unterelementare Ebene in die eigene Ganzheit zu integrieren.

- An erster Stelle empfehle ich, an der Bewußtwerdung zu arbeiten. Es ist möglich, sich mit dem Bewußtsein entlang der erwähnten Lichtsäule in die Unterelementare Ebene hinabzulassen, um sie zu erfahren. Dabei gilt die Regel: So wie man hinuntergekommen ist, sollte man auch zurückkehren, um sich nicht zu verlieren.
- Zweitens sollte man gründlicher an der eigenen Erdung arbeiten, damit die Lichtsäule im kritischen Bereich zwischen dem unterirdischen Wurzelsystem und dem Steißbein gestärkt wird.
- Drittens sollte dieser unterirdische Bereich in die Vorgänge der täglichen Reinigung und des Aufbaues des Schutzmantels einbezogen werden (SG 2.7.E.).

Unter keinen Umständen darf man ungefragt in die Unterelementare Ebene eines anderen Menschen, einer Pflanze, eines Tieres oder der Materie eindringen oder sich in irgend einer Weise in die dort gespeicherten Informationen einmischen. Der einzig zulässige Zugang führt durch die Kommunikation mit den zuständigen Elementarwesen bzw. beim Menschen über seine bewußte und freiwillige Zustimmung.

Abb. 13:
Der Tod Mariä. Mittelalterliches Fresko in der Kirche von Koseč bei Dreznica, Soča-Tal in Slowenien. Oben hält Christus die Seele Mariä im Schoß, unten fällt in Form eines Tropfens das elementare Urbild Mariä in einen Kelch.

5. Der Mensch als ganzheitliches Wesen und das Schneewittchenmodell

Begegnen wir einem Freund auf der Straße und wechseln ein paar freundliche Worte, so erleben wir den Menschen als etwas relativ Einfaches und Eindeutiges. Im Gegensatz dazu wurde in den vorangegangenen Kapiteln von einem äußerst komplexen Modell des Menschen gesprochen: Von seiner Persönlichkeit in Beziehung zum Ego, vom Elementaren Ich und von der Seele, vom Geistselbst und vom Wurzelsystem des Menschen auf der Unterelementaren Ebene. Wie kommt es dazu, daß alle diese breitgefächerten Dimensionen des Menschenwesens letztlich so schlicht zusammengefügt sein können, daß sich der Mensch vor unseren Augen als ein einfaches Wesen darbietet? Wo liegt der Schlüssel zu dieser rätselhaften Synthese?

Zu meinem Erstaunen fand ich ihn in einem Märchen, das fast jedes Menschenkind kennt: Schneewittchen. Der Schlüssel fiel mir im Winter 1996 zu, nachdem ich lange von störenden Kräften gepeinigt worden war. Die Wende trat ein, nachdem mich der Erdheilungsengel auf meine Frage nach den Ursachen der Schwierigkeiten auf die Unterelementare Ebene meines Wesens hinwies und mich aufforderte, mir dieser Ebene bewußt zu werden, sonst würde ich immer wieder das Opfer fremder Kräfte werden, die durch diese Ebene störend zu wirken versuchen. Um dieser Aufforderung nachzukommen, habe ich angefangen, mich durch die zentrale Lichtsäule in mein »Wurzelsystem« hinabzulassen. Während einer Meditation dieser Art hatte ich für den Bruchteil einer Sekunde den Eindruck, mich in dem Zwergenhäuschen zu befinden, zu dem Schneewittchen am Ende seiner Flucht durch den dunklen Wald gelangt war. In dem Moment verstand ich, warum das Häuschen dem Schneewittchen so vollkommen geordnet erschien. Das Häuschen ist ein Symbol für die Unterelementare Welt, in der die Urbilder der irdischen Schöpfung gehütet werden. Alles, was innerhalb der Erdsysteme existiert, findet dort sein Urmuster als Information gespeichert. So mußte Schneewittchen, um sein persönliches Urbild zu finden, sechs Bettchen ausprobieren, die alle unterschiedliche Maße hatten, bis es feststellte, daß das siebte haargenau seiner Gestalt entsprach, als es sich hineinlegte und in einen *tiefen Schlaf* versank.

Nun verstand ich auch, warum die Zwerge beim Eintreffen Schneewittchens nicht »zu Hause« waren, sondern erst später heimkehrten, um sich auszuruhen und zu regenerieren. Um ihr Werk zu tun, gingen sie täglich fort in die Berge. Im vorangegangenen Kapitel habe ich erwähnt, daß die Elementarwesen ihren Dienst an der Erde und an der Natur in einer »höheren« Raumdimension ausüben, in dem Bereich, den ich als die Gefühlsebene der Erde bezeichne. Ihr Häuschen als Sinnbild für die Unterelementare Ebene dient ihnen lediglich als Ausgangspunkt ihres Schaffens, aus dem sie die Urmuster beziehen, nach denen sie die Lebenswelten der Erde gestalten.

Nachdem ich mich von der Richtigkeit der Scheewittchenbotschaft überzeugt hatte, bedauerte ich, daß ich mich nicht schon früher tiefer auf diese Ebene eingelassen hatte, als mich die Elementarwesen vom Heideberg in Nordfriesland im April 1993 auf dieses Märchen als einen Schlüssel aufmerksam gemacht hatten.[38] Leider hatte ich die Bilder damals nur sehr oberflächlich verstanden und versaumt, die äußere Schicht der Erzählung, die die kulturellen Probleme der Verbannung der Göttin widerspiegelt, zu transzendieren.

[38] *Elementarwesen*, S. 110.

Diesmal bin ich nun der Eingebung gefolgt und konnte im Schneewittchen den Archetyp der Menschenseele erkennen, wie sie in den Vorgang der Verkörperung innerhalb der irdischen Lebenssysteme eintaucht und dabei auch die damit verbundenen Gefahren kennenlernt.
Die Geschichte von Schneewittchen weist deutlich drei Phasen auf, die den Vorgang der Verkörperung der Seele bzw. den Prozeß der Menschwerdung symbolisieren. Was dabei im einzelnen geschieht, läßt sich erkennen, wenn man die auf die verschiedenen Märchenfiguren verteilten Rollen als Teile ein und desselben Wesens Mensch versteht:

- Schneewittchen in der Beziehung zu seiner königlichen Mutter entspricht der Seele in der Beziehung zu ihrem göttlichen Ursprung – dem Geistselbst.
- Schneewittchen in der Beziehung zu der egozentrischen Stiefmutter, die sich einbildet, die Schönste im Lande zu sein, entspricht der Beziehung der Seele zu der Persönlichkeit bzw. zum Ego.[39]
- Schneewittchen in der Beziehung zu den Zwergen entspricht der Seele in der Beziehung zu ihrem komplementären Partner, dem Elementaren Ich.
- Schneewittchen in der Beziehung zum Zwergenhäuschen entspricht der Beziehung des Menschen zu seinem Wurzelsystem bzw. zu seinem Urbild auf der Unterelementaren Ebene.

In der *ersten Phase* des Märchens wird Schneewittchen als Vorbild der Menschenseele vorgestellt. Die göttliche Voll-

[39] Genaueres über die Beziehungen zwischen der Seele und der Persönlichkeit findet sich im zweiten Kapitel meines Buches *Die Landschaft der Göttin.*

alten Modells liegt darin, daß es zwar gut zum Verständnis der einzelnen Raumdimensionen zu gebrauchen ist, jedoch kaum Möglichkeiten anbietet, den lebendigen Zusammenhang zwischen den einzelnen Ebenen nachzuvollziehen.
Im Gegensatz zu der üblichen Vorstellung, daß die materialisierte Welt – die Welt der alltäglichen Realität – die unterste, die geistige Welt aber die höchste Stufe der Himmelsleiter darstellt, zeigt das Schneewittchenmodell die sinnlich erfahrbare Welt in seiner Mitte, also auf der Herzebene. Sowohl aus der Richtung der geistigen Welt als auch aus der Richtung der irdischen Schöpfung nähern sich die feinstofflichen Ebenen von beiden Seiten her der stofflichen Welt an. Sie tragen die stoffliche Welt in ihrer Mitte, was verdeutlicht, daß sie eine nach außen gewandte Synthese dieser feinstofflichen Ebenen darstellt.
Als ich während einer Meditation den Werdegang der »physischen« Welt beobachten konnte, mußte ich staunen über ihre subtile Zerbrechlichkeit. Wir bilden uns gewöhnlich ein, gerade die stoffliche Ebene sei fest und dauerhaft. Ich erlebte aber das genaue Gegenteil: Die feinstofflichen Dimensionen erschienen mir als stabil und fest im Urraum der Ewigkeit verwurzelt, die materialisierte Welt jedoch als eine zarte Blüte, die vergänglich ist und mit der wir höchst achtsam umgehen müßten.[41] Vom irdischen Aspekt der Ewigkeit aus gesehen sind – von unten nach oben in die Richtung der stofflichen Realität – drei Ebenen der Urbildlichen Dimension übereinander angeordnet (SG 1.4.C.). Die Unterelementare Ebene ist die unterste, die gefühlsmäßig astrale die oberste Ebene. Dazwischen liegt die Ebene, auf der die Elementarwesen wirken. Sie beziehen die Urbilder für ihre Schöp-

41 Über die Transformationen der manifestierten Erde siehe *Elementarwesen*, S. 182–196.

die zerstörerischen Neigungen widergespiegelt, durch die der Mensch, indem er falschen Gebrauch vom Geschenk des freien Willens macht, sich selbst zerstören kann.

Es ist ein Glück, daß die Botschaft des Märchens vom Schneewittchen heute fast jedes Kind auf der Erdkugel erreichen kann. Selbst wenn dies in einer Walt-Disney-Fassung geschieht, besteht doch die Hoffnung, daß sie von den Kindern unbewußt wahrgenommen wird, denn diese Botschaft sagt einer herabkommenden Seele, daß trotz des scheinbaren Chaos der modernen Welt die göttliche Ordnung der Erde nicht verlorengegangen ist.

Das Schneewittchenmodell dieser göttlichen Ordnung – siehe Zeichnung – zeigt in der Hauptachse eine Abstufung von sieben Ebenen, die durch die entlang der Wirbelsäule angeordneten Chakren mit den ihnen entsprechenden Farben symbolisiert werden. Auf diese Weise entsteht in der Mitte eine siebenstufige »Himmelsleiter«[40], die die verschiedenen Ebenen der Wirklichkeit zwischen dem irdischen und dem kosmischen Pol des Urraumes der Ewigkeit symbolisiert. Die sieben Abstufungen habe ich nach dem Schneewittchen-Urmuster mit den entsprechenden Raumdimensionen gleichgesetzt, die für die Ganzheit der Erdsysteme charakteristisch sind.

In meinem Buch *Schule der Geomantie* habe ich ein ähnliches Modell anhand der Zusammenführung des zyklischen Prinzips der Göttin (Zahl Drei) mit dem Urmuster der Vier Elemente (Zahl Vier) erstellt. Zahlenmäßig sind beide Modelle miteinander vergleichbar (3+4=7). Der Nachteil des

[40] Der Begriff der Himmelsleiter stammt aus der Bibel: In einer Vision sah Jakob eine Leiter, die Erde und Himmel verbindet und die es den Engeln ermöglicht, sich zwischen diesen zwei Welten frei zu bewegen.

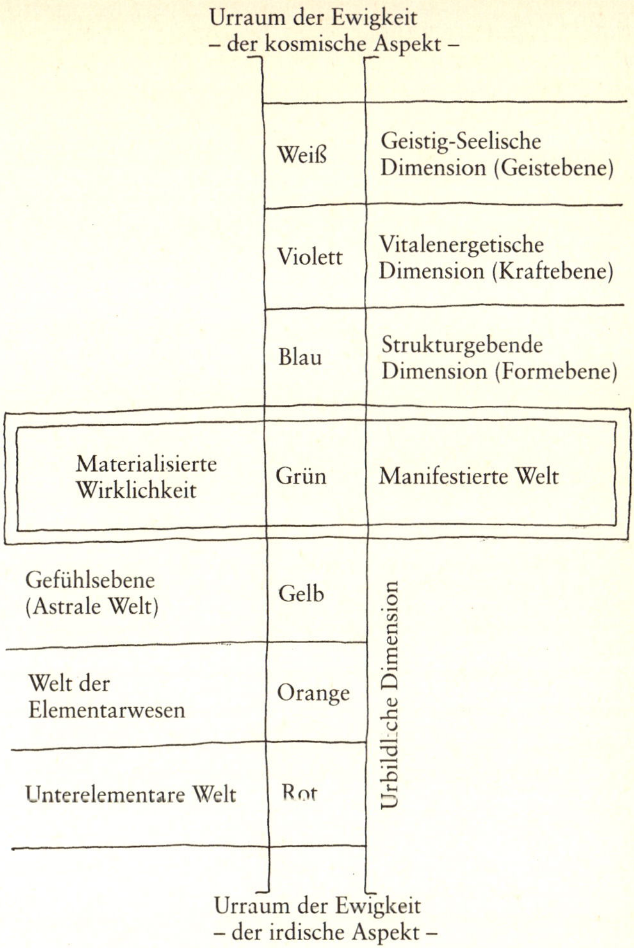

Abb. 15:
Schneewittchen als ein universales Raummodell.
Die »Himmelsleiter« in der Mitte
wird durch die Farben der entsprechenden Chakrenreihe
beim Menschen bezeichnet.

fungen aus der »Schatzkammer« der Unterelementaren Ebene und leiten sie über in die feinstofflichen Formen der Gefühlsebene. Diese feinen Vorformen werden in der nächsten Stufe, auf der materialisierten Ebene, als sinnlich wahrnehmbare Formen manifestiert. Andererseits entfalten sich vom kosmischen Aspekt der Ewigkeit ausgehend drei weitere Ebenen der feinstofflichen Welt. Die Geistig-Seelische Dimension als die höchste dieser Ebenen steht für die Verteilung der göttlichen Qualitäten über die Erdoberfläche. Eine Stufe tiefer dehnt sich die Vitalenergetische Dimension aus, in der die Organe angesiedelt sind, die die Lebenskraft hervorbringen. Noch eine Stufe näher an der manifestierten Ebene wäre die Strukturgebende Dimension zu denken, die die materialisierte Welt mit Kräften nährt. Über diese drei Dimensionen der feinstofflichen Welt habe ich in der *Schule der Geomantie* ausführlich berichtet. Ich erwähne sie an dieser Stelle nur, um das Schneewittchenmodell abzurunden.

6. Der Gralsmythos und die unsichtbare Familie

Wenn wir über die Aufgaben der Erdheilung reden, die auf dem Gebiet der Arbeit am eigenen Selbst zu bewältigen sind, dürfen wir die Spaltung der Weltganzheit durch die moderne Kultur nicht außer acht lassen. Dabei handelt es sich nicht nur um die Trennung der sichtbaren von den unsichtbaren Bereichen und Ebenen eines Landschaftsraumes, sondern auch um das gezielte Errichten von Blockaden zwischen den sinnlich erfahrbaren und den jenseits der sinnlichen Erfahrung liegenden Ausdehnungen des menschlichen Lebens. Entweder wird das Leben eines Menschen im Namen der Ratio in die Grenzen zwischen Geburt und Tod gezwängt oder in seinem übersinnlichen Teil im Namen der religiösen Dogmen so weit vergeistigt, daß jegliche reale Verbindung zu den unsichtbaren Aspekten seines Lebens verlorengeht.

Diese »unnatürliche« Abspaltung der unsichtbaren Lebensreiche im modernen Bewußtsein hat allerdings auch einen Sinn, den es keineswegs zu übersehen gilt. Der Mensch muß im Rahmen seiner göttlichen Bestimmung lernen, selbständig zu entscheiden, zu handeln und selbständig der inneren Stimme der Seele zu lauschen (SG 1.6.A.). Wenn er dauernd durch verstorbene Angehörige oder durch geistige Lehrer geführt und ihm eingeredet würde, wie er sich unter konkreten Umständen entscheiden soll, sähe es für die Selbständigkeit schlecht aus. Aus dieser Sicht stellt das zur Mode gewordene Bestreben nach Kommunikation mit Verstorbenen, mit Außerirdischen und Geistwesen gleich welcher Art sowie die Euphorie über die Bedeutung der Führung, die jemand aus der geistigen Welt zu erfahren glaubt, auch eine gefährliche Gegenkraft dar. Sie droht, einen Grundwert der neuzeitlichen geistigen Entwicklung der Menschheit zunichte zu machen, nämlich unser Hineinwachsen in das wache Bewußtsein, das allein die Voraussetzung dafür bietet, daß wir aus eigener, selbständiger Entscheidung heraus den Weg der Wahrheit und der Liebe wählen können.

Das Tragische an dieser rückwärtsgerichteten Tendenz sehe ich darin, daß die tatsächlich notwendigen und fruchtbaren Beziehungen des Menschen zur geistigen Welt dadurch diskreditiert und abgewertet werden, ein Umstand, der jenen Kräften entgegenkommt, die die geistige Selbständigkeit des Menschen zu verhindern trachten, weil sie die Menschheit ihrem Einfluß und ihrer Manipulation entziehen würde.

Als Schlußfolgerung aus dieser scheinbar paradoxen Lage schlage ich eine bewußte und mit viel Verantwortung gehandhabte Differenzierung in der Kommunikation mit der geistigen Welt und in den Beziehungen zur geistigen Führung vor. Einerseits würde ich auf der Selbständigkeit der persönlichen Entwicklung bestehen, andererseits jedoch die Beziehungen mit Engeln, geistigen Lehrern, Elementarwesen und in gewisser Hinsicht auch mit Verstorbenen pflegen.

Ich glaube, daß eine solchermaßen gegensätzliche Position durchaus der europäischen Geistestradition entspricht, wie sie im Gralsmythos niedergelegt wurde. Besonders klar in dieser Hinsicht ist das im 13. Jahrhundert von Wolfram von Eschenbach verfaßte Gralsepos »Parzival«.

Bevor ich zu der Frage der Gralsfamilie komme, möchte ich vorausschicken, daß es sich bei dem Gral meiner Ansicht nach nicht um einen Gegenstand handelt, einen Kelch, eine Ampulle mit dem Blut Christi, einen Zauberstein oder das Füllhorn der Göttin. Alles dies sind Symbole, die aus den verschiedenen Epochen der esoterischen Tradition auf das *Wesen* des Grals *hindeuten*. Bei der Suche nach dem Gral wurden in Wahrheit nicht diese Symbolgegenstände gesucht, sondern eine besondere Qualität des Seins, bei der die geistigen Kräfte der Seele in einem vollkommenen Gleichgewicht mit den Lebenskräften der elementaren Welt schwingen. Aus dieser Synthese – wenn sie innerlich gefunden wird – wird eine Kraft geboren, die der eigentlichen schöpferischen Kraft des Universums gleichzusetzen ist. Deswegen wird der Gral als ein Symbol dieser Kraft zu Recht als Quelle der unbeschränkten Lebensfülle, des ewigen Lebens und der poetischen Inspiration bezeichnet.

Bei unserer Frage nach den gemeinschaftsbezogenen Elementen, die bei der persönlichen Entwicklung eine Rolle spielen, stellt sich heraus, daß der Gralssucher – in unserem Fall Parzival – der, stellvertretend für den neuzeitlichen, nach dem Geheimnis der beschriebenen Synthese suchenden Menschen steht, in drei Familienkreise eingebunden ist. Zum einen geht es um die *reale Familie* des Suchenden, zum zweiten um die sogenannte *Tafelrunde* und zum dritten um die auf eine höhere Ebene gehobene *Gralsfamilie*.

Die reale Familie Parzivals trägt den Namen Anschau, Anschowe oder auch Anschewin und könnte, aus einigen flüchtigen Angaben des Wolfram von Eschenbach zu schließen, aus dem südsteirischen Bereich des heutigen Sloweniens, aus der Gegend von Ptuj (Petau) stammen. Der Großvater Parzivals, Gandin, stamme nämlich, so Eschenbach, aus einer Vorstadt von Ptuj mit Namen Hajdina (deutsch: Haidin), nach der er vermutlich benannt wurde.[42] Die reale Familie mit Schwestern, Brüdern, Eltern, Schwägern usw. stellt ein im voraus durch die kulturelle Tradition festgelegtes Muster dar, durch das sich verschiedene Menschenseelen inkarnieren, um in einem bestimmten Leben gemeinsam die notwendigen sozialen und psychologischen Umstände zu schaffen, durch die jedes einzelne Mitglied der Gruppe lernen und wachsen kann. Die Beziehungen innerhalb der realen Familie werden mit der Geburt aufgenommen und klingen mit dem Tod ordnungsgemäß aus.

Die Tafelrunde mit König Artus und Rittern wie Gawain, Lancelot, Parzival usw. symbolisiert eine Gruppe von Menschenseelen, die sich zwar in verschiedenen realen Familien verkörpert haben, die jedoch aufgrund des gemeinsamen Ziels, dem sie sich widmen – der Suche nach der Gralsqualität des Lebens –, und durch den gemeinsamen Kampf für Wahrheit und Freiheit auf einer überfamiliären Ebene vereint sind. Die Gemeinschaft auf dieser Ebene bezeichnen wir

[42] Wolfram von Eschenbach: *Parzival*, in Prosa übertragen von Wilhelm Stapel, Langen-Müller Verlag, München 1980, S. 255 (Verse 495–499)

gewöhnlich als die *geistige Familie*. Beim einzelnen Menschen steht diese häufig im Gegensatz zu der realen Familie, wie bei Parzival, dessen Mutter für ihn einen ganz anderen Weg vorgesehen hatte; deswegen mußte er sich gewaltsam von ihr losreißen, um in die Tafelrunde zu gelangen. Die Beziehungen in der geistig-seelischen Familie werden durch viele Verkörperungen hindurch aufgebaut. Dieselben Seelen inkarnieren sich immer wieder zur gleichen Zeit oder sogar im gleichen Familienrahmen, um so, mit wechselnden Rollen, gemeinsam an der eigenen Entwicklung zu arbeiten oder sich gemeinsam für gewisse kulturelle Werte einzusetzen. Man kann sich vorstellen, daß jede dieser »Familien«, die jeweils durch einige ihrer Mitglieder auf der Erde präsent ist, einen spezifischen Inhalt pflegt und fördert. Ihre Identität ist nicht an äußeren Merkmalen zu erkennen, sondern an einer charakteristischen Schwingungsqualität. Dabei ist die geistig-seelische Familie nicht mit Geheimbünden, Logen oder modernen Ashramgruppierungen zu verwechseln, die die sie verbindenden Inhalte institutionalisieren wollen, was die weit über den Rahmen von Geburt/Tod hinausreichende Mobilität einer geistig-seelischen Familie stören kann.
Hinzu kommt, wie erwähnt, eine dritte Familienebene, die im Gralsmythos als die Gralsfamilie vorgestellt wird. Sie ist, folgt man den Beschreibungen ihres Stammsitzes, der Gralsburg, offensichtlich mit der materialisierten Welt nicht unmittelbar verbunden. Anders ausgedrückt, die Gralsfamilie wird von Menschenseelen gebildet, die zur Zeit nicht verkörpert bzw., aus der menschlichen Perspektive betrachtet, verstorben sind. Diese der täglichen Realität entrückte Position der Gralsfamilie wird im Mythos dadurch angedeutet, daß man ihren Sitz, die Gralsburg, nicht finden kann, selbst wenn man die Gegend durchstreift, in der sie steht. Nur derjenige unter den verkörperten Menschen, der zum Gral berufen

inneren Blick als ein einfacher, hagerer, hochgewachsener Mann in kurzen Lederhosen, mit Kniestrümpfen und schweren Wanderschuhen an den Füßen. Er nahm mich unbefangen beim Arm, und wir gingen gemeinsam einen weiten, steinigen Weg entlang. So als wolle er sagen: Wir teilen mit euch denselben spannenden und schwierigen Weg. Die Schranken, die ihr zwischen uns und euch errichtet, sind überflüssig.

TEIL IV:

DIE WAHRNEHMUNG ALS DIAGNOSE-INSTRUMENT

Es soll offen ausgesprochen werden: Der Gegenstand der Wahrnehmung, mit dem wir es bei der Erdheilung zu tun haben, ist etwas, was vordergründig gar nicht existiert. Nehmen wir als Maßstab den Umfang der Realität, den wir mit unseren gewöhnlichen Sinnen wahrnehmen – selbst wenn sie durch Apparate wie z. B. Mikroskope unterstützt werden –, dann könnten wir zu Recht sagen, die ganze tiefgreifende Mitweltproblematik, die in den ersten zwei Teilen angesprochen und auf ihre Ursachen hin untersucht wurde, kann es gar nicht geben, da sie für den modernen Menschen nicht erfahrbar und deswegen auch nicht nachvollziehbar ist.
Solche Einsprüche wären durchaus berechtigt, gäbe es nicht Wahrnehmungsfähigkeiten, die durch die neuzeitliche, sich immer mehr auf den Verstand stützende Bewußtseinsentwicklung unterdrückt wurden. Diese Verdrängung der normalen Feinfühligkeit beim Menschen ist so weit gegangen, daß wir unsere Unfähigkeit, feinstoffliche Phänomene wahrnehmen zu können, als Selbstverständlichkeit empfinden und jemanden, der diese Fähigkeit noch besitzt, als Kuriosum betrachten. Anstatt nun diese unnatürliche Lage, in die wir hineingeraten sind, als »normal« zu akzeptieren, würde ich sagen: Laßt uns an der Wiederentdeckung unserer Sensibilität arbeiten, bevor wir durch unsere Ignoranz und wegen der vermeintlichen Nichterfahrbarkeit der feinstofflichen Realität die Grundlagen des Lebens auf der Erde endgültig zerstören.
Die Wahrnehmung der feinstofflichen Ausdehnungen der Wirklichkeit beginnt schon auf der sinnlichen Ebene. Gebraucht man die »physischen« Sinne mit dem Bewußtsein,

daß das durch sie Wahrgenommene nur die Oberfläche eines mehrschichtigen Phänomens ist, so kann man durch die Vertiefung der sinnlichen Wahrnehmung auch schon merkwürdige Spuren der übersinnlichen Realität wahrnehmen. Um die Sensibilität auf dieser einfachsten Ebene zu vertiefen, gilt es zu lernen, genauer zu beobachten und besonders jene Erfahrungen, die für den Verstand schwer einzuordnen sind, nicht zur Seite zu schieben und als »zufällig« oder sinnlos abzuwerten. Ganz im Gegenteil, gerade ihnen sollte – wenn einem das innere Gefühl dies bestätigt – besondere Aufmerksamkeit geschenkt werden.

Als zweites gibt es eine Reihe von Wahrnehmungen, die durch die Reaktion des eigenen Körpers auf ein unsichtbares Phänomen erkannt werden können. Dazu gehören verschiedene Formen der Wahrnehmung, zu denen man mit Hilfe von Radiästhesieinstrumenten gelangen kann, wobei es sich bei solchen Instrumenten grundsätzlich um ein Sichtbarmachen von Körperreaktionen handelt. Man kann aber auch lernen, die Reaktionen seines Körpers bei der Begegnung mit verschiedenen feinstofflichen Erscheinungen zu spüren und daraus rückzuschließen, um welche Art von Phänomen es sich handelt (SG 2.3.).

Eine dritte Möglichkeit der Wahrnehmung der unsichtbaren Wirklichkeit bietet sich auf der Gefühlsebene (Astralebene) an (SG 2.4.). Dabei handelt es sich um emotionale Eindrücke, Visionen, Träume oder um das Innere Gespräch.

Viertens gibt es Wahrnehmungen auf der geistig-seelischen Ebene, die als Intuition bezeichnet werden. Sie können auch die Form einer Botschaft aus geistigen Quellen annehmen oder sich zu einer tiefgreifenden Offenbarung entwickeln (SG 2.6.).

Auf dem Gebiet der Erdheilung ist die Wahrnehmung im feinstofflichen Bereich noch zusätzlich dadurch erschwert, daß es sich häufig um Phänomene handelt, die nicht nur als unsichtbar bezeichnet werden müssen, sondern die ihrem Wesen nach außerdem noch an den Rand gedrängt oder in die Tiefen des »Unterbewußtseins« des Raumes verdrängt wurden. Es läßt sich da kaum eine Systematik aufstellen, fast jeder Fall ist in seiner verborgenen Problematik einzigartig. Daher sollte man lernen, undogmatisch und kreativ vorzugehen und die verschiedenen Wahrnehmungs- und Erkenntnismöglichkeiten je nach Lage der Dinge miteinander zu kombinieren.

1. Eine Traumbotschaft als Hilferuf

Als ich mich im Frühjahr 1995 in Köln aufhielt, um ein Seminar vorzubereiten, hatte ich einen klaren Traum: Ich stand auf einer verkehrsreichen Straße, die zu beiden Seiten von hohen, mehrstöckigen Gebäuden gesäumt war. Diese zeigten Elemente aller Bauepochen seit der römischen Antike, so daß ich beim Erwachen keine Schwierigkeit hatte, den Ort als Köln zu identifizieren, das schon unter den Römern den Namen Colonia Agrippinensis erhielt und als bedeutende Stadt auch alle späteren Transformationen der abendländischen Kultur durchmachte.
Doch zurück zum Traum: Als nächstes sehe ich ein erschreckendes Detail: Ganz oben, am Rande des Daches eines der Gebäude, war eine riesige römische Marmorskulptur angebracht, die im Begriff war, aus ihrer Einfassung herauszurutschen, und die sich bedrohlich über die Straße neigte. Es schien, als könnte der schwere Steinblock in jedem Moment auf die verkehrsüberflutete Straße stürzen. Die Skulptur zeigte im Relief den bärtigen Kopf eines Elementarwesens, den ich als eine Darstellung des antiken Pan einordnete. Als

ich mit dem Gefühl einer drohenden Gefahr erwachte, war mir sofort klar, daß es in der Stadt ein akutes Problem im Bereich der Elementarwesen geben mußte, das ich bei der Vorbereitung des Erdheilungsseminars nicht übersehen durfte. Um mich zu orientieren, wo innerhalb der Stadtlandschaft der gefährdete Ort zu suchen war, fuhr ich mit meinem Zeigefinger über einen Stadtplan, wobei ich das zentrale Traumbild im Hinterkopf behielt. Ich suchte nach dem Platz, der mit diesem Bild in Resonanz stand (SG 2.3.D.).

Die Resonanz machte sich bemerkbar im Bereich des ehemaligen Stadtgrabens, wo heute der Ring verläuft, genauer gesagt, am Ebertplatz. Ich konnte an dem Punkt eine Hitze spüren, die die Spitze meines Zeigefingers durchbohrte. Ich machte mich sofort auf den Weg, um den Platz allseitig zu untersuchen. Dabei stellte sich heraus, daß es sich um einen zerstörten Naturtempel handelte, wo einstmals Elementarwesen von übergeordnetem Rang für die Koordination der Lebensprozesse in der betreffenden Landschaft gesorgt hatten. Zur Zeit der römischen Stadtanlage lag der Bereich noch weit außerhalb der Stadtmauer und war möglicherweise noch als ein heiliger Hain geehrt worden. Mit dem mittelalterlichen Bau des Stadtgrabens könnte schon die erste Störung eingetreten sein. In den 60er Jahren dieses Jahrhunderts, wurde der Naturtempel durch den Bau einer U-Bahnhaltestelle mit Fußgängerunterführung endgültig unterdrückt.

Ein zweites Beispiel, das zeigt, wie akkurat eine Traumbotschaft als Hinweis auf die Probleme eines Ortes sein kann, bezieht sich auf die Morayshire-Landschaft im Norden Schottlands. Es handelt sich um Cluny Hill, eine Komposition aus sieben zu einer Einheit zusammengeschlossenen Hügeln am Rande des Stadtkerns von Forres. Die Sieben-Hügel-Anlage ist eines der eindrucksvollsten geistig-seelischen Zentren der schöpferischen Kräfte eines Landschaftstempels, das

ich je entdeckt habe. Daß es sich um eine geschlossene Komposition handelt, äußert sich u. a. darin, daß jeder Hügel mit seinem Gipfel den Brennpunkt für einen der sieben klassischen Planeten bildet (SG 6.1.C.).
Außerdem gibt es auf der Westseite der Sieben-Hügel-Anlage einen selbständigen achten Hügel, der vom Rest getrennt ist, was durch eine dazwischen verlaufende Straße noch unterstrichen wird. Ich hatte jedoch das Gefühl, daß auch dieser Hügel noch zu der siebenteiligen Formation dazugehörte. Um diesem Gefühl nachzugehen, habe ich im Rahmen meiner Seminarvorbereitungen den Hügel besucht. Er ist zwar rundum durch Privathäuser bebaut, doch führt ein öffentlicher Pfad zu seinem glücklicherweise unbebauten Gipfel. Der öffentliche Bereich dort oben ist ganz schmal und durch einen Holzzaun abgegrenzt, der in Form eines langgestreckten spitzen Winkels ausläuft.
In der folgenden Nacht träumte ich, daß ein Holzsplitter in konischer Form mein Nasenloch durchstach und ich dadurch Schwierigkeiten beim Atmen bekam. Durch die spitze Form des Splitters stellte der Traum den Bezug zu der konischen Form des Zauns her; durch die Atembeschwerden wurde mir bedeutet, daß der Platz dort oben etwas mit der Atmungsfunktion zu tun hat und daß diese blockiert ist. Da meine Tochter Ana mitgereist war, um mir bei dem Seminar zu helfen, bat ich sie, den Erdheilungsengel zu fragen, ob er mir die Traumbotschaft bestätigen würde.
Seine Antwort lautete, der achte Hügel sei in der Tat eine Art Einatmungsorgan für die Sieben-Hügel-Komposition, durch das die Qualität und die Quantität der Kraft gesteuert wird, die den sieben Hügeln zufließt. Die Atmungsfunktion wird so ausgeübt, daß der Hügel gleichzeitig als eine Art Gegengewicht zu den sieben Hügeln wirkt. Devos beschrieb eine Lichtspirale, durch die sich die Kraft aus dem Kosmos hin-

unterläßt. Im Inneren des Hügels befänden sich ein zylindrisches Yang- und ein pyramidenförmiges Yin-Zentrum, durch die die einfließende Kraft in ihre Plus-/Minus-Pole differenziert und als solche an die Sieben-Hügel-Komposition weitergeleitet wird. Nur ein Teil der differenzierten Kraft wird zurückgehalten und von den beiden Zentren in eine in ihrer Mitte vorhandene Lichtsäule geleitet, die als Achse der erwähnten kosmischen Spirale und gleichzeitig als ein Balancierungsorgan zwischen den Yin- und Yang-Komponenten der einfließenden Kräfte dient. Zum Schluß gab Devos eine Diagnose der Blockaden, die dieses höchst sensible Atmungsorgan behinderten, und erläuterte die Möglichkeiten, diese Hemmnisse abzubauen.

2. Unerwartete Hinweise, die auf Probleme eines Ortes deuten

Als die Erdheilungsarbeiten im Bereich Svetinje-Jeruzalem im Osten Sloweniens schon das zweite Jahr in der Form eines Sommercamps liefen, machte mich ein Freund, der dort in der Nähe wohnt, auf eine bemerkenswerte Eintragung in der lokalen Chronik aufmerksam. Es hieß darin, daß der »Mateks-Wald« – ein kleiner Wald neben dem Friedhof – von den Müttern des Dorfes als Schreckbild benutzt wurde, um ihre ungehorsamen Kinder zu disziplinieren. Man erzählte auch, daß Menschen, die den Wald durchqueren mußten, dabei das Vaterunser beteten und daß Betrunkene dort oft in Tränen ausbrachen.

Während der nächsten Mittagspause lief ich hinüber zu dem zehn Minuten vom Dorf entfernten Mateks-Wald. Tatsächlich war die Atmosphäre dort zum Schaudern. Ich nahm auch umherirrenden Schatten ähnliche »Wesenheiten« wahr, die

mich an die Seelenhüllen von gewaltsam Verstorbenen und daher nicht vollständig hingeschiedenen Menschen erinnerten (siehe Teil VI/5 »Unerlöste Seelenhüllen« und SG 5.1.D.). Die Angaben in der Chronik schienen tatsächlich auf ein Verbrechen an unbekannten Menschen hinzudeuten, das ich in seinem Kern noch nicht erkennen konnte.
Anschließend lud ich die Seminargruppe ein, sich an einer Stelle in dem Wald zu versammeln und an der Reinigung des Ortes zu arbeiten. Anders als sonst, fiel uns die Arbeit sehr schwer. In der anschließenden Besprechung kam die Gruppe einhellig zu der Meinung, es müsse sich dort ein schweres Verbrechen an unschuldigen Menschen ereignet haben. Maßgeblich zur weiteren Entzifferung des Problems trug die Erfahrung einer Teilnehmerin bei, die beim Reinigungsgesang im Wald dieselben Beschwerden im Bauch gespürt hatte wie vorher, als sie einen bestimmten Pfad auf dem Gipfel des Hügels entlanggegangen war, der zur Kirche führte. Da die Vermutung nahelag, daß die gespürte Resonanz auf eine Verbindung zwischen diesen beiden Plätzen hinwies, gingen wir zunächst zu der erwähnten Stelle bei der Kirche zurück. Und wirklich: Als jeder Teilnehmer den Platz für sich erspürt hatte, stimmten wir darin überein, daß dieselbe grauenvolle Schwingung auch an diesem Ort wahrzunehmen war. Dabei hatte ich eine Vision. Ich sah eine eng zusammengedrängte Gruppe einfacher Menschen und unter ihnen die Gestalt eines jungen Mannes mit einer leuchtend blauen Aura. Meinem Eindruck nach handelte es sich um eine religiöse Gruppe des späten Mittelalters, die als Sekte verurteilt und hingerichtet worden war.
Obwohl wir uns viel Mühe gaben, auch den zweiten Platz von der tragischen Erinnerung zu befreien, hatte die Gruppe letztlich das Gefühl, daß das Werk nicht vollendet sei. Ich bat daher den Erdheilungsengel um einen Hinweis. Er bestätigte,

daß es sich um einen Mord an vielen unschuldigen Menschen handelte, deren Gefühle bei der Schandtat auf die Kraftmuster des Raumes eingewirkt hätten. Obwohl inzwischen eine geraume Zeit verflossen ist, sei das mit dieser Tat verbundene Grauen durch die Einprägungen auf der Gefühlsebene des Landschaftsraumes erhalten geblieben, ja es habe sich sogar noch weiter ausgedehnt. Die schlimmsten Plätze seien unterhalb der Kirche, wo die Menschen verhöhnt, und im Wald beim Friedhof, wo sie umgebracht worden seien. Devos bestätigte, wir hätten die beiden Plätze gut gereinigt, übriggeblieben sei aber noch der Weg, den die unschuldigen Opfer dazwischen zurückzulegen hatten. Über diesem hinge noch ein Teil der Gefühle des Grauens. Er gab uns dann Anweisungen, wie die Gruppe diesen Weg begehen sollte, um das Erlösungswerk abzurunden.

3. Ereignisse, die eine Spur aufdecken

Eine der schönsten Aufgaben, die ich je hatte, war die Wiederbelebung des umfangreichen Landschaftstempels von Morayshire in Nordschottland. Es handelt sich um eine zweiteilige Komposition der geistig-seelischen Brennpunkte des Landes; die eine Hälfte liegt östlich von Forres, die andere westlich davon. Sie sind durch den Kraftkörper des Findhorn-Flusses miteinander verbunden. Von der dreigliedrigen Komposition im Osten habe ich schon die sieben Hügel von Cluny Hill erwähnt, die das schöpferische Zentrum dieses Landschaftstempels darstellen. Sein Einatmungsfokus befindet sich am Burghead auf einem hohen Felsvorsprung, der weit in die Nordsee hineinragt.

Dieser das umliegende Land und das Meer dominierende Platz wurde über lange Zeiten hinweg als Befestigung, als

Erdburg, mit anderen Worten als ein Ort zur Machtausübung benutzt. Heute sind die Spuren der gewalttätigen Vergangenheit verwischt, der Platz ist leer und dient als Parkplatz für Touristen; doch innerlich betrachtet ist er düster und blockiert. Ich war gerade dabei, den Seminarteilnehmern die ungeheure Bedeutung eines Einatmungszentrums auf der geistig-seelischen Ebene zu erklären – es hängt ja vom spezifischen Kraftmuster eines solchen Ortes ab, welche geistigen und energetischen Qualitäten aus dem Kosmos angezogen werden, um den Organismus des entsprechenden Landschaftstempels zu speisen (SG 6.1.). Ich bemühte mich, trotz der erbärmlichen Verfassung, in der sich das Burghead-Kap befindet, seine unterdrückte Schönheit zu betonen, als ich merkte, daß mir niemand zuhörte. Alle hatten den Blick irgendwohin über meinen Kopf hinweg in die Ferne gerichtet. Als ich mich umdrehte und meine Augen über den Meeresspiegel schweifen ließ, sah ich in der Ferne eine Gruppe von Delphinen über dem Wasser springen. Ich gab meine Erklärungen auf, und gemeinsam verfolgten wir die Delphinenschar, die graziös und von unglaublicher Freude beseelt einen Bogen genau um die Spitze des Burghead beschrieb. Als sie schließlich im Osten verschwunden waren, und unsere gezielte Aufmerksamkeit sich wieder entspannte, fiel uns plötzlich auf, daß wir uns als Gruppe in einer außergewöhnlich gehobenen, freudigen Stimmung befanden, die offensichtlich durch den Kontakt zu der Delphinfamilie zustande gekommen war. Dabei hatten wir unbewußt als Mittler gewirkt und ermöglicht, daß sich das kosmische Bewußtsein, das Delphine bekanntlich besitzen, mit den unterdrückten Kräften des kosmischen Kraftzentrums, an dem wir standen, verbinden konnte. Plötzlich bemerkten wir, daß der Ort wieder in der ursprünglichen Qualität schwingt, über die ich vorher vergeblich versucht hatte zu reden. Niemand wollte mehr den Ort verlassen. Alle standen da, wortlos vertieft in das Wunder, das dieser Ort zu jeder Zeit auszustrahlen geschaffen ist und nicht nur in diesem einmaligen Moment, da sein verschütteter Wesenskern spielerisch durch die Delphine berührt wurde.

4. Körperliche Warnsignale

Als im Winter 1993 die Mitarbeit durch den Erdheilungsengel gerade erst begonnen hatte, besaß ich noch keine Erfahrungen, wie präzise seine Angaben sein konnten. Ein Gespür dafür habe ich erst dadurch bekommen, daß ich einen von ihm angegebenen Ort mit einem anderen verwechselt habe. So kam es, daß ich mit der Gruppe seine für einen bestimmten Ort gegebenen Anweisungen an einem falschen Ort ausführte.

Das geschah während meines ersten Erdheilungsseminars in Graz; der richtige Ort – ein Atmungszentrum – war der Hang hinter der St. Antoni Kirche, der falsche Ort war der Platz des Burggartens.[46] Zur Verwechslung kam es dadurch, daß ich fälschlicherweise der Meinung war, das Atmungszentrum befände sich hinter der Kathedrale. Es war aber nicht die Kathedrale angegeben worden, sondern die Kirche.

Überzeugt, daß ich nichts Verkehrtes tue, führte ich die Seminargruppe in den Burggarten, der hinter der Kathedrale liegt. Dort irrte ich lange umher, um den richtigen Punkt zu finden, durch den wir an der Entblockierung des Atmungssystems der Stadt würden arbeiten können. Kein einziger Platz fühlte sich ganz richtig an. Da ich meine Unentschiedenheit nicht endlos hinausziehen konnte, entschloß ich mich

[46] Über die wahre Bedeutung des Burggartens in Graz siehe SG 5.4.

letztlich für einen Punkt, an dem wir unser Gruppenkunstwerk ausführten.

Als ich bald danach im Zug saß, der in Richtung Ljubljana raste, machte sich ein ständiger Schmerz im Kopf bemerkbar, der trotz aller Bemühungen, mich davon zu heilen, keineswegs nachließ. Es war ein merkwürdiger Schmerz, von dem auch die Augen betroffen waren. Als der Schmerz am nächsten Morgen noch immer andauerte und ich selbst keine Erklärung dafür finden konnte, bat ich meine Tochter Ana, den Erdheilungsengel zu konsultieren. Er machte mir die Verwechslung der Orte bewußt und erklärte auch, warum die Reaktion auf meinen Fehler so schmerzhaft ausfiel.

Der Burggarten sei ein Ort mit großen Problemen, an dem gestörte Kräfte walteten. Wir seien als Gruppe dorthin gegangen und hätten ein Heilungswerk ausgeführt, das nicht zum Zweck der Erlösung dieser Kräfte gestaltet worden war, sondern eine ganz andersgeartete Aufgabe verfolgte. Durch unseren Einsatz hätten wir erstens nichts bewirkt und zweitens unbewußt die chaotisierten Kräfte des Ortes an uns gezogen. Mein schmerzender Kopf sei die Folge davon. Das nächste Mal sollten wir den Anweisungen aus einer geistigen Quelle genau zuhören oder, gestützt auf die eigene Wahrnehmung, zuerst die Probleme und Eigenschaften eines Ortes erkunden, bevor wir irgend etwas im Sinne einer Erdheilung unternehmen würden. Zu der zweiten Möglichkeit gab er folgende Anweisungen: »Bei der Untersuchung eines Platzes wie diesem rate ich als erstes, für die Verstärkung des eigenen Schutzmantels zu sorgen, bevor man sich ihm annähert (SG 2.7.C.). Außerdem sollte man geerdet und zentriert sein. Begibt man sich ganz offen einfach hinein, so wird man zum Kanal, durch den alles mögliche fließt – was nicht immer gut ist, wie ihr an dem Beispiel Burggarten erlebt habt. Als zweites müßt ihr den Schlüsselpunkt aufsuchen – es kann für einen Ort auch mehrere davon geben –, an dem die Problematik des Ortes verschlüsselt ist. Es gilt, den richtigen Schlüssel zu finden, um die Lage, in der sich der Ort befindet, zu erkennen. Findet man den Schlüssel nicht, so heißt das, daß der Ort noch nicht bereit ist, die Ursachen seiner Probleme preiszugeben. In dem Falle gilt es, den Ort noch in Ruhe zu lassen.«

Die Anweisung bezüglich des »Verschlüsselungssystems« eines Ortes sollte aber nicht verallgemeinert werden, fügte Devos hinzu. Solche Systeme existierten vorrangig an Orten, die in der Vergangenheit so schwer verletzt wurden, daß sie vor einer vollständigen Vernichtung oder Entleerung dadurch geschützt werden mußten, daß sie verschlossen wurden, um auf diese Weise den richtigen Moment ihrer Erlösung zu erwarten. Es gibt Wesenheiten, die für solche unglücklichen Orte sorgen und die auch ermächtigt sind, einem Menschen den erwähnten Schlüssel zu offenbaren, wenn dieser mit einem geeigneten Plan daherkommt, der dem Ort helfen kann.[47] Anders verhalte es sich, wenn jemand, wie im Fall des Burggartens in Graz, mit einem falschen Plan und unter Mißachtung des »Verschlüsselungssystems« einfach einzubrechen versucht.[48]

In einem solchen Fall reagiert der Platz seinerseits gewalttätig, weil er aus dem Zustand heraus, in dem er sich befindet, nicht anders reagieren kann. Ein Jahr später, als wir uns mit den wahren Problemen des Burggartens während eines zweiten Erdheilungsseminars gezielt auseinandersetzten, konnten

[47] Vgl. die im Kapitel II/12 beschriebene Begegnung mit dem Hüter im Hofgarten von Innsbruck.

[48] Zu meiner Heilung hat mir Devos seinerzeit eine Reinigungsübung vorgeschlagen, die ich in *Schule der Geomantie* (SG 2.7.E.) beschrieben habe.

wir uns davon überzeugen, wie schmerzhaft sie für den Ort tatsächlich waren.

5. Körpersignale als Ausdruck geistiger Führung

Als ich mich zum erstenmal in meinem Leben auf die südliche Erdhalbkugel begab – es war während der schon erwähnten Reise nach Brasilien –, kam mir mein Körper auf eine schmerzhafte Weise zu Hilfe. Ich spürte ungewöhnliche Schmerzen in der linken Hüfte und im Oberflächenbereich des Oberschenkels, sobald ich die brasilianische Botschaft in Wien mit dem Visum in der Tasche verließ. Es wurden verschiedene Ursachen in Betracht gezogen, doch hielt der Schmerz an, bis ich mich eine Woche später mit meiner Frau zum Flughafen begab. In der Wartezeit vor dem Abflug verschärfte sich die Lage weiter, und in der Woche, in der wir im 18. Stock unseres Hotels in Rio de Janeiro auf das Ende der Regenzeit warteten, war der Schmerz schon so ausgeprägt, daß ich nur mit größter Mühe gehen konnte.
Die Wende, verbunden mit meiner augenblicklichen Genesung, trat erst während unserer Reise in die Wildnis von Petropolis-Lage ein. Eine Heilerin, in der ich innerlich eine Nachfolgerin der indianischen Tradition erkannte, behandelte den Kraftmeridian, der über meiner Hüfte verläuft, und entdeckte dabei, daß sich im Hüft-Unterbauchbereich unerkannte Blockaden manifestiert hatten, die ihren Ursprung in einem schweren Kindheitstrauma hatten. Sie meinte, sie müßten von einem psychischen Druck herrühren, den eine kalte, autoritäre Macht auf meine sensible kindliche Seele ausgeübt hatte. Sofort fielen mir zwei mögliche Ursachen ein: zum einen der Druck des Nazi-Regimes auf meine Eltern in der Zeit vor und nach meiner Geburt – mein Vater unter-

stützte die Widerstandsbewegung – und zum zweiten die strengen Vorschriften der sozialistischen Krankenhausorganisation, die mich als kleines Kind, als ich sechs Wochen lang im Krankenhaus verbringen mußte, »ewig« lange von meinen Eltern getrennt hatten – sie waren für mich »gestorben«. Wichtig ist hier nicht, was mir persönlich widerfahren war. Ich erwähne es nur, um verständlich zu machen, warum ausgerechnet diese schmerzhaften Schichten aktiviert wurden, sobald ich den ersten Kontakt mit einem Land des südamerikanischen Kontinents aufnahm. Offensichtlich baute sich eine Resonanz auf zwischen den unterbewußten Aufzeichnungen meiner persönlichen Verletzungen, die durch das kaltblütige Vorgehen zweier patriarchal-autoritärer Regime entstanden waren, und den Wunden, die sich in die Gefühlsschichten eines Landes eingegraben haben, das das Trauma der Eroberung durch eine ähnlich geartete christlich-autoritäre Kultur – die Konquista – überstehen mußte.

Offen gesagt, hätte ich bei der Darstellung der Erdheilungsaufgaben für Brasilien die Aktualität der Wunden, die die Konquista vor fünf Jahrhunderten in den Gefühlskörper des Landes geschlagen hat, weit unterschätzt, wenn ich nicht die beschriebenen Schmerzen am eigenen Leib erfahren hätte.

Das Durchleiden des brasilianischen Traumas hat aber noch mehr »Früchte« hervorgebracht. Während die Heilerin nach Auflösung der Blockierung noch an der Harmonisierung meines gesamten Meridiansystems arbeitete, hatte ich eine Reihe von Visionen, die mir kostbare Einsichten in die ursprüngliche Indianerkultur des Landes vermittelten.

Als erstes tauchte vor meinem inneren Blick eine alte, knochige, dunkelrote Indianerschamanin auf, die mich durch ihre fast greifbare Präsenz besonders beeindruckte. Die Bedeutung ihrer Erscheinung blieb mir verschleiert, bis ich mit der Untersuchung des Landes begann. Dabei stieß ich z. B.

auf Wesenheiten der Gefühlsebene, deren Rolle ich nie hätte verstehen können, hätte ich nicht die alte Schamanin innerlich zu Hilfe rufen können. Es stellte sich nämlich heraus, daß die Welt der Elementarwesen dort weitgehend durch die Mythologie der altindianischen Kulturen geprägt ist, so daß ich mit meinen europäischen Erfahrungen viele Phänomene der südamerikanischen Landschaft nicht einordnen konnte.
Die Welt der Elementarwesen ist – verglichen mit unserer Erfahrung der materialisierten, geformten Wirklichkeit – formlos; es handelt sich um Bewußtseinswesenheiten, die jedoch in den Bereichen, wo sich ihr Wirken mit der Tätigkeit der menschlichen Kultur überschneidet, gewisse Formen annehmen, die ausschließlich der besseren Kommunikation mit den Menschen dienen. Was mich in Brasilien überraschte, war die Ästhetik dieser »sekundären« Formen der Elementarwelt, die ganz der Formensprache der indianischen Kunst entspricht. Offensichtlich sind damals Kultur und Natur durch ihren Austausch und ihre gegenseitige Beeinflussung zusammengewachsen, was noch heute in den Erscheinungsformen der elementaren Welt erlebbar ist.
So habe ich z. B. einen Park in Rio de Janeiro namens Parque Lage untersucht, um meinen dort geplanten Workshop vorzubereiten. An dem Punkt, an dem das Parkgelände stufenweise zum Granitberg Corcovado anzusteigen beginnt, entdeckte ich ein kleines, aber kraftmäßig enorm starkes Naturheiligtum, das um zwei Naturfelsen fokussiert ist. Der eine Felsen strahlt ganz hell, wird aber von einer dunklen Wesenheit gehütet. Der andere wird von einer dunklen Kraft durchzogen, die in die Erdtiefe hinabzieht, wird aber im Gegensatz dazu von einem luftig-hellen Wesen gehütet, das darüberschwebt. Es liegt da eine zweifache Polarisierung vor, die ich nicht einordnen konnte, unter anderem auch deswegen, weil die beiden Wesenheiten mit Symbolen übersät waren, die für

die Schriftzeichen der alten südamerikanischen Kulturen charakteristisch sind, in deren Formensprache ich mich leider nicht auskenne.
Das war einer der Momente, in denen ich die alte Schamanin, die sich mir während meiner Heilung in einer Vision gezeigt hatte, zu Rate zog. Sie hat in diesem und in weiteren Fällen versucht, mir durch eine Kombination aus bildhaften und gefühlsmäßigen Eindrücken ihre Antwort ins Bewußtsein zu bringen. Ich verstand ihre Botschaft dahingehend, daß das Heiligtum der Wesenheit des Berges gewidmet ist, an dessen Fuß es sich befindet, also der Deva des Corcovado-Berges. Die Qualität, die diese Deva verkörpert, wurde in meinem Bewußtsein mit der lateinischen Göttin Fortuna assoziiert, die die lichten und die Schattenseiten des Lebens gegeneinander aufwiegt. Deswegen wurden die zwei polarisierten Felsen von der alten Kultur zu ihrem Heiligtum erkoren.

6. Hilfe durch Elementarwesen

Elementarwesen können eine ausgezeichnete Hilfe bei der Diagnose eines Ortes anbieten, da sie über lange Zeitspannen an ein und demselben Ort ihren Dienst ausüben und dadurch einen perfekten Überblick über dessen Probleme besitzen. Besonders wenn an einem Platz völlig unerwartete Schwierigkeiten auftreten, kann ihre Hilfe sehr willkommen sein.
Während des Erdheilungsseminars auf dem Hügel von San Giusto in Triest (SG 5.2.A.) haben einige Mitglieder der Gruppe auf einen gewaltigen Baum hingewiesen, der einsam vor der Kathedrale steht. Ihr Vorschlag war, um den Baum einen Kreis zu bilden und ihm in der Stille unsere geistige Unterstützung zu senden. Während alle in die Stille vertieft waren, hat der Faun (Baumgeist) meiner Tochter Ana völlig

unerwartet eine Botschaft übermittelt, die so klar formuliert war, daß sie in Form eines Satzes bei ihr ankam: »Dies ist ein glücklicher Ort der Freude. Nur das Quadrat vor dem Eingang stört.«

Mit dem »Quadrat vor dem Eingang« war eine Markierung im Pflaster vor dem Portal zur Kathedrale gemeint. Vor Jahrzehnten hatte man bei Ausgrabungen den Grundriß der antiken Säulenvorhalle gefunden und ihn später, bei der Pflasterung des Platzes, durch besondere Steinplatten bezeichnet. Unglücklicherweise steht der Grundriß der römischen Propyläen in einem ganz anderen Winkel als das Gebäude der Kathedrale. Durch die Markierung im Pflaster kam es schon rein visuell zu einer unangenehmen Interferenz zwischen den beiden Achsen, die Folgen auf der energetischen Ebene sind aber noch unangenehmer. Ohne den Hinweis durch das Elementarwesen hätte allerdings niemand von uns diese Störung bemerkt.

Ein zweites Beispiel führt uns zu der Stadt Lendava im Dreiländereck zwischen Ungarn, Kroatien und Slowenien. Eine kleine Gruppe engagierter Frauen hat dafür gesorgt, daß die Brennpunkte der Jungfraugöttin und der Göttin der Wandlung für diese ehemals römische Stadt ihrer geistig-seelischen Identität entsprechend gestaltet worden sind. Dabei liegt der Fokus der Wandlung im Bereich des ehemaligen jüdischen Friedhofs, der vollig vergessen und verwildert war. Von über 200 jüdischen Familien, die einstmals die Stadt bewohnten, waren nach dem Wüten des Nationalsozialismus nur zwei übriggeblieben und selbst sie waren fortgezogen. Es gab niemanden mehr, der sich um den Friedhof kümmerte.

Als man entdeckte, daß der jüdische Friedhof mit dem Brennpunkt der Schwarzen Göttin übereinstimmte, gründeten die erwähnten Frauen eine Initiative, um den alten Friedhof zu restaurieren. Das Werk war im Sommer 1993 fast abgeschlossen, als ich mit einer Gruppe den Platz besuchte. Man hatte mich zu einigen Einzelheiten der neuen Gestaltung des Ortes um meine Meinung gebeten. Mit der Aufgabe, das Gelände zu erspüren, zerstreute sich die Gruppe zwischen den Gräbern mit ihrer interessanten Symbolik. Ich wurde von einem prächtigen Buchsbaum im südlichen Teil des Friedhofs angezogen.

Kaum war ich dort angelangt, ging es nicht mehr um den Baum – mein Blick wurde vielmehr durch ein dramatisches Ereignis am Boden gefesselt. Im Nu wurde meine Aufmerksamkeit über die Schwelle ins Unsichtbare gezogen, wo ich eine Gruppe von Gnomen sah, die in heller Aufregung in eine bestimmte Richtung wiesen. Ihre Geste vermittelte das Gefühl einer solchen Not und Dringlichkeit, daß ich meinte, es müsse in der gewiesenen Richtung im nächsten Augenblick zu einer Explosion kommen. Ich schaute in die angedeutete Richtung und begriff, daß es sich um die gerade restaurierte Leichenhalle handelte, die ich noch nicht betreten hatte. Geschwind ging ich hinüber und mußte feststellen, daß sie mit so furchtbaren Schwingungen belastet war, daß sie davon wirklich zu explodieren drohte. Nun versammelte ich die Gruppe und beschrieb den Hilfeschrei der Gnome und auch die Tragik der ehemals hier ansässigen jüdischen Familien. Anschließend haben wir uns darangemacht, die brennenden Schmerzmuster, die an diesem Platz mit den tragischen Erfahrungen des jüdischen Volkes während der Nazi-Ära in Resonanz standen, zu erlösen. Unser Trauergesang wollte lange kein Ende nehmen.

7. Eine Übung zum Inneren Schauen

Die Fähigkeit des Inneren Schauens wird gewöhnlich mit der Rolle des Dritten Auges gleichgesetzt, wobei von der Annahme ausgegangen wird, die zwei physischen Augen seien zur Wahrnehmung der materialisierten Wirklichkeit geschaffen, das dritte hingegen zum Schauen der geistig-energetischen Welt. Das ist zwar ein eingängiges Konzept, entspricht aber nicht dem, was wirklich bei der übersinnlichen Wahrnehmung vor sich geht (SG 2.2.). Anders als beim Sehen mit den äußeren Augen, das linear zwischen dem Subjekt und dem Objekt der Betrachtung verläuft, geht es beim Inneren Schauen um eine abgerundete, ganzheitliche Wahrnehmung. Sie setzt voraus, daß wir zu einem Teil dessen werden, was wir wahrnehmen möchten.
Bildlich gesprochen »baden« wir zuerst einmal in dem Schwingungsmeer des wahrzunehmenden Phänomens, um die Wahrnehmungsimpulse zu sammeln, die erst in der zweiten Phase entziffert und durch den Verstand nachvollziehbar gemacht werden. Das heißt, das Herzchakra spielt beim Inneren Schauen eine grundlegendere Rolle als das Chakra des Dritten Auges, dessen Funktion eher darin besteht, die Wahrnehmungen imaginativ im Bewußtsein zu formulieren. Symbolisch gesprochen wird beim Inneren Schauen vorrangig »mit dem Herzen« oder sogar »mit dem Bauch« geschaut. Die Vorstellung von einer den Panzer der physischen Realität durchbohrenden magischen Kraft des Dritten Auges ist eine Illusion, die uns die Comics vorgaukeln.
Um mich in meinen Bemühungen, immer genauere innere Wahrnehmungen zu erlangen, zu unterstützen, hat mir der Erdheilungsengel eine Übung vorgeschlagen, die sich ausgezeichnet bewährt hat. Bevor ich die Übung beschreibe, möchte ich vorausschicken, daß es sich um den praktischen Einsatz

der Herzkräfte handelt, die Devos in der schon zitierten Botschaft vom 6. 9.1995 als grundlegend für die Befreiung der Seele preist (Kap. III/3 »Die Kräfte der Seele erden«). Dazu eine Warnung: Diese, von der Herzmitte ausgehende Methode des Inneren Schauens kann keine Ergebnisse zeitigen, wenn sie zum eigenwilligen Einbruch in die Geheimnisse der unsichtbaren Welten angewendet wird. Die liebevolle Einstimmung in die zu betrachtende Mitwelt ist dabei unabdingbare Voraussetzung.
Als erstes konzentriert man sich einen Augenblick auf die Herzmitte, indem man in dem Bereich auf der Körperoberfläche einen grünen Punkt visualisiert. In der zweiten Phase gleitet man bewußtseinsmäßig durch den grünen Punkt in den inneren, dahinterliegenden Raum. In diesem »Herzraum« verweilt man für eine Weile, um sich mit dem wahrzunehmenden Phänomen schwingungsmäßig zu verbinden. Darauf folgt eine dritte Phase, in der das Bewußtsein des Betrachters eine Distanz – einen Schritt nach »hinten« – einnehmen soll, um von diesem imaginären Standpunkt aus die Gestalt bzw. die »Form« des unsichtbaren Phänomens beobachten zu können. In der abschließenden Phase kehrt man in das Herzzentrum zurück und schließt sich bewußt an den vertikalen Kanal an, durch den einem die kosmische Kraft zuteil wird, und öffnet sich nach oben, um die verbrauchte Kraft nachzufüllen.
Es ist möglich, mit Hilfe dieser Methode auch auf der Ebene des Sonnengeflechts zu schauen, in diesem Fall ist die Ausgangsfarbe nicht Grün, sondern Gelb. Meiner Erfahrung nach werden auf dieser Ebene mehr die ätherischen, auf der Herzebene hingegen vorrangig die ganzheitlichen Aspekte der Wirklichkeit wahrgenommen. Ob sie überhaupt wahrgenommen werden können, hängt nicht nur vom erfolgreichen Abbau der Hindernisse ab, die die persönliche Sensibilität

blockieren (SG 2.1.), sondern auch von der ethischen Haltung der betrachtenden Person (SG 2.5.). Außerdem sollte man, um den Wahrheitscharakter der übersinnlichen Wahrnehmung zu gewährleisten, sich während des Vorgehens immer wieder drei Fragen stellen (SG 2.2.):

- Bin ich gut geerdet?
- Bin ich im Zustand der inneren Stille?
- Atme ich regelmäßig?

Auf ähnliche Weise können auch die übrigen fünf Zentren des vertikalen Chakrensystems zum Inneren Schauen eingesetzt werden. Dabei ermöglicht das Chakra des inneren Friedens (Sexualchakra) Einblicke auf der elementaren Ebene, das Wurzelchakra hingegen Einblicke auf der Unterelementaren Ebene. Um zu den Wahrnehmungen auf diesen zwei Ebenen der im vorangegangenen Kapitel erwähnten »Himmelsleiter« zu kommen, schlägt der Erdheilungsengel vor, wiederum mit dem beschriebenen Einstieg in das Herzinnere anzufangen. Dort sollte man sein Bewußtsein in einer imaginären Lichtkugel konzentrieren. Dann fährt man in der Kugel wie in einem Aufzug senkrecht entlang der Wirbelsäule nach unten.
Möchte man aus dieser Perspektive die Qualität der elementaren Ebene betrachten, so stellt man sich vor, daß der »Aufzug« stehenbleibt, sobald man dem Gefühl nach die Erdoberfläche unter den Fußsohlen erreicht hat, wobei nun die imaginäre Lichtkugel zerfließt. Von diesem Punkt aus werden nun Eindrücke und Eingebungen gesammelt. Sie werden für gewöhnlich aus Farben, Gefühlen und Bildern zusammengesetzt sein. Nachdem die Wahrnehmungsphase vorbei ist, stellt man die Lichtkugel wieder her und steigt wieder zur Herzebene auf. Dann verläßt man die Kugel und

schließt den Wahrnehmungsvorgang so ab, wie bei der vorangegangenen Übung dargestellt.
Will man aber zu Wahrnehmungen auf der unterelementaren Ebene gelangen, so wird die Lichtkugel mit dem darin konzentrierten Bewußtsein des Betrachters nicht auf der imaginären Ebene der Erdoberfläche zum Stillstand gebracht, sondern man »fährt« noch weiter vertikal in die Erdtiefe hinein, bis eine klare Schwelle erreicht wird. Dort steigt der Betrachter aus und beginnt mit den Wahrnehmungen. Dabei sollte bedacht werden, daß die Qualität dieser Daseinsebene auch *gefühlsmäßige* Informationen beinhaltet, die häufig wichtiger sind als Bilder, die sich für gewöhnlich bei dem Vorgang des Inneren Schauens einstellen. Nach Abschluß der Wahrnehmungsphase kehrt man, wie oben beschrieben, zum Herzzentrum zurück.
Auf ähnliche Weise können zur Betrachtung der geistigen Ausdehnungen der Wirklichkeit auch die drei oberhalb des Herzchakras liegenden Zentren benutzt werden, da der Mensch als ein Bindeglied zwischen Himmel und Erde die Fähigkeit besitzt, beide Pole der Raumordnung gleichermaßen zu erfahren. Auch in diesem Falle geht man von der Herzmitte aus und steigt von da bewußtseinsmäßig vertikal nach oben. Man braucht diesmal nicht in eine Lichtkugel einzusteigen, weil ein Aufstieg dieser Art für den Menschen, der ja ein engelähnliches Wesen ist (SG 1.3.), etwas Normales darstellen sollte. Der Zugang zum Urraum der Ewigkeit steht für unser Bewußtsein ohne Einschränkung zu jeder Zeit offen. Es ist nur die Angst des modernen Menschen vor seiner wahren Identität, die er dort erfahren könnte, die die Tore verschließt. Anders verhält es sich mit den irdischen Dimensionen des Kosmos: Dort sind wir Menschen Gäste und müssen uns den Gesetzmäßigkeiten ihrer Systeme unterordnen.

8. Maßstab für die Gesundheit eines Ortes

Solange ich noch nicht einen der letzten Urwälder Europas besucht hatte, dachte ich, der Zustand, in dem sich die europäischen Landschaften im allgemeinen befinden, sei zwar schwierig, aber doch normal. Es sind zwar gewisse Entfremdungseffekte zu beobachten und auch eine gewisse daraus resultierende Schwächung des Landschaftsorganismus, aber es fehlt ein Maßstab dafür, wie sich eine Landschaft qualitativ anfühlt, wenn sie ungestört im Zustand ihrer Ganzheit ist. Es gibt nämlich in Europa nur noch ganz wenige Bereiche, die nicht radikal durch Menschen umgestaltet wurden, von der Verstädterung ganz zu schweigen. Dazu zählen die einsamen Hochgebirgslandschaften und die wenigen Flecken Urwald, von denen einige in Slowenien liegen.

Der Urwald in der Nähe von Kočevje, den ich besuchen durfte, liegt auf einer schwer zugänglichen Hochebene. Er wurde schon im 19. Jh., als die gezielte wirtschaftliche Nutzung der Wälder einsetzte, vom Grafen Auersperg ausdrücklich unter Schutz gestellt, ein Beschluß, der bis heute gilt. Das heißt, dieser Wald lebt seit mindestens zehntausend Jahren in seinem Dreiphasenrhythmus, den wir als den Rhythmus der dreigestaltigen Göttin kennen. Überall verteilt finden sich Bäume der Jungfrauphase, Schößlinge, die auch schon eine gewisse Größe erreicht haben, aber unter Umständen bis zu hundert Jahre auf ihren Platz an der Sonne warten müssen. Dann gibt es riesige Bäume – es handelt sich um einen Mischwald mit überwiegend Buchen- und Tannenbestand –, die der kreativen Phase des Zyklus zuzurechnen sind. Und schließlich sieht man Bäume in der Phase der Wandlung: mächtige Riesen, die nach Jahrhunderten des Wachstums durch Stürme und Schnee umgeworfen wurden und nun am

Boden liegen oder die als mächtig aufragende Baumruinen dem neu keimenden Leben zur Nahrung dienen. Allmählich treten sie ihren Platz an die wartenden jungfräulichen Bäume ab, die sich nun ungestört in die kreative Phase hinein entwickeln können.
So folgt das Leben des Waldes seit Jahrtausenden ununterbrochen dem dreigliedrigen Zyklus, und wer sich darin aufhält, spürt, wie ihn die besondere Qualität dieses Landschaftsraumes umhüllt und erfüllt und ihn an ein hohes energetisch-geistiges Niveau angeschlossen hält. Ganz anders die europäische Durchschnittslandschaft, die dauernd in ihren Zyklen gestört wird. Bäume werden z. B. auf dem Höhepunkt ihrer kreativen Phase gefällt, weil man den Zerfall der gewünschten Holzmasse befürchtet. Die natürlich eintretende Wandlungsphase wird ausgeschaltet. Folglich muß man den Neubeginn des Zyklus künstlich herbeiführen usw. Unter Vermarktungsgesichtspunkten ist man nur noch an der kreativen Phase interessiert. Hinzu kommt die Zerschneidung der landschaftlichen Ganzheit durch Straßenführungen, Zersiedelung usw. Wie sollte die Natur, die von uns in einen solch beklagenswerten Zustand gedrängt wird, die hohe Lebensqualität eines Urwaldes aufrechterhalten?
Um einen Maßstab für die vorhandene Qualität des Landschaftsorganismus zu haben, orientiere ich mich an der Bodenausstrahlung. Es handelt sich dabei um die ätherische Aura der Erde, die vergleichbar ist mit der feinen Ausstrahlung des menschlichen Körpers, wie sie durch die Kirlian-Fotografie sichtbar gemacht werden kann. Bei der Erde würde dieser Strahlenkranz bei gesundem Zustand mindestens so weit reichen, daß der Mensch mit zum Himmel ausgestreckten Händen voll darinnen steht. Dann ist er ganz von der Lebenskraft der Erde ummantelt, was ihn in seiner eigenen Gesundheit unterstützt.

Die Wirklichkeit sieht aber so aus, daß es kaum Plätze gibt, wo die Bodenausstrahlung über Hüfthöhe hinausgeht. In Stadtlandschaften oder in flurbereinigten Gegenden ist ihre Grenze für gewöhnlich unterhalb der Kniehöhe zu spüren. An Plätzen, deren feinstofflicher Organismus besonders geschädigt ist, reicht die Erdausstrahlung kaum über die Knöchel.

Ich stelle ihre Grenze fest, indem ich mit der untersuchenden Hand ganz dicht an den Boden herangehe. Dann führe ich sie langsam aufwärts. Solange die Hand innerhalb der Erdaura schwingt, ist sie leicht beweglich. Sobald sie einmal aus der Zone der wohltuenden Strahlung heraus ist, wird sie merklich steifer und in ihren Bewegungen gehindert. Um die Grenze genauer festzustellen, führe ich die Hand danach in Richtung Erdboden zurück und achte dabei auf die Schwelle zu dem Bereich, wo sie wieder freier und leichter wird. Diesen Vorgang wiederhole ich an verschiedenen Punkten des Ortes, um einen Eindruck von der allgemeinen Qualität des Raumes zu gewinnen.

Eine andere Möglichkeit, die Lebensqualität eines Ortes wahrzunehmen, besteht darin, durch Inneres Schauen die feinstofflichen Muster seines atmosphärischen Raumes zu betrachten. Ist der Raum in einem guten Zustand, so haben die Kraftmuster gewisse, oft kristalline Formen und sind durch klare Farben gekennzeichnet. Alle Bewegungen folgen bestimmten rhythmischen Gesetzmäßigkeiten. Da wir jedoch für gewöhnlich in stark entfremdeten Landschaftsräumen leben, ist der Zustand umgekehrt: farblos, chaotisch, erstarrt …

Nun stellt sich die entscheidende Frage: Müssen wir, um diesen tödlichen Trend umzupolen, zurück zum Urwald? Nein, nein und nochmals nein. Es ist dem Menschen möglich, durch sein bewußt eingestimmtes Mitwirken mit der elemen-

taren Welt die gleiche Lebensqualität aufrechtzuerhalten, wie sie die Natur in früheren Zeiten durch die Zyklen der Urwälder und andere Formen der Wildnis erreicht hat!
Der erwähnte dreiphasige Zyklus der weiblichen Kräfte, den ein Urwald verkörpert, kann z. B. durch bewußtes Gestalten und Pflegen der Landschaftstempelmuster manifestiert werden. Die Heilung und Wiederbelebung der gestörten Kraftorgane der Landschaft würde zu einer intensiveren Ausdehnung der Lebenskraft führen. Wenn die Räume, seien es architektonische oder landschaftliche Räume, nach geomantischen Gesetzmäßigkeiten ausgerichtet, gegliedert und gestaltet wären, dann würden die Lebenspotentiale der Erde wieder frei fließen. Und wenn schließlich auch die Elementarwesen bewußt in das Leben und die kreativen Prozesse der Zivilisation eingebunden wären, dann wäre die hohe Lebensqualität eines Urwaldes mitten in Europa möglich. Ich bin fest davon überzeugt, daß uns alle Möglichkeiten zur Verfügung stehen, das Paradies hier und jetzt zu schaffen.

TEIL V:

METHODEN DER ERDHEILUNG

Ich meine, es ist noch nicht an der Zeit, eine vollständige Systematik der Methoden der Erdheilung vorzustellen. Es geht mir im Augenblick eher darum, aufgrund meiner unterschiedlichen Erfahrungen einen Überblick über die Aufgaben und kreativen Möglichkeiten dieses zukünftigen Berufes zu geben. Damit hoffe ich, für die Erdheilung zunächst einmal einen Raum im öffentlichen Bewußtsein zu schaffen, denn solange die breite Öffentlichkeit als Nutznießerin der Landschaften nicht die dringende Notwendigkeit versteht, für das Wohl der Erde auf der feinstofflichen Ebene zu sorgen, ist im Bereich der Erdheilung nicht viel zu erreichen.
Zum zweiten sehe ich es als sinnvoll an, daß diejenigen, die sich von den Aufgaben der Erdheilung besonders angezogen fühlen, zunächst mit Hilfe des durch den Erdheilungsengel vermittelten Wissens und meiner Erfahrungen ihre eigenen Lernschritte und Erfahrungen machen und damit das Spektrum der Erdheilung vervollständigen und bereichern. Dabei gilt es feinfühlig vorzugehen und die relative Einmaligkeit der persönlichen Erfahrung – im vorliegenden Falle *meiner* Erfahrungen – zu berücksichtigen. Eine rein schematische Anwendung der in diesem Buch beschriebenen Methoden halte ich nicht für sinnvoll. Vielmehr ist jeder einzelne aufgefordert, einen eigenen kreativen Beitrag zu ihrer Weiterentwicklung zu leisten oder zumindest persönlich daraus zu lernen.
Ich glaube nicht an die Botschaft, die Erde sei in Gefahr und wir seien aufgerufen, uns nun Hals über Kopf in die Erdheilung zu stürzen.

Ein drittes Motiv, meine Erdheilungserfahrungen so genau wie möglich zu schildern, besteht darin, einzelnen Menschen, die mit raumbedingten Schwierigkeiten im persönlichen Umkreis ringen, Hilfen anzubieten, wie bestimmte Phänomene einzuordnen sind, und Werkzeuge vorzustellen, die ihnen helfen können, sich mit den Problemen auseinanderzusetzen. Außerdem bieten sie eine Möglichkeit, sich von meinen Erzählungen inspirieren zu lassen.

1. Akupunkturpunkte des Raumes und Kosmogramme

Bei der Praxis der Erdheilung geht es zunächst darum, daß zwei scheinbar vollkommen voneinander getrennte Pole der Wirklichkeit im Prozeß der Heilung miteinander verbunden werden müssen, damit überhaupt eine heilende Wirkung eintreten kann. Der die Heilung einleitende Mensch befindet sich in dem engen Rahmen der stofflichen Realität, der Erfolg seiner kreativen Bemühungen wird jedoch größtenteils auf den feinstofflichen Ebenen entschieden. Dabei geht es in erster Linie um die Kraftebene – die Vitalenergetische Dimension des Raumes – und die Gefühlsebene, d. h. die Urbildliche Dimension.

Bevor nun einzelne Methoden der Erdheilung besprochen werden, müssen wir uns fragen, wie Beziehungen zwischen der Ebene der stofflichen Wirklichkeit und den Ebenen der Mehrdimensionalen Wirklichkeit entstehen können, damit ein heilender Prozeß zwischen diesen beiden Weltausdehnungen frei stattfinden kann.

Im folgenden möchte ich zunächst die *Akupunkturpunkte* des Raumes als grundlegende Schlüssel darstellen, mit deren Hilfe bei einem Erdheilungsprozeß Wechselwirkungen mit den geomantischen Systemen der *Kraft*ebene zustande kommen können. Danach werde ich aufzeigen, wie durch die *Kosmogramme* der Zugang zur *Gefühls*ebene erschlossen werden kann.

Akupunkturpunkte

Bei geomantischen Untersuchungen ist es schon zu einer unhinterfragten Gewohnheit geworden, daß man sagt, ein bestimmtes Kraftzentrum befinde sich da und da – und dabei deutet man auf einen bestimmten Punkt auf dem Boden. Oder es wird auf einen Landstrich hingedeutet mit der Bemerkung, eine Kraftbahn verlaufe durch jenen Streifen. Den geomantischen Laien, der mit dieser Ausdrucksweise nicht vertraut ist, könnten Behauptungen dieser Art irritieren, denn es ist offensichtlich, daß es auf dem Punkt kein Zentrum gibt und auch keine Leylinie auf dem bezeichneten Landstrich, zumindest nicht mit den physischen Augen erkennbar. Um sich genauer auszudrücken, was die Lage eines feinstofflichen Zentrums oder einer Kraftbahn in Beziehung zur geologischen Landschaft angeht, müßte man eigentlich sagen, die Präsenz des Kraftzentrums oder der Leylinie sei an einem bestimmten Platz *spürbar*. Nimmt man an dem betreffenden Platz ein Radiästhesieinstrument zur Hand oder schließt man die Augen, um seine Gefühle sprechen zu lassen, dann kann das Vorhandensein des Phänomens wahrgenommen und sogar seiner Qualität nach eingeordnet werden. Das bedeutet, daß, obwohl an dem betreffenden Platz die geomantischen »Erscheinungen« nicht zu sehen sind, doch Informationen über ihre Existenz ungeschmälert zu erreichen sind. Solche Punkte im Relief der materialisierten Erde, an denen Informationen über bestimmte feinstoffliche Phäno-

mene spürbar und radiästhetisch nachweisbar sind, nenne ich Raumakupunkturpunkte.
Demnach könnte man Akupunkturpunkte der Landschaft (SG 3.1.B.) als Plätze bezeichnen, die durch Resonanz mit einem bestimmten Kraftphänomen in Verbindung stehen. Möchte man mit diesem Phänomen in Beziehung treten, um seinen Zustand zu erspüren oder einen Heilungsprozeß anzuregen, dann ist es in der Regel notwendig, als erstes den Platz aufzusuchen, der in Resonanz mit dem angepeilten Kraftphänomen steht.
Dem inneren Blick zeigen sich Akupunkturpunkte als eine Art Kraftwirbel, die senkrecht in das Erdinnere eindringen und Informationen über die Charakteristik der feinstofflichen Erscheinung in sich konzentrieren, mit der sie in Resonanz stehen. Festzumachen sind sie an einem ganz konkreten Fleckchen Erdboden. Dort geben sie demjenigen, der sich auf ihren Brennpunkt einstellt, die Informationen preis, die sie beinhalten. Das kann bei der Untersuchung eines Platzes dadurch geschehen, daß man sich durch Beobachten der eigenen Körperreaktionen oder Gefühle oder durch inneres Schauen auf einen Akupunkturpunkt konzentriert. Ähnliches geschieht, wenn mit einem Platz erdheilerisch gearbeitet wird, indem zum Beispiel ein Lithopunkturstein aufgestellt wird. Stellt man ihn nicht an einem beliebigen Platz auf, sondern genau auf dem Akupunkturpunkt, der dem betreffenden Kraftphänomen entspricht, und trägt er zudem ein Kosmogramm, das seiner Funktion entsprechend gestaltet ist, so wird sein Impuls unmittelbar an das gewünschte Kraftsystem herangetragen. Als Reaktion darauf wird die erwartete Wirkung ausgelöst.
Wenn ich vorhabe, ein bestimmtes Kraftphänomen zu untersuchen, so suche ich als erstes den Akupunkturpunkt, durch den ich dieses Phänomen am besten erreichen kann. Dabei

Abb. 16:
Einer der Lithopunktursteine des Autors in Jesenice, Slowenien. Er steht seit 1995 am Hauptakupunkturpunkt des Ortes. (Foto: Marika Pogačnik)

lasse ich mich durch die Sensibilität meiner Hände leiten (SG 2.3.A.), wobei ich als Richtschnur die Qualität des gesuchten Phänomens gefühlsmäßig in meinem Bewußtsein fokussiere. Dadurch werde ich zu dem dieser Schwingung entsprechenden Platz geführt. Angekommen auf dem gesuchten Akupunkturpunkt überprüfe ich die »Richtigkeit« meines Standortes durch weitere Einstimmung und Wahrnehmung. Ähnlich gehe ich vor, wenn ich einen geeigneten Punkt für die Aufstellung eines Lithopunktursteins oder einer Erdheilungsgruppe suche.

Oft kommt es vor, daß ein Akupunkturpunkt wegen eines bestimmten Hindernisses nicht zugänglich ist. Das bedeutet aber keineswegs, daß man deswegen auf die Erfahrung des betreffenden Phänomens verzichten müßte. Alle wichtigeren Akupunkturpunkte besitzen in ihrem Umkreis »Nebenpunkte«, durch die die gleiche Erscheinung ersatzweise erreicht werden kann. Für den inneren Blick sieht es so aus, als wäre ein Akupunkturpunkt mit einem Netzwerk aus dünnen Fäden umgeben, ähnlich dem Myzel eines Pilzes. Die Knotenpunkte dieses »Myzels« machen sich auf der Erdoberfläche als *Nebenakupunkturpunkte* bemerkbar. Durch »Berühren« eines solchen Punktes kann man mittels des Hauptpunktes, mit dem er in Verbindung steht, das gewünschte Phänomen recht gut erreichen, auch wenn es um ein Heilungsverfahren geht.

Eine zweite Ausweichmöglichkeit besteht darin, nach dem *Ersatzpunkt* des betreffenden Akupunkturpunktes zu suchen, der auf eine sekundäre Weise mit der Kraftquelle verbunden ist, die wir unmittelbar nicht erreichen können. Ein solches Ersatzakupunktursystem kennen wir beim menschlichen Körper an den Füßen, Händen, Ohren und an der Zunge als Ersatzzonen für verschiedene Körperteile oder -organe. Geomantische Ersatzsysteme kann man gewöhnlich an zentralen Kraftorten einer Landschaft finden, die für die »Durchblutung« des Landes mit den grundlegenden Lebensinformationen zuständig sind.

Es ist aber auch möglich, mit Hilfe eines Kunstwerkes ein System von Ersatzakupunkturpunkten zu erschaffen. Manchmal geht es auch gar nicht anders. Ein Projekt dieser Art habe ich 1990 im Museum für Moderne Kunst in Ljubljana ausgeführt. Dabei ging es um die Heilung von neun Plätzen in der Stadt Ljubljana, die durch unmittelbare Steinsetzung nicht erreicht werden konnten. Die problematischen Punkte befanden sich z. B. an einem Ort, an dem ein Hochhaus steht, oder mitten im Flußbett der Ljubljanica oder unter einer Kirche usw. Um im großen Saal des Museums Ersatzakupunkturpunkte zu erschaffen, auf denen für die Dauer der Ausstellung Lithopunktursteine aufgestellt wurden, habe ich das Prinzip des Labyrinths benutzt. Durch weiße Schnüre, die von der Decke aus mit Hilfe eines Netzwerkes dünner Fäden horizontal durch den Raum getragen wurden, habe ich eine Labyrinthstruktur geschaffen. Der Grundriß des »Labyrinths« entsprach modellhaft dem Grundriß des Stadtzentrums von Ljubljana, wo die neun zu behandelnden Plätze liegen. Nach dem Prinzip der Korrespondenz zwischen Makro- und Mikrokosmos wurde so die Grundlage für die Resonanz zwischen dem umgestalteten Museumsraum und dem realen Stadtraum erschaffen. Die Resonanzwirkung wurde dadurch dynamisiert, daß die Museumsbesucher mit Hilfe des Labyrinths derselben Wegstruktur folgten, wie die Stadtbewohner, die zur gleichen Zeit die realen Straßen der Stadt bevölkerten.
Obwohl die Lithopunktursteine nicht unmittelbar an den gefährdeten Punkten in der Stadt standen, sondern an den entsprechenden Punkten innerhalb des Labyrinths im Muse-

um, konnte ich parallel zu der Ausstellung, die sich über zwei Monate erstreckte, positive und aufbauende Wandlungen an den unglücklichen Plätzen in der Stadt beobachten. Die Verbesserungen sind auch später stabil geblieben.

Kosmogramme

Kosmogramme werden vom Erdheilungsengel als Steuerungsorgane des Raumes bezeichnet, die von der gefühlsmäßigen (astralen) Ebene her lenkend auf Kräfte und Informationen der untergeordneten Ebenen einwirken (SG 5.2.). Durch ihre individuelle Form bestimmen sie auch die Qualität der durchströmenden Kraft, so daß das Schwingungsmuster des Kraftstromes, nachdem dieser durch das Kosmogramm hindurchgeflossen ist, genau der Funktion entspricht, für die dieser Strom bestimmt ist. Eine dritte Rolle der Kosmogramme – man sollte sie sich als chakrenähnliche Lichtzentren vorstellen – besteht darin, daß sie ein bestimmtes Intensitätsniveau bei einem Kraftstrom aufrechterhalten.

Alle drei Funktionen der Kosmogramme lassen erahnen, wie entscheidend ihre Mitwirkung auch bei den Erdheilungsprozessen sein kann. Sie ermöglichen es, daß ein Heilungsvorgang nicht vordergründig auf die erdbezogenen Ebenen beschränkt bleibt, sondern auch an die Kräfte des Urraumes der Ewigkeit Anschluß findet und die Mitwirkung der geistigen Welt anzieht. Ob diese Öffnung zum Kosmos durch ein Kosmogramm zustande kommt, hängt nach Auskunft von Devos von zwei Vorbedingungen ab:

- Die Zeichnung bzw. das Muster des Kosmogramms muß in einer klaren Beziehung zu dem Urbild stehen, in dem

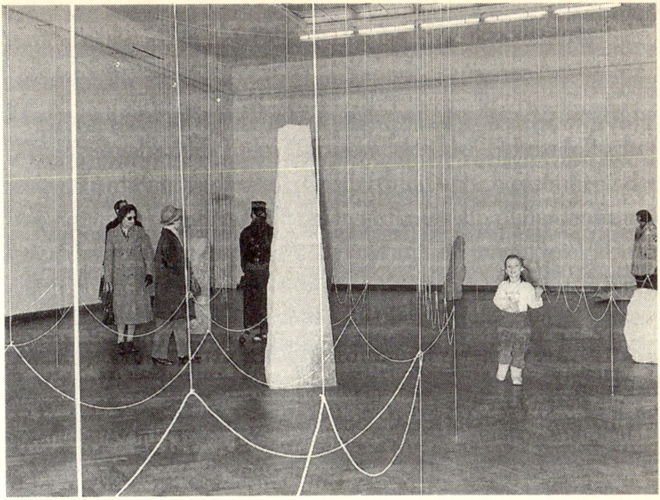

Abb. 17:
Ein Kunstwerk als »Ersatz«-Akupunktursystem:
Lithopunktursteine, aufgestellt in einem Labyrinth
aus Schnüren.
Werk des Autors im Museum für Moderne
Kunst in Ljubljana, 1990 (Fotoarchiv des Museums).

die Identität des Ortes oder die betreffende Raumfunktion codiert ist (SG 5.2.A.).

- Das Zeichen muß so tief mit dem entsprechenden Urbild verbunden sein, daß ein Kommunikationskanal entsteht, durch den die Wesenheiten aus dem Urraum der Ewigkeit, die das entsprechende Urbild hüten, ihr Wirken durch das Kosmogramm ausdehnen können.

Ein Symbol oder ein geometrisches Zeichen, und sei es noch so interessant zu betrachten, kann man nicht einfach als Kosmogramm verwenden. Es müßte zuerst geprüft werden, ob die erwarteten Kräfte tatsächlich durch das Zeichen fließen bzw. ob es nicht durch falsche Nutzung so »verschmutzt« ist, daß es als Organ für das Wirken der geistigen Wesenheiten unbrauchbar ist.
Ein fünfzackiger Stern z. B., der ein uraltes Symbol ist für die Verbindung zwischen den vier Elementen der irdischen Welt und dem Äther als Repräsentant der geistigen Welt, kann nicht als Kosmogramm wirken, wenn es von einem Regime gebraucht wird, das bemüht ist, die Menschen von der geistigen Wirklichkeit zu trennen. Die Swastika als ein Symbol der Wandlung wird in ihrer Kosmogrammfunktion blockiert, sobald sie zum Wahrzeichen eines starren, dogmatisch verfestigten »unwandelbaren« Regimes erhoben wird. Um Zeichen dieser Art überhaupt noch als Kosmogramme einsetzen zu können, bedürfte es eines Reinigungsvorganges nicht nur auf der persönlichen, sondern auf der gesamtgesellschaftlichen Ebene. Anders verhält es sich, wenn solche Zeichen auf eine so originelle Weise in die Kosmogrammgestaltung einbezogen werden, daß sie damit dem Wirkungsbereich der gestörten Vorbilder entzogen sind.
Kosmogramme setze ich bei einem Erdheilungsprozeß für gewöhnlich so ein, daß ich sie reliefartig in die Oberfläche

Abb. 18:
Kosmogramm des Gleichgewichts
auf einem der Lithopunktursteine im Park
von Murska Sobota, 1993
(Fotoarchiv Radio Slovenija).

der Lithopunktursteine einmeißele, oder sie werden eingeprägt in ein Bronzeplättchen an einem Akupunkturpunkt in den Bodenbelag eingelassen (siehe Abb. 29). Grundsätzlich müßte ein Kosmogramm bereits wirken, wenn es als bloße Zeichnung an der Wand angebracht wird. Seine Auswirkung wird jedoch wesentlich gesteigert, wenn es in Beziehung zu dem entsprechenden Akupunkturpunkt steht und auf einem strahlungsfähigen Naturmaterial angebracht ist. Wenn es um die Wirkung eines Kosmogramms auf ausgedehnte Makroräume geht, dann genügt es nicht, daß es nur an einem einzigen Ort angebracht wird. Meine diesbezügliche Erfahrung betrifft das Staatswappen von Slowenien, das ich kurz vor dem Schritt des Landes in die Unabhängigkeit in der Form eines Kosmogramms gestaltet habe.[49] Seine die wahre Identität Sloweniens schützende Wirkung kommt dadurch zustande, daß es an allen Grenzübergängen angebracht wurde, auf allen amtlichen Papieren und Stempeln vorgeschrieben ist, auf allen Staatsfahnen prangt usw.

Der Anleitung des Erdheilungsengels folgend gebrauche ich Kosmogramme auch bei meiner Arbeit mit Gruppen. Dabei werden sie auf zwei verschiedene Weisen in die feinstofflichen Gewebe des Raumes eingeprägt. Eine Möglichkeit besteht darin, daß das Kosmogramm in einem vergrößerten Maßstab auf den Boden gezeichnet und von der Gruppe im Gänsemarsch wiederholt abgeschritten wird. Es kann aber auch durch eine längere Visualisation von einer Gruppe im Raum fixiert werden. Die Gruppe »sieht« das Kosmogramm eine Zeitlang in dem zuvor ausgewählten Bereich in der Atmosphäre des Ortes.

[49] Erläuterungen zu seiner Gestaltung finden sich auf den S. 137ff. in *Die Landschaft der Göttin*. Abb. S. 138 und Farbabb. 33, S. 143.

Abb. 19:
Der Autor demonstriert mit einer Drehwinkelsonde verschiedene Kraftqualitäten des auf den Boden gezeichneten Staatswappens von Slowenien, Bohinj 1996 (Foto: Bojan Brecelj).

2. Heilung durch Gruppengesang

Wie schon erwähnt, habe ich mich während des ersten Jahrzehnts meiner Erdheilungstätigkeit auf die Vorstellung einer Erdakupunktur gestützt, so daß es nahelag, Eisenstangen oder später Lithopunktursteine als materialisiertes Wirkinstrument zu verwenden. Erst Anfang der 90er Jahre habe ich begonnen, an Stellen, wo keine Möglichkeit zur Aufstellung von Steinen bestand, das Lithopunkturverfahren durch eine Art Akupunkturgesang zu ersetzen. Dabei hat es sich herausgestellt, daß eine Gruppe von Menschen, die in konzentrischen Kreisen um einen Akupunkturpunkt herum versammelt ist, durch ihren Gesang genausogut gewisse Blockaden auflösen kann wie ein Lithopunktursystem. Die Wirkung kommt sogar wesentlich schneller zustande.

Schon in der frühen Phase des Gruppengesangs hat sich ein Grundmodell für den Ablauf herauskristallisiert, das ich noch heute gebrauche. Die Gruppe wird dabei zunächst mit den Beschwerden des zu behandelnden Ortes bekannt gemacht. Auch wird jedesmal ausreichend Zeit zur Verfügung gestellt, die Lage persönlich zu erspüren. Danach bilden wir konzentrische Kreise um den betreffenden Punkt herum und beginnen, ohne dabei einem musikalischen Skript zu folgen, mit dem Singen von Tönen. Um eine gemeinsame Plattform zu haben, wird das Tönen auf die Anwendung von Vokalen beschränkt. Die Tonhöhe, die Variation der Töne, Intervalle usw. werden von jeder Teilnehmerin und jedem Teilnehmer dem Prozeß entsprechend selbst bestimmt. Dabei kommt es vor allem darauf an, dem eigenen Gefühl und der Intuition zu folgen. Auch sollte man fortwährend die Einstimmung mit dem Platz einerseits und mit der Gruppe andererseits suchen. So kommt es bei gestörten Plätzen in der Regel dazu, daß der Gesang in der Anfangsphase die Schwierigkeiten des Ortes

Abb. 20:
Durch harmonischen Gesang wird das Yang-Zentrum über dem Bohinj-See gestärkt, 1996 (Foto: Bojan Brecelj).

widerspiegelt und entsprechend disharmonisch klingt. Mit dem allmählichen Auflösen der Blockaden und Ordnen der Kraftmuster an dem Platz wird der Gesang ganz von allein lichter und harmonischer. Er sollte nicht beendet werden, bis sich die letzten Disharmonien aufgelöst haben, was als ein Zeichen zu verstehen ist, daß auch die Kraftmuster des Ortes wieder in Harmonie gekommen sind.

Obwohl der Gesang während der ersten Zeit der Erprobung dieser Methode an jedem Platz anders klang – was wohl an den unterschiedlichen Rahmenbedingungen lag –, kannten wir nur die oben beschriebene Form des »Akupunkturgesanges«. Das hat sich gründlich geändert, nachdem durch meine Tochter Ana die Zusammenarbeit mit dem Erdheilungsengel begann. In einer Botschaft vom 17. März 1993 hat er uns die enormen Möglichkeiten des Gesanges bei der Erdheilung geschildert. Er pries zunächst einmal die Musik als eine Quelle der reinsten und deswegen auch der stärksten Energien. »Der musikalische Klang besitzt eine starke Durchbruchskraft und ermöglicht den Einstieg in einen noch so blockierten und unterdrückten Platz. Musik kann zur Reinigung und Wiederbelebung der Kraftpunkte dienen, auch zur Regeneration des Raumes insgesamt. Vergleichbar dem Frühling, der die Kräfte der Natur neu belebt, trägt die Musik in sich dieselbe Kraft, die das Wiedererwecken des Lebens bewirkt; so kommt z. B. ein Ort, der durch Zerstörung, Vergessen und ähnliches eingeschläfert wurde, durch den Klang erneut zum Schwingen, zur Erweckung und Aktivierung. Sein Puls beginnt wieder zu schlagen, seine Ströme beginnen zu fließen.

So weit zu den allgemeinen Vorteilen der Heilung durch Musik, von denen die Wiederbelebungskraft am wichtigsten ist. Die Wirkung der Musik im Raum ist mit dem Fluß der Chi-Kräfte (Ätherströmungen) durch den menschlichen Kör-

per vergleichbar. Wenn die Musik den Körper der Landschaft durchströmt und sie dadurch wiederbelebt, wird die Landschaft so weit gestärkt, daß sie ab einem bestimmten Moment den Klang als Beschleuniger nicht mehr braucht und von nun an beginnt, sich durch ihre eigenen Energien am Leben zu erhalten. Was die Musik dabei geleistet hat, ist der schwierigste Moment des Neubeginns – leider bedarf die Landschaft wegen eures Zerstörungsdranges der Wiederbelebung. Es ist die Wirkung der Musik, die mit ihrer hohen Schwingungsqualität die Landschaft zur Wiederaufnahme ihrer Rolle und ihrer Atmung ›zwingen‹ kann. Sie wirkt wie eine Art künstliche Beatmung. Diese Wirkung kann noch durch das Visualisieren von Farben verstärkt werden, das den Gesang begleitet. Dabei werden die musikalischen Schwingungen durch die Schwingungen der Farben ergänzt und überbaut.«
Nach dieser Durchgabe stellte Devos einen Engel der Heilung durch Musik namens Oran vor, um gemeinsam mit ihm vier unterschiedliche Formen des Erdheilungsgesangs zu beschreiben und zu kommentieren:
Als erstes geht es um den *Reinigungsgesang*. Diese Form des Gesangs wird als ein Umwandlungsinstrument angewendet, wenn ein Ort durch Schwingungsabfälle verschüttet, blockiert, entfremdet ... ist. Der Gesang beginnt mit Disharmonien, wobei die Gruppe versucht, den Platz dort abzuholen, wo er sich befindet. Jedes Mitglied der Gruppe läßt die disharmonischen Töne aufsteigen, die kommen wollen. So werden die gestörten Schwingungen aus den Kraftstrukturen des Ortes herausgeholt, auch aus den tief verschütteten Schichten. Stufenweise harmonisiert sich der disharmonische »Klagegesang«, um die ans Tageslicht geholten zerstörten Schwingungen durch einen Umwandlungsprozeß hindurchzuführen und ihnen zu ermöglichen, in ihre ursprünglichen Muster zurückzukehren.

In seinem Kommentar zum Reinigungsgesang betonte Devos die Notwendigkeit, daß die Gruppe lernt, mit der umgebenden Natur, mit dem Raum und dem Ort zu verschmelzen. Nur dadurch können die Beteiligten wissen, was der Platz braucht, und ihre Stimmen dementsprechend richtig einsetzen. Dann sei es den Engeln und Elementarwesen des Ortes auch möglich, mitzuwirken und zu helfen. Deswegen gelte es, zuerst gefühlsmäßig den Kontakt mit dem Ort zu finden und erst dann mit dem Singen zu beginnen. Jeder sollte dabei sowohl als Individuum als auch als Teil der Gruppe agieren. Der Gruppengeist habe dabei den Vorrang, meinte Devos.

Oran, der Engel der Heilung durch Musik, unterstrich die Bedeutung der Disharmonien bei dem Reinigungsgesang und kritisierte unser Bemühen, uns so schnell wie möglich untereinander zu synchronisieren, um »schön« zu singen. Er sagte, es gehe dabei um ein homöopathisches Prinzip, bei dem Gleiches durch Gleiches behandelt würde. Erst durch das Reiben und Schleifen der vielen ungeordneten Stimmen gegeneinander komme es zu der erwünschten Reinigung. In dem Maße, wie der Reinigungsprozeß fortschreitet, können Harmonien aufgebaut werden. Oft sind auch häßliche Töne und Intervalle nötig; wichtig ist, daß sie nicht aus Lust an der Zerstörung, sondern aus Mitgefühl mit dem leidenden Ort gesungen werden.

Bei dem Reinigungsgesang wird gewöhnlich in der Form einer geschlossenen Gruppe gesungen, während bei dem *Wiederbelebungsgesang* ein Sich-Zerstreuen der Teilnehmerinnen und Teilnehmer im behandelten Bereich erforderlich ist. Dabei geht es um den Vorgang der Wiederbelebung und schwingungsmäßigen Erneuerung des Raumes eines Parks, eines Gartens, Gebäudes, Waldes usw. Nachdem sich jeder mit dem betreffenden Raum innerlich verbunden hat, zerstreut sich die Gruppe über das Gelände, wobei jeder intuitiv

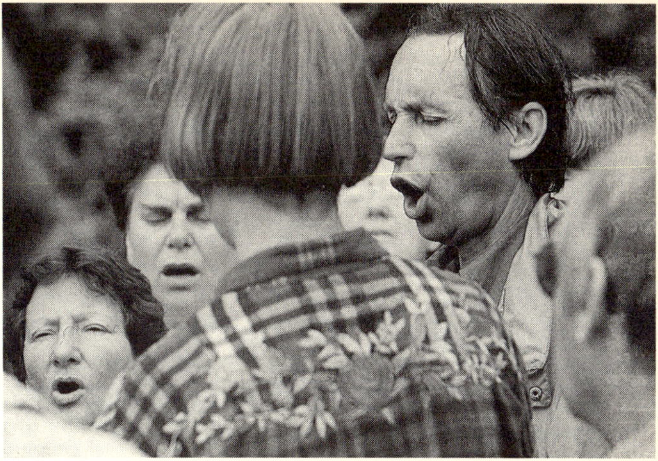

Abb. 21:
Klagegesang in Bohinj,
Slowenien, 1996 (Foto: Bojan Brecelj).

seinen Platz finden soll.[50] Am eigenen Platz angekommen, wählt man nach Gefühl einen bestimmten Ton und beginnt ihn zu singen. Es dauert eine gewisse Zeit, bis jeder seinen Platz »aufgetaut« hat und die Einstimmung zustande gekommen ist. Danach kann man beginnen, den ausgewählten Ton zu variieren und dabei bis an die Grenzen seiner Fähigkeit gehen – jedoch sollte die Beziehung zur Gruppe als Ganzes nicht verlorengehen. In jedem Fall ist es in dieser Phase gut, wenn der Umfang des Klangspektrums so breit wie möglich ist, angefangen bei ganz tiefen Tönen, die dem Raum zur Erdung verhelfen, bis zu ganz hohen, die für die Anbindung an kosmische Schwingungen wichtig sind. Die Gruppe endet mit einer Gesamtharmonie, bei der der ganze Raum zu einem Klangraum wird.

Als dritte Möglichkeit wurde von Devos und Oran der *Akupunkturgesang* geschildert. Dabei geht es gewöhnlich um die Auflösung der Blockierung eines bestimmten Akupunkturpunktes, wobei man ziemlich genau wissen muß, welche Funktion der Punkt im Rahmen der betreffenden Landschaft innehat. Die Gruppe steht in konzentrischen Kreisen um den Akupunkturpunkt herum und lenkt den Ton, einer Akupunkturnadel ähnlich, gezielt an dem betreffenden Punkt in die Erde. Dabei singen alle denselben Ton, der im Vorfeld entsprechend der Aufgabe ausgewählt und eingeübt wurde. Dieser Ton wird über eine längere Zeitspanne hinweg aufrechterhalten, bis er fest in der Erde verankert ist. Man sollte dabei »in die Erde hinein« singen und auch auf die Erde konzentriert sein, wobei es wichtig ist, die Füße gefühlsmäßig stark mit der Erde zu verbinden und dieses Verbundensein auf den ganzen Körper auszudehnen.

Nachdem der Gesang eine Weile auf die beschriebene Art in

[50] Man sollte dabei in Hörweite voneinander bleiben.

Abb. 22:
Die Gruppe stellt sich in einer Reihe zum Gesang an der Linie bei Utwill am Bodensee auf. Hier war die Kraftlinie des Yang-Dreiecks, das zum Gleichgewichtsorgan der Erde am Bodensee gehört, unterbrochen, 1995.

die Erdtiefe hineingeleitet wurde, beginnt man, unter Beibehaltung der Konzentration, den Tonumfang zu den tieferen und zu den höheren Tönen hin zu erweitern und den Gesang frei zu variieren. Oran empfiehlt, die Töne nach dem Gefühl aneinanderzureihen, ähnlich wie ein Maler verschiedene Farben nebeneinander auf die Leinwand aufträgt.

Die vierte Art des Gruppengesangs hat die Form des *Singens auf der Linie*. Es geht dabei um das Wiederverbinden von Kraftbahnen oder kraftmäßigen Beziehungen zwischen zusammengehörenden Kraftbrennpunkten, die aus verschiedenen Gründen unterbrochen worden sind. Zum Bruch an einer Kraftbahn kann es z. B. kommen, wenn sich in ihrem Verlauf ein zerstörerischer Akt ereignet hat. Oder die Unterbrechung kann durch bautechnische Maßnahmen geschehen sein. Einen dritten Fall habe ich während des ersten Erdheilungsseminars im Wendland entdeckt, als der Erdheilungsengel uns darauf aufmerksam machte, daß die Kraftbahnen durch den Streifen des ehemaligen »Eisernen Vorhangs« an der deutsch-deutschen Grenze unterbrochen sind. Bei der Untersuchung im Gelände zwischen Wustrow und Salzwedel zeigte sich, daß das ehemalige Grenzsystem trotz seiner physischen Auflösung schwingungsmäßig so stark in den feinstofflichen Landschaftsorganismus eingeprägt ist, daß es für gewisse Kraftlinien eine unüberwindliche Blockade darstellt, obwohl es schon längst verschwunden sein sollte. Diese verhängnisvolle Einprägung kann durch den psychischen Terror zustande gekommen sein, den Generationen von Soldaten und Polizisten entlang der Grenze konzentriert haben. Es kann sich aber auch um eine bewußt vorgenommene geomantische Einrichtung handeln, wie ich sie im Falle der Berliner Mauer erwähnt habe. Durch sie wurde energetisch die Unüberwindbarkeit des Eisernen Vorhangs gesichert. Leider wurde sie noch nicht bewußt aufgelöst.

Um den Bruch an den Kraftbahnen zu überbrücken, kann man die Technik des Singens auf der Linie einsetzen. Dazu stellt sich die Gruppe in einer Schlange dem Verlauf der gebrochenen Linie entlang auf. Die erste Person, die den »Schwanz« der Schlange bildet, sollte im Fluß der Kraftbahn stehen, dort, wo sie noch heil ist; die ganze Schlange hält sich an den Händen und stellt sich in der Richtung ihres gemuteten Verlaufs auf. Der Schwanz der Schlange beginnt mit einem Ton, der ständig wiederholt wird und der gefühlsmäßig der Qualität des Punktes entspricht, an dem die Person steht. Nach einer kurzen Weile beginnt der nächste in der Reihe einen eigenen Ton anzustimmen, es folgt der dritte, vierte usw. Diejenigen, die schon angefangen haben, fahren mit ihrem Tönen fort, bis der Kopf der Schlange seinen Ton zu singen beginnt. Danach kann die singende Schlange anfangen, die Töne zu variieren und neue Harmonien herzustellen.
Beim Aufbau der »Singenden Linie« sollte auf das Zustandekommen einer Gesamtharmonie geachtet und gleichzeitig hingespürt werden, wie die Kräfte der unterbrochenen Linie von den Wogen des Gesangs aufgegriffen und weitergetragen werden. Der Engel der Heilung durch Musik hat besonders betont, daß man mit dem Singen auf der Linie nicht schneller fortschreiten sollte, als die Kraft folgen kann.

3. Die Kraft der Farben

Zur Bedeutung der Farben bei der Erdheilung hat Devos, der Erdheilungsengel, in einer für dieses Buch durchgegebenen Botschaft vom 14. 1. 1996 folgendes gesagt: »Die ganze Welt ist aus Farben zusammengestellt, so auch die Kraftebene des Raumes. Alle Energiestrukturen, die ihr kennt, weisen eine

bestimmte Farbschwingung auf. Eigentlich stellt die Farbe die grundlegende Schwingung dar, die einem Kraftsystem seine Form, Funktion, Bedeutung usw. verleiht. Es gehört zu den Funktionen der Farbe, daß jede Struktur eine grundlegende Hauptfarbe hat, durch die sie charakterisiert wird. Dabei gibt es keine feste Regel dafür, welche Farben bestimmte Systeme aufweisen. Das hängt weitgehend von der Qualität des Raumes ab, in dem sich ein System befindet.
Man könnte sagen, daß die Unterschiede in der Farbqualität es möglich machen, verschiedene Kraftzentren oder- systeme des Raumes voneinander zu unterscheiden. Die spezifische Farbe stellt das individuelle Element dar, durch das ein Kraftsystem oder Phänomen in die Ganzheit des Raumes integriert wird. Dabei sollte man es sich so vorstellen, daß jedes dieser Zentren oder Systeme – nicht immer, aber für gewöhnlich – aus mehreren Farben komponiert ist, und zwar aus einer Grundfarbe, die das Fundament darstellt, und begleitenden Farben, die zu der Gesamtheit eines Systems gehören und sein Muster oder zusätzliche Qualitäten kennzeichnen. Es ist wichtig zu wissen, daß es die Farben sind, die die Schwingungsmuster zusammensetzen und dadurch allen Kraftstrukturen einen gemeinsamen Hintergrund verleihen.
So kommt es oft vor, daß die Farbe, die bei einem Heilungsvorgang angewendet wird, mit der Grundfarbe des Kraftsystems zu tun hat, das geheilt wird.
Eine zweite Art, Farbe bei der Heilung einzusetzen, besteht darin, gewisse Farben bzw. Farbschwingungen anzuwenden, um hilfreiche Prozesse, wie Wandlung oder Reinigung, anzuregen. Da verschiedene Farben verschiedene Schwingungen und Qualitäten besitzen, kann man sie vorzüglich zur Heilung von Räumen, Menschen, Pflanzen, Elementarwesen ... einsetzen. Das Prinzip der Heilung dieser Art beruht auf der Interferenz bzw. auf der gegenseitigen Resonanz

zwischen den Farben, die den Gegenstand unserer Heilung charakterisieren, und den Farben, die wir als Hilfe einsetzen. Oft geht es nur um eine minimale Korrektur von Farbnuancen am Objekt der Heilung, die auf diese Weise erreicht werden kann. Nun zu den einzelnen Farben:

- Die Farbe Weiß besitzt die Qualität der Vollkommenheit und Reinheit und eignet sich deswegen ausgezeichnet für die Anhebung des Energieniveaus eines Ortes, eines Menschen ...
- Die Farbe Violett ist aus zwei gegensätzlichen Schwingungen zusammengesetzt (Yin – Blau und Yang – Rot) und hat deswegen eine stark polarisierte Struktur, was sie für Reinigungs- und Schutzzwecke geeignet macht.
- Die Farbe Blau hat zarte Schwingungen und ist fähig, den Raum zu beruhigen und gleichzeitig zu stärken. Sie stärkt Kraftstrukturen, aber vorrangig ist sie wichtig zur Beruhigung.
- Die Farbe Grün ist die Farbe der Herzkraft. Sie ist für die Heilung sehr geeignet, da sie die Herzschwingungen beinhaltet, d. h. sie zentriert und stärkt zugleich. Grün hat einen starken Einfluß auf die Gefühlsebene.
- Auch die Farbe Gelb wirkt stark auf die emotionale Ebene ein; auf der energetischen Ebene hilft sie beim Reinigen, da sie sehr »scharfe« und starke Schwingungen aufweist, die sie durchdringend und konzentriert machen. Deswegen kann man sie für das Vordringen entlang verstopfter Bahnen nach vollbrachter Reinigung gebrauchen. Sie kann Gutes bei der Wiederverbindung verlorengegangener Beziehungen zwischen zwei Orten leisten und eignet sich auch als Werkzeug bei geführten Visualisationen, da sie, wie gesagt, so konzentriert und direkt ist.
- Die Farbe Orange hat schon weitgehend irdische Schwin-

gungen, wird also bei der Arbeit auf der Kraftebene nicht oft gebraucht. Sie hat aber auch eigene Qualitäten, die einen Einfluß auf die Kraftebene ausüben können. Sie wird z. B. zur Erdung eines Raumes gebraucht.

– Für diesen Zweck ist noch geeigneter die Farbe Rot, die noch mehr von der irdischen Qualität aufweist. Da sie so erdhaft wirkt, ist sie für den Zweck der Heilung zu aggressiv, zu stark und findet nur selten Anwendung.«

Bei den Erdheilungsmethoden, die uns Devos vermittelt hat, wird Farbe hauptsächlich mittels Visualisation eingesetzt. Die Gruppe steht auf einem bestimmten Punkt und projiziert eine Zeitlang durch die Kraft der Vorstellung die ausgewählte Farbe in den Raum. Violett kann man z. B. auf verschiedene Weisen gebrauchen, sowohl individuell als auch in der Gruppenarbeit:

– Man stellt sich z. B. vor, daß der zu behandelnde Raum mit Violett ausgefüllt wird. Um Wandlungsprozesse darin anzuregen, wird die Farbe nicht als statisch imaginiert, sondern sie wird fortwährend verwirbelt und in tänzelnden Bewegungen durch den Raum geführt. Diese Art der Farbvisualisation kann auch von einem Reinigungs- oder Akupunkturgesang begleitet und unterstützt werden.
– Um einen Reinigungseffekt im Raum zu erzielen, wird der betreffende Raumbereich mit Violett ausgefüllt. Dabei ist das Bewußtsein des Imaginierenden auf die Bitte eingestellt, die Störschwingungen des Raumes mögen mit der violetten Farbe verkoppelt werden. Danach folgt eine zweite Phase der Visualisation, bei der ein beliebiger Punkt im Raum ausgewählt und als weiß vorgestellt wird. Aus dem weißen Punkt heraus verbreitet man dann kristallweiße Farbe sternförmig nach allen Seiten durch den

Raum – langsam und stufenweise –, bis der ganze Raum mit weißem Licht ausgefüllt ist und das Violett bis zum letzten Tropfen verwandelt wurde. Diese Form von Farbvisualisation wird oft bei außergewöhnlich schwierigen Plätzen als eine Art Vorreinigung angewendet, bevor die Gruppe zum Reinigungsgesang übergeht.

– Auch bei der dritten Vorgehensweise wird der Raum als erstes gründlich mit Violett durchtränkt, um gestörte Schwingungsmuster daran zu binden. Danach wird »Stück für Stück« das Violett »umgedreht« und in Weiß verwandelt. Dies ist eine weitere Methode, um Wandlungsprozesse im Raum anzuregen.

4. Tanzmuster

»Jeder Punkt, jedes System in der Landschaft zeigt nicht nur eine eigenständige Farbe, sondern auch ein entsprechendes Muster bzw. Kosmogramm. Dabei geht es eigentlich um die Struktur der Energien am Ort, um eine bestimmte Zusammensetzung der Kraftmuster, die einem System oder einem Brennpunkt in der Landschaft ihre charakteristische Form verleihen. Diese Strukturen sind höchst sensibel und können am besten mit den fein ausgeprägten Mustern von Schneeflocken verglichen werden oder mit der vollkommenen Struktur von Kristallen. Obwohl solche Strukturen, wie bei Schneeflocken, sehr stark ausgeprägt sind, sind sie zugleich von äußerster Zartheit und daher leicht Veränderungen unterworfen. So geschieht es auch mit den erwähnten Mustern bzw. Kosmogrammen in der Landschaft, die als erstes zusammenbrechen, wenn Schwierigkeiten an einem Ort auftreten. Zu ihrer Wiederherstellung und Wiederbelebung kann man auf verschiedene Weise beitragen. Die erfolgreichste Metho-

de ist allerdings der Tanz. Dabei wird durch Rhythmus, genauer gesagt durch das Tanzmuster, das dem ursprünglichen Muster des Ortes nachgebildet wird, dieses in den Raum zurückgeführt. Es geht im Grunde genommen um das Herstellen einer Resonanz zwischen dem Raum und dem getanzten Muster, die es dem Raum ermöglicht, sein ursprüngliches Muster wiederzuerlangen. Die Schritte, der Rhythmus, die Bewegung und die damit verbundene Wellenbewegung der Kräfte helfen, das Kraftmuster eines Ortes wiederherzustellen. Dabei spielt die Anwesenheit des Menschen eine entscheidende Rolle, da er mit seinem Kraftkörper die Schwingungen aus der physischen auf die Kraftebene überträgt. Der tanzende Mensch wirkt als eine Art Übersetzer. Dabei ist die Anordnung der Schritte von grundlegender Bedeutung, da sie für die Gestaltung des Musters maßgeblich ist. Der ganze Vorgang dient der Wiederbelebung der Raummuster.
Der Vergleich mit dem Formprinzip der Schneeflocken ist noch in einem anderen Zusammenhang bezeichnend: Auf den ersten Blick sehen alle Schneeflocken gleich aus, im wesentlichen ist jedoch jeder Schneeflockenkristall individuell gestaltet. Auch was die erwähnten Kraftmuster angeht, ist jedes eine individuelle, in sich geschlossene Einheit. Daher sollte auch ein Tanz, der zur Wiederbelebung eines solchen Raummusters gestaltet wird, eine dementsprechend einmalige, individuelle Form haben. Eigentlich gibt es keinen Tanz und keine Schrittform, die man universell anwenden könnte. Jeder Raum und jeder Brennpunkt hat ein eigenes Muster und ruft dementsprechend nach einem individuell zugeschnittenen Tanz.«
Nach dieser allgemeinen Erklärung zur Rolle des Tanzes als einer Methode der Erdheilung ging Devos zur Schilderung der Herangehensweise über, die er im Rahmen unserer Zusammenarbeit bei der Erdheilung befürwortet:

Abb. 23:
Die erste Phase des Tanzes am Mittelpunkt der Yin-/Yang-Kraftstruktur des Wendlandes bei Müggenburg, 1995 (Foto: Brigitta Klotz).

»Tanz ist, wie schon angedeutet, die wirkungsvollste Technik, um Raumkosmogramme zu erneuern, was aber nicht heißt, daß sie die einzige wäre. Diese Muster können auch durch Gesang in Ordnung gebracht werden, der ebenfalls eine starke Struktur, einen starken Rhythmus und die dazu benötigten Kräfte beinhaltet. Das gleiche gilt für die Anwendung entsprechender Farben. Es ist wichtig, daß der Mensch sich während des Tanzes öffnet, weil erst dadurch die Verbindung zwischen den physischen Mustern, die die Tänzer durch ihre Bewegungen erschaffen, der Kraftebene und dem Muster des Raumes zustande kommt. Gleichzeitig ist natürlich auch die Art der Bewegungen, die sie ausführen, und ihre innere Beziehung dazu von Bedeutung. Schon allein dadurch, daß jemand bestimmte Schritte auf der Erdoberfläche ausführt, kommt es zu entsprechenden Schwingungen – allerdings nur, wenn man innerlich offen ist.
Es gibt im Einklang mit dem oben Gesagten keine allgemeine Regel, nach der Tänze für einzelne Punkte gestaltet werden können. Jeder Punkt eines Ortes einschließlich seiner Kraftmuster ist zu individuell, zu unterschiedlich, um verallgemeinert zu werden. Wenn Tanz als Technik zur Heilung eines Ortes herangezogen wird, sollte das Tanzmuster im Einklang mit dem Kraftmuster dieses Ortes gestaltet werden.«
Um Beispiele für Tänze aufzuzeigen, die nach diesem Prinzip von Devos jeweils für bestimmte Orte gestaltet worden sind, möchte ich als erstes eine Choreographie für das Ersatz-Herzzentrum von Salzburg erwähnen. Es handelt sich um das in Kapitel II/9 erwähnte ausgepreßte Herzzentrum der Stadtlandschaft, das sich ursprünglich in der Mitte des alten Domes befand und heute im Lehener Park als Ersatzzentrum manifestiert ist. Der Tanz wurde gestaltet, um den Platz nach dem Reinigungsgesang zu beruhigen und in seine ursprüngliche Qualität zurückzuführen.

Abb. 24:
In der zweiten Phase des Tanzes
bei Müggenburg haben die beiden Kreise –
der eine stellt die Yin-,
der andere die Yang-Kräfte dar –
den Platz gewechselt, 1995 (Foto: Brigitta Klotz).

Die Tänzer stehen in mehreren konzentrischen Kreisen um das Zentrum versammelt und fassen sich an den Händen.[51] Jeder zweite sitzt in Hockstellung. Der Tanz beginnt damit, daß die Hockenden aufstehen und anschließend die Stehenden niederhocken und wieder aufstehen. Nachdem die ganze Gruppe steht, fährt sie mit folgenden Tanzschritten fort[52]: zwei Schritte nach links, einen vor (mit rechts), zwei zurück (mit dem linken Fuß beginnend). Darauf folgen zwei Schritte nach rechts mit Überkreuzen der Beine. Nun kommt wieder die Phase »Hocken, Aufstehen, Hocken, Aufstehen« und die Wiederholung der Schritte. In dieser Weise wird mit dem Tanz fortgefahren, wobei die Kreise immer weiter werden – es gibt jeweils einen Schritt mehr zurück als nach vorn. Irgendwann werden die Kreise so groß, daß die Hände losgelassen werden und der Tanz sich individuell weiterentwickelt. Zu der Choreographie gehörten auch bestimmte Gemütsqualitäten, die die Tänzerinnen und Tänzer dabei bewußt aufrechterhalten sollten: Liebe, Frieden und Verständnis für die Probleme des Herzzentrums.

Ein zweites Beispiel ist der Tanz, den wir am 9. 7.1995 in Köln auf dem Brennpunkt der Einatmung ausgeführt haben, um das Atmungssystem der Stadtlandschaft wiederzubeleben. Auch diesem Tanz ist ein Reinigungsgesang vorausgegangen. Durch das Muster des Tanzes sollte dem System der Einatmung geholfen werden, wieder in Funktion zu treten.

[51] Die Hände sollten bei allen Gruppenhandlungen, die diese Art der Verbindung erfordern – dazu gehört auch der Gruppengesang –, so gehalten werden, daß die linke Hand, die die Kraft vom Nachbarn empfängt, nach oben zeigt, und die rechte, die die Kraft weitergibt, nach unten weist. Dadurch wird der Kraftfluß in der Gruppe sichergestellt.

[52] Jeder Schritt umfaßt zwei Takte, wobei auf dem 2. Takt jeweils mit dem anderen Fuß aufgeschlossen wird.

Seine Kräfte schwebten im Luftbereich über dem Ort, der stark geschädigt war und eine Art Panzer um sich herum gebildet hatte, der verhinderte, daß sich die Kräfte der Einatmung in die Erdtiefe hinunterlassen konnten. Nachdem dieser »Panzer« schon abgebaut war, sollten die Kräfte durch den Tanz aus ihrem Schwebezustand hinuntergeholt und in die Erde geleitet werden. Bei diesem Tanz ist die Gruppe in drei Untergruppen geteilt, wobei wieder konzentrische Kreise gebildet werden:

- Der äußere Kreis tanzt nicht, sondern steht still und sorgt für die Erdung, indem die Teilnehmer sich auf die Erdtiefen konzentrieren.
- Der innerste Kreis tanzt einen Schritt nach links, einen zurück, einen vor, zwei rechts, einmal Hocken, Aufstehen und einen Schritt nach links.
- Der mittlere Kreis tanzt einen Schritt nach links, einen vor, einen zurück, einmal Hocken, Aufstehen, einen Schritt nach rechts und zwei nach links.

Der wechselseitig polarisierte Rhythmus der beiden tanzenden Kreise wird über eine längere Zeitspanne wiederholt – während sich der äußere Tanzkreis nach vorn bewegt, geht der innere Kreis nach hinten, so daß die Kreise ihre Plätze vertauschen; wenn der eine sich nach rechts bewegt, hockt der andere Kreis usw. Dadurch wird eine Anziehungskraft erzeugt, die den über dem Platz schwebenden Atem konzentriert und in die Erde hineinzieht.

In anderen Fällen kommt es beim Tanz zu Verflechtungen, wie bei dem Tanz zur Wiederbelebung des achten Hügels von Cluny Hill bei Forres in Schottland, den ich in Kapitel IV/1 erwähnt habe (»Eine Traumbotschaft als Hilferuf«). Wie

beschrieben, weist der Hügel ein Yin- und ein Yang-Einatmungssystem auf, die in Verbindung miteinander die Funktion der Einatmung für den Ort ausüben. Der Tanz wurde kreiert, um die zwei schon separat gereinigten und regenerierten Systeme an dem betreffenden Punkt wieder miteinander zu verbinden:
Die Tänzerinnen und Tänzer stehen in zwei Kreisen um den Punkt versammelt. Während der innere Kreis einen Schritt nach links tut, macht der äußere einen nach rechts, und während der innere Kreis einen Schritt zurück macht, geht der äußere einen Schritt nach vorn – die Hände werden dabei losgelassen. Nun befindet sich der äußere Kreis innen und der innere außen. Dasselbe Muster wird so lange wiederholt, bis durch ein abgesprochenes Zeichen signalisiert wird, daß der innere Kreis zwar den Schritt nach hinten tun soll, der äußere den entsprechenden nach vorn aber nicht. So findet sich die ganze Gruppe zum Abschluß in einem einzigen Kreis als Symbol der Vermählung zwischen den zwei erwähnten Polen.

5. Schöpferische Imagination

Die Anziehung der heilenden Kräfte und die Gestaltung der wiederbelebenden Urmuster, die beim Tanz mit Hilfe des Körpers erreicht werden, kann der Mensch auch durch das Einsetzen seiner gedanklichen Fähigkeiten bewirken. Dabei wird statt der Körperbewegungen die Kunst der inneren Vorstellung ausgeübt. Es handelt sich um die Fähigkeit unseres Bewußtseins, Imaginationen aufzubauen, die als ätherisches Modell wirken, durch das die Prozesse der Verwirklichung in ihren Bahnen gelenkt und gefördert werden können.

Bei diesem Vorgang werden drei Chakren (=Kraftzentren) des menschlichen Körpers miteinander verkoppelt eingesetzt: Zum einen handelt es sich um das Kehlkopfchakra, das die schöpferischen Impulse hervorbringt, während das Chakra des Dritten Auges das entsprechende Muster, nach dem das imaginative Modell aufgebaut wird, konzentriert und in den dazugehörigen Raum projiziert. Unverzichtbar ist dabei die ausgewogene Qualität des Herzchakras (SG 1.2.V.), das die Kräfte herbeiholt, die für den Aufbau einer Imagination nötig sind.

Es handelt sich also bei einer schöpferischen Imagination keineswegs um eine Kopfarbeit, obwohl die mentalen Fähigkeiten des Menschen dabei eine wichtige Rolle spielen. Sie wirken als lenkende Kraft, die den Aufbau der entsprechenden Vorstellungen vorantreibt. Es sind jedoch die Kräfte aller drei Chakren, die der Imagination ihr schöpferisches Potential verleihen. Wäre eine Vorstellung nur gedanklich aufgebaut, so würde sie leicht in einer flachen und wirkungslosen Verbalität erstarren.

Nun zu den Anwendungsbereichen:

Als erstes kann man die Kraft der schöpferischen Imagination dort einsetzen, wo gewisse Kraftbeziehungen einschließlich ihrer Funktion innerhalb der Raumganzheit abgeschwächt, chaotisiert oder dem vollständigen Vergessen anheimgefallen sind. Dadurch, daß eine Gruppe durch ihre Vorstellungskraft diese Strukturen im Raum modellhaft aufbaut, wird ihre Regeneration angeregt, gelenkt und bekräftigt. Dabei ist von besonderer Bedeutung, daß die Imagination nicht nur durch einen einzelnen, sondern durch eine Gruppe aufgebaut wird, weil die individuellen Variationen, die unwillkürlich ins Spiel kommen, einen wichtigen Beitrag zur Vervollkommnung der gemeinsamen imaginativen Schöpfung leisten. Auf der anderen Seite darf der Vorgang nicht zu einer ungeordneten

Mischung von Vorstellungen entgleisen. Um das zu verhindern, sollte eine gemeinsame Imagination im vorhinein, auch was die Motivation angeht, genau besprochen werden. Soll sie durch mehrere Phasen hindurch aufgebaut werden, so bedarf es eines Leiters, der nach dem Prinzip der geführten Meditation die einzelnen Phasen nacheinander ansagt, damit sie synchron ausgeführt werden.

Zu den Anwendungsbereichen der schöpferischen Vorstellung im Rahmen der Erdheilung möchte ich einige Beispiele nennen. Das erste versetzt uns nach Konstanz, einer uralten Stadt am Bodensee. Bei der Analyse der feinstofflichen Problematik der Stadt hat uns der Erdheilungsengel darauf aufmerksam gemacht, daß der Stadtkern nicht mehr in der Lage sei, die rasante Erweiterung der modernen Stadt energetisch zu tragen, da er aus mehreren Gründen geschwächt ist. Nachdem wir uns beim Stadtheilungsseminar am 6. 6.1993 mit der Auflösung einiger dieser Ursachen beschäftigt hatten, schlug Devos folgende Imagination vor, um den Gesamtorganismus der Stadt zu stärken:

Wir sollten uns um einen der Akupunkturpunkte des vitalenergetischen Zentrums der Stadtlandschaft gruppieren, das sich im Münster befindet. Unterirdisch sollten wir die Kraft, die im Zentrum quillt, imaginativ nach allen Seiten verbreiten. Wir sollten uns vorstellen, daß wir ein Spinnengewebe aus kristallklaren Fäden unterhalb der Stadtlandschaft weben, das bis zu den Grenzbereichen der Stadt reicht. Dort ziehen wir die Fäden ans Tageslicht und führen sie zurück in das Zentrum hinein. Wenn dieses Vorstellungsbild immer wieder aufgebaut wird, wird die Stadt als Ganzes in ein tragendes und zusammenhaltendes Kraftnetz eingehüllt. Eine solche Imagination könnten die Stadtbewohner täglich wiederholen, um ihrer Stadt zu helfen.

Abb. 25:
Segnende Hände einer Teilnehmerin während einer Gruppenvisualisation in Bohinj, 1996 (Foto: Bojan Brecelj).

Ein zweites Beispiel zeigt, wie die schöpferische Imagination mit der Methode der Farbvisualisation verkoppelt werden kann. Dabei handelt es sich um Lendava, die schon erwähnte Grenzstadt im östlichsten Winkel Sloweniens. Energetisch gesehen grenzt die Stadt an ein Kräftedreieck mit einer Seitenlänge von ca. fünf Kilometern an, das eine Art Eingangstor für die Kräfte darstellt, die für die Makrolandschaft Sloweniens bestimmt sind. Im August 1993 war ich zusammen mit den Teilnehmerinnen und Teilnehmern des Seminars Svetinje/Jeruzalem damit beschäftigt, energetische Schäden an dem Dreieck zu beseitigen. Um die Seite des Dreiecks zwischen Gabrje und Trimlini wieder zu verbinden, hat Devos eine kombinierte Vorgehensweise vorgeschlagen, bei der die Farbe Blau als die charakteristische Farbe des Dreiecks mit einer imaginativen Vorstellung verbunden wurde. Bei der Imagination zieht die Gruppe als erstes aus dem in der einen Ecke des Dreiecks bei Gabrje gelegenen Zentrum eine blaue Linie wie einen Faden hervor und läßt ihn sich in der Form eines Knäuels aufwickeln. In der zweiten Phase wird dieses Knäuel imaginativ in Richtung des anderen Eckzentrums bei Trimlini ins Rollen gebracht, so daß es eine blaue Linie zurückläßt, die letztlich die beiden Eckpunkte miteinander verbindet. Auf diese Weise wurde die schwindende Beziehung zwischen den beiden Orten wieder zum Schwingen gebracht.

In einem solchen Fall, wo es um die Wiederbelebung einer räumlichen Kraftbeziehung geht, kann man den Vorgang der Imagination genausogut mit einer körperlichen Tätigkeit verbinden. Eine Möglichkeit ist das Stampfen mit den Füßen, das auf einen Vorschlag des Erdheilungsengels zurückgeht. Durch das Stampfen, d. h. die abwechselnde Berührung der Erde mit dem rechten und linken Fuß, entsteht eine starke Schwingung. Durch kräftiges Stampfen einer Gruppe kommt

Abb. 26:
Durch Stampfen auf einer Kraftlinie wird diese gestärkt, Hitzacker, 1994 (Foto: Brigitta Klotz).

eine machtvolle Schwingung zustande, die durch die Vorstellungskraft der Gruppe in die abgesprochene Richtung gelenkt wird und die verlorengegangene Spannung wiederherstellt. Der zu verbindende Punkt wird während des ganzen Stampfvorgangs im Bewußtsein gehalten.

Die schöpferische Kraft der Vorstellung kann auch zur Wiederbelebung der Funktion eines Ortes angewendet werden. So kann sich z. B. bei der Analyse der Probleme eines Ortes herausstellen, daß eine Kraftquelle wegen einer erlittenen Unterdrückung zu tief abgesunken ist. Ihre Wirkung auf die Erdoberfläche bleibt aus. In einem solchen Fall kann die Gruppe, nachdem sie den Ort gereinigt und von Blockaden befreit hat, zur Wiederbelebung seiner Funktion durch kreative Imagination übergehen. In ihrer Vorstellung tauchen die Teilnehmer in die Tiefe, nehmen die abgesunkene Kraft liebevoll in ihre Hände und tragen sie in der Form einer Lichtsubstanz oder einer im voraus abgesprochenen Farbe an die Oberfläche. Dort angelangt, wird die schwingende Kraft der Quelle in den Raum hinein verteilt. Der ganze Vorgang wird ähnlich wie bei einer künstlichen Beatmung eine Zeitlang wiederholt, bis man das Gefühl hat, daß die Quelle wieder fließt.

Es kommt auch vor, daß ein Kraftzentrum durch ein Bauwerk so unterdrückt wird, daß seine normale Tätigkeit versiegt, es ist wie gelähmt und stumm. Da das verursachende Gebäude in der Regel nicht abgerissen werden kann, müssen andere Wege gesucht werden, um dem gestörten Zentrum zu helfen. Der Erdheilungsengel hat für solche Fälle mehrere Möglichkeiten vorgeschlagen. Die Gruppe kann in ihrer Vorstellung die Wände des Gebäudes »aufweichen« und sie dadurch durchlässiger für die Kraftströme machen. Das geschieht dadurch, daß die Wände einschließlich der Fundamente und der ganzen Konstruktion imaginativ in Licht-

oder Farbstrukturen verwandelt werden. Man kann sich auch vorstellen, daß man stufenweise zuerst mit den Händen und anschließend mit dem ganzen Körper die Wände durchdringt und sich immer freier durch ihre Struktur zu bewegen beginnt, bis hin zu einem Tanz, für den der Gebäudekörper keine Hürde mehr darstellt.
Der Rolle des Leiters bei einer geführten Imagination kann eine besondere Verantwortung zukommen, wenn im Verlauf der Übung unerwartete Schwierigkeiten auftauchen. Nehmen wir an, der Platz sei vorher nicht gründlich genug gereinigt worden. Die Gruppe befindet sich schon in der Phase der Wiederbelebung, wenn plötzlich verborgene »Taschen« unerlöster Kräfte auftauchen. In dem Moment muß der Gruppenleiter den Vorgang der Imagination unterbrechen und eine nachträgliche Reinigung einleiten; erst danach kann die geführte Imagination fortgesetzt werden. Ansonsten könnten Mitglieder der Gruppe, die keine gestörten Kräfte mehr erwartet und sich zu sehr geöffnet haben, einen energetischen oder emotionalen Schaden erleiden.

6. Erdheilungsrituale

Die letzten Fallbeispiele lassen erkennen, daß es kaum möglich ist, eine exakte Grenze zwischen dem Bereich der schöpferischen Imagination und einem Ritual zu ziehen. Das eine geht fast nahtlos in das andere über. Es gibt aber zwei Gründe, weshalb ich Rituale doch als ein selbständiges Werkzeug der Erdheilung behandeln möchte. Zum ersten spielt bei Ritualen die körperliche Betätigung des Ausführenden eine Hauptrolle im Unterschied zu den Imaginationstechniken, bei denen die geistig-energetische Anteilnahme im Vordergrund steht. Zum zweiten gewinnt die Abfolge, in der ein

Ritual abgewickelt wird, eine größere Bedeutung als die Ausführung der einzelnen Sequenzen, d. h. der einzelnen Tänze, Imaginationen oder Farbvisualisationen. Ein Ritual stellt vielmehr eine sinnvolle Komposition all dieser Einzelwerkzeuge dar.

Im Zusammenhang mit dem ersten Aspekt des Rituals, bei dem die körperliche Beteiligung in der Form einer symbolischen Handlung im Vordergrund steht, möchte ich ein Beispiel aus der Stadt Koper an der slowenischen Adria-Küste anführen. Die Stadt wurde durch die Venezianische Republik auf einer Insel erbaut, die nur durch eine Brücke mit dem Festland verbunden war. Damals hieß sie Capo d'Istria. Im Zuge der modernen Stadtentwicklung und einer enormen Erweiterung des Handelshafens hat man begonnen, den Seestreifen, der die Insel vom Festland trennte, zuzuschütten und ihn zu bebauen. So ging der Inselcharakter der Stadt nach und nach verloren.

Im feinstofflichen Bereich sind dadurch einige gravierende Probleme entstanden, von denen ich nur eines erwähnen möchte, das unmittelbar mit dem Inselcharakter der Stadt verbunden ist. Um die Lage zu verstehen, muß man sich vorstellen, daß eine von Wassermassen umgebene Felseninsel eine starke Polarisation zwischen Yin- und Yang-Kräften erfährt, wodurch es zu einer Steigerung der Potentiale des Ortes kommt. Dadurch wurde es möglich, daß die Insel jahrtausendelang ihre einmalige Rolle in der Landschaft Istriens erfüllen konnte.[53] Mit der fortschreitenden Austrocknung gehen diese Voraussetzungen immer mehr verloren.

Um nun die in der trockenen Stadtlandschaft verschwindende Insel in ihrer wahren Identität zu unterstützen, habe ich

[53] Vgl. dazu meine Ausführungen in *Die Landschaft der Göttin*, S. 151.

folgendes Ritual entwickelt: Während eines Erdheilungsseminars im Jahr 1993 habe ich leere Joghurtbecher in der Gruppe verteilt. Dann haben wir die Becher im Süden der Stadtinsel mit Meereswasser gefüllt und von dort das Wasser entlang dem ehemaligen, heute aufgeschütteten Ufer bis zur nördlichen Spitze getragen, wo man wieder zum Wasser gelangt; dort haben wir das Wasser aus den Bechern ins Meer ausgeleert.
Während dieses rituellen Ganges hat die Gruppe alle hundert Meter haltgemacht, wobei ich jedesmal über unterschiedliche Aspekte des Elementes Wasser und seine Bedeutung für das Leben und die Landschaft gesprochen habe, um während des Rituals die nötige Konzentration aufrechtzuerhalten. Die Absicht der Ritualhandlung war ja, die ehemalige Insel an ihr ursprüngliches Umspültsein durch Wasser zu erinnern. Es war im Februar und sehr kalt, und es hat uns viel Mühe gekostet, das Ritual bis zum Ende auszuführen.

Im Zusammenhang mit dem zweiten Ritualaspekt, bei dem es vor allem auf die Komposition der verschiedenen aufeinander folgenden Handlungen ankommt, möchte ich ein Fallbeispiel aus dem Soča-(Isonzo)Tal in Slowenien beschreiben. Dabei ging es um die Umwandlung der bedrückenden Folgen, die der Erste Weltkrieg dort hinterlassen hat. In Kapitel II/14 habe ich bereits von der Arbeit an der Auflösung der Zusammenballungen negativierter Astralkräfte bei Idrsko erzählt. Nun möchte ich das Ritual beschreiben, das der Erdheilungsengel in diesem Falle konzipiert hat, um unserer Seminargruppe bei der Umwandlungsarbeit zu helfen. Wegen der besseren Übersicht über die Gliederung des Rituals, das wir am 23. August 1994 ausgeführt haben, werde ich es in seinen einzelnen Phasen darstellen:

Erste Phase: Die Gruppe folgt einer geführten Imagination, bei der es zuerst um die persönliche Erdung und die Wiederverbindung mit der geistigen Welt geht. Danach wird der persönliche Schutzmantel aufgebaut (SG 2.7.B. und 2.7.E.) und letztlich ein Schutzmantel ähnlicher Art für die ganze Gruppe für die Zeit der gemeinsamen Arbeit.
Zweite Phase: Die Teilnehmer der Gruppe suchen sich einen Platz am Ort aus, um von dort aus die Probleme des Ortes zu erspüren, so daß sie bei der folgenden Arbeit aus der persönlichen Erfahrung schöpfen. Die Einzelerfahrungen werden anschließend in der Gruppe besprochen.
Dritte Phase: Die Gruppe stellt sich in konzentrischen Kreisen um den entsprechenden Akupunkturpunkt herum auf und beginnt mit dem Reinigungsgesang. Wie schon erwähnt, wird der erste Teil disharmonisch ausgeführt, um die störenden Zusammenballungen, die über der Landschaft hängen, durch Resonanz in den Umwandlungsprozeß hineinzuziehen. Danach folgt der harmonische Teil, um den Wandlungsvorgang abzurunden.
Vierte Phase: In dieser Phase geht es darum, das destruktive Kraftmuster, das seit dem Krieg den Raum beherrscht, umzuwandeln. Die Gruppe steht noch immer in konzentrischen Kreisen, wobei sich nun jeder zweite Kreis umdreht – es sollte eine gerade Anzahl von Kreisen sein –, so daß sich jeweils zwei Kreise in scheinbarer Kampfposition gegenüberstehen (Brust zu Brust). Statt nun aber miteinander zu kämpfen, sendet man dem »Gegner« durch harmonisches Singen soviel Liebe wie möglich. Dadurch wird das negative Muster in sein Gegenteil zurückverwandelt.
Fünfte Phase: Die Gruppe bleibt in derselben Position stehen und führt einen Tanz aus, um das neue, positive Kraftmuster im Raum zu festigen. Dabei sollten die Tänzerinnen und Tänzer die Qualität von Wärme, Zärtlichkeit und Liebe

ausstrahlen, um den Übergang vom alten ins neue Kraftmuster zu unterstützen. Während sich die Tänzer an den Händen halten, führen die Kreise mit ungerader Zahl, die nach außen schauen, folgende Schritte aus:

- ein Schritt zurück
- ein Schritt nach links
- Hocken
- Aufstehen
- ein Schritt nach links
- Hände hochheben
- ein Schritt nach vorn
- Hände loslassen

Danach ergreift man wieder die Hände der Nachbarn und wiederholt dieselbe Schrittfolge. Die Kreise mit der geraden Zahl, die nach innen schauen, führen gleichzeitig folgende Schritte aus:

- ein Schritt nach vorn
- ein Schritt nach rechts
- ein Schritt nach links
- Hocken
- Hände werden in der hockenden Position hochgehoben
- Aufstehen
- ein Schritt zurück
- Hände loslassen

Danach ergreift man wieder die Hände der Nachbarn und wiederholt dieselbe Schrittfolge. Es ist offenkundig, daß der Tanz gezielt für eine Situation gestaltet wurde, wie wir sie dort vorgefunden haben. Die unterschiedlichen Rhythmen der Schritte, des Hockens usw. erzeugen das Element der

Polarität zwischen den beiden Seiten, das durch die liebende Harmonisierung untereinander in ihrer negativen Tendenz überbaut wird.

Während des Rituals spürten einige Teilnehmer, daß aus der Richtung eines der umliegenden Berge, des Robič-(Ic, noch immer ein Gefühl von Bedrohung herüberströmte. Wir beschlossen daher, noch eine sechste Phase hinzuzufügen, in der wir in Richtung dieses Berges eine der zuvor beschriebenen Reinigungsübungen mit Hilfe der Farbe Violett ausgeführt haben. Ein Jahr später wollten wir mit der Reinigung des Soča-Tales fortfahren. Bevor wir jedoch unser Werk weiter talabwärts fortführen konnten, schickte uns Devos, wie schon an früherer Stelle erwähnt, zu dem Platz bei Idrsko zurück, um die dritte und die fünfte Phase des Rituals zu wiederholen. Das sollte nicht heißen, daß wir im Jahr zuvor nicht erfolgreich genug gewesen wären. Davon haben wir uns überzeugt, indem wir den Platz nun, mit einjährigem Abstand, spürend überprüften. Niemand verspürte mehr eine Übelkeit im Magen wie damals. Wir konnten den Unterschied ganz klar erspüren, obwohl während des wiederholten Reinigungsgesangs noch einzelne schwarze, segelähnliche Fetzen von Negativitäten hoch im Raum wahrzunehmen waren, die wir beim ersten Mal aus dem Unterbewußtsein des Raumes nicht hatten herausziehen können. Es brauchte ein Jahr, bis sie »reif« für die Umwandlung geworden waren.

Durch die Beschreibung des Rituals von Idrsko und dessen Fortsetzungen dürfte klargeworden sein, wie individuell und auf den einzelnen Ort und dessen Dynamik bezogen ein Erdheilungsritual zu gestalten ist, damit es tatsächlich etwas bewirken kann.

7. Behandlung von Orten und Landschaften durch Lithopunktur

Es versteht sich von selbst, daß es in den verschiedensten Bereichen der Erdheilung vornehmlich um die Behandlung der feinstofflichen Ebenen der Erde und der Landschaft geht – sei es, daß dabei die Kraft-, die Gefühls- oder die Geistebene angesprochen wird. Wie schon öfter betont, sollte jedoch die Beziehung dieser Ausdehnungen der Wirklichkeit zur materialisierten Ebene dabei nicht außer acht gelassen werden, denn sie ist für die Qualität des Lebens innerhalb der Raum-Zeit-Struktur von entscheidender Bedeutung. Daher ist es wünschenswert, daß das Wirken im Sinne der Erdheilung seine Spuren auch auf der stofflichen Ebene hinterläßt, so daß es nachhaltig auch äußerlich wahrgenommen werden kann.

Die Erdheilungsmethode, die eine stoffliche Form besitzt und auf dem Prinzip der Akupunktur beruht, nenne ich Lithopunktur. Das Wort bedeutet ursprünglich eine Akupunktur der Erde durch Steinsetzung (*lithos*, gr., = Stein, *punctura*, lat., = Einstich). Dabei unterscheidet sich die Lithopunktur von einer einfachen Steinsetzung dadurch, daß erstens als Ort für die Steinsetzung ein entsprechender Akupunkturpunkt ausgewählt wird und nicht irgendein kraftmäßig angemessener Ort. Zum zweiten wird der Lithopunkturstein mit einem Zeichen – einem Kosmogramm – versehen, durch das die urbildlichen oder geistig-seelischen Dimensionen des Ortes in den Heilungsprozeß einbezogen werden.

Gewöhnlich bediene ich mich als Grundlage für die Lithopunktur der Steinsetzung, wobei das Kosmogramm in Form eines Flachreliefs in den Stein eingemeißelt wird. Ich habe aber auch Situationen erlebt, wo ich das Kosmogramm in eine am Platz existierende Steinwand, einen Steinfußboden

oder in einen Felsen einmeißeln konnte, ohne eine zusätzliche Steinsetzung vornehmen zu müssen. In anderen Fällen, die ich auch als Lithopunktur bezeichnen würde, spielt der Stein gar keine Rolle mehr. Statt dessen wird ein anderes Material benutzt, wie Bronze, Glas, eine Kupferplatte oder ähnliches. Bronzeakupunkturplatten mit darauf eingeprägtem Kosmogramm, die in das Straßenpflaster oder andere Bodenbeläge eingelassen werden, gebrauche ich in den Fällen, wo Plätze behandelt werden, die mitten auf Verkehrswegen liegen. Auf ähnliche Weise kann man durch Glasmalerei oder andere Maltechniken Kosmogramme an vertikalen Flächen anbringen. Kupferplatten mit einer punktierten Kosmogrammzeichnung können auf Holzfußböden Anwendung finden, wo sie auf den entsprechenden Punkt genagelt werden.
Der Vorteil der Erdheilungsmethoden, die eine materielle Form haben, ist von dreifacher Art:

1. Durch die Formulierung in Materie wird der betreffende Erdheilungsvorgang geerdet und beständig verankert.
2. Durch die sichtbare Form einer Lithopunkturarbeit schlägt sich der Erdheilungsprozeß im öffentlichen Bewußtsein nieder und hat dadurch zusätzlich eine Auswirkung auf der sozial-psychologischen Ebene.
3. Es entsteht ein Kunstobjekt im Raum, das als solches einen Beitrag zur geistig-seelischen Qualität des Raumes darstellt.

Da die Form der Steinsetzung die häufigste Art der Lithopunktur ist, möchte ich hier vier geomantische Voraussetzungen für eine den feinstofflichen Ausdehnungen eines Orts angemessene Steinsetzung nennen:

Abb. 27:
Einer der Lithopunktursteine im Park
von Murska Sobota, 1993
(Fotoarchiv Radio Slovenija).

1. Bezüglich der Auswahl des Steins sind zwei Komponenten zu berücksichtigen. Erstens gilt es zu prüfen, ob ein Stein schwingungsmäßig mit dem zu behandelnden Platz harmoniert oder nicht.[54] Zweitens muß auch die Form des Steins stimmen. Auch ökologische Umstände sollten dabei berücksichtigt werden, wie z. B. die Entfernung zum Steinbruch und die Art, wie er betrieben wird.[55]
2. Jede Steineinheit sollte während der Setzung so ausgerichtet werden, daß eine Resonanzbrücke zwischen den Kraftstrukturen des Steins und dem feinstofflichen Kraftorganismus seines Standortes zustande kommt, über die die heilende Wechselwirkung ununterbrochen fließen kann.
3. Einzelne Steineinheiten sollten nach Möglichkeit zu einem System zusammengeschlossen werden, durch das verschiedene Kraftbrennpunkte eines Ortes so behandelt werden können, daß sie sich gegenseitig unterstützen. Dabei werden die einzelnen Lithopunktursteine nicht nur in bezug zu ihrem Standort eingestimmt, sondern auch untereinander als Voraussetzung für die Bildung eines Systems.
4. Die Einweihung der plazierten Lithopunktureinheiten betrachte ich nicht nur als eine formale Zeremonie, sondern als einen geistigen Beitrag, der es ermög-

[54] Zur Prüfung gebrauche ich folgende Methode: Ich nehme den zu behandelnden Platz in mein Bewußtsein auf und lege meine rechte Hand auf den ausgewählten Stein. Durch die Schwingungen der linken Hand (SG 2.3.A.) stelle ich den Grad der Übereinstimmung zwischen dem Stein und dem Ort fest.

[55] Nach Möglichkeit suche ich im Steinbruch nach Abfallsteinen – sie sollten aber genügend kompakt sein, was ihre Witterungsbeständigkeit angeht.

Abb. 28:
Ein Lithopunkturstein wird aufgerichtet und eingestimmt während der Arbeit zu beiden Seiten der Grenze zwischen Nordirland und der Republik Irland, l992 (Foto: Brandan McMenamin).

licht, daß den feineren Kräften, die von den zuständigen geistigen Wesenheiten der Engel- oder Elementarwelt ausgehen, die Kanäle für ihr Wirken durch das Lithopunkturwerk eröffnet werden. Während der Einweihung, die nach Möglichkeit öffentlich geschehen soll, sollte klar ausgesprochen werden, welche Absicht hinter diesem Werk steht. Andererseits sollte es auch nicht an einer rituellen Handlung fehlen, die es den unsichtbaren Wesenheiten des Raumes ermöglicht, an der Zeremonie teilzunehmen. Sie kann z. B. in Form einer geführten Meditation ausgeführt werden.

Die Steinsetzung stellt das grundlegende Element einer Lithopunktur dar. Hinzu kommt ein bestimmtes Kosmogramm, durch das ihre heilende Wirkung fokussiert und geleitet wird. Grundlegendes über das Wesen, die Gestaltung und Wirkung eines Kosmogramms wurde schon in Kapitel V/1 besprochen. Im Zusammenhang mit ihrer Anwendung im Bereich der Erdheilung möchte ich noch auf drei Formen von Kosmogrammen verweisen. Dabei unterscheide ich:

- Kosmogramme als Identitätszeichen eines Ortes
- Kosmogramme als Werkzeuge für bestimmte Heilungsprozesse
- Kosmogramme als Kinesiogramme

Als Identitätszeichen eines Ortes offenbart ein Kosmogramm die Rolle, die der betreffende Platz im Rahmen einer größeren Einheit – z. B. eines Landschaftstempels – innehat. Oder es liefert Informationen über eine bestimmte Qualität, die durch den betreffenden Ort verkörpert wird (SG 5.2.A.). Es kann sich dabei um das Wappen eines Ortes oder eines Staates handeln oder um das Wesen eines einzelnen Punktes bzw. eines Landschaftsbereiches.

Dient ein Kosmogramm als unmittelbares Werkzeug im Rahmen einer Raumheilung, dann geht es darum, daß durch seine Verwendung ein Kraftmuster oder -wirbel erzeugt wird, durch den gewisse Kräfte gezielt in den Raum gezogen werden, die fähig sind, entweder bestehende Blockaden zu überwinden oder auf eine andere Art heilend und regenerierend auf den Ort einzuwirken. Es ist klar, daß ein Raum von unzähligen Kräften durchzogen ist. Wenn ein entsprechendes Kosmogramm im Raum »aufgestellt« wird, dann werden neue Kräfte in den Raum hineingezogen bzw. die dort schon existierenden Kräfte werden neu fokussiert oder besser geleitet. Gleichzeitig wird durch das Kosmogramm ein Kanal erschaffen, durch den Engel- und Elementarwesen sich dem Ort annähern und die Heilungsprozesse unterstützen können.

Wenn ein Kosmogramm zu dem Zweck gestaltet wird, nur eine einfache Funktion im Raum anzuregen, dann spreche ich von einem Kinesiogramm (*kinein*, gr. – bewegen – und *gramma*, gr. – Zeichen). Wie schon das Wort sagt, handelt es sich dabei um eine Bildinformation, die eine gewisse Bewegung im Raum entweder fördern oder hindern kann. Als Beispiel für die Gestaltung eines Kinesiogramms habe ich in meinem Buch *Schule der Geomantie* ein Zeichen beschrieben, das, eingeritzt in eine Glaswand, die Vögel vor dem Flug durch die Scheibe warnt (SG 2.3.C.).

Das erste Lithopunkturprojekt, das alle beschriebenen Elemente umschließt, wurde im Schloßpark Türnich, unweit von Köln, in den Jahren 1986–89 ausgeführt.[56] Bei den

[56] Siehe dazu mein Buch *Die Erde heilen – Das Modell Türnich*, München 1989.

zahlreichen Projekten, die in den darauffolgenden Jahren nach dem Türnicher Vorbild gestaltet wurden, ging es grundsätzlich um die Wiederbelebung von Orten, die durch Zerstörungsprozesse, wie künstliche Grundwasserabsenkung, zu rasche Verstädterung, Kriegsführung u. ä., betroffen waren. In solchen Fällen werden die feinstofflichen Muster, Strömungen oder Zentren des Geländes geortet und auf ihren Ist- und ihren Soll-Zustand hin überprüft. Durch Steinsetzungen an entsprechenden Akupunkturpunkten werden ihre Blockierungen aufgelöst und die Wiederaufnahme ihrer Funktionen angeregt. Dadurch, daß die einzelnen Lithopunktursäulen abschließend auch zueinander in Beziehung gebracht werden, kommt es zur Einwirkung auf die Gesamtqualität des Ortes und seines Biotops.
Die Lithopunktur des Schloßparks in Türnich wurde so konzipiert, daß polarisierte Ätherströmungen im Park gestärkt und ins Gleichgewicht gebracht wurden. So gibt es dort zwei sich polar zueinander verhaltende Systeme von Lithopunktursäulen, die einen bilden das wäßrige (Yin-), die anderen das feurige (Yang-)System. Sie stehen entlang den Kraftbahnen mit wäßrigem bzw. feurigem Charakter. In ihrem Verhältnis zueinander sind beide Systeme genau ausbalanciert.
Im Falle der Stadtlandschaft von Villach verlief der Vorgang völlig anders. Dort wurden einzelne vitalenergetische Kraftzentren oder Kraftbahnen, die als geschwächt und gestört empfunden wurden, durch Steinsetzungen in ihrer Funktion bestärkt. In Hermannsdorf, südlich von München, wiederum habe ich die Kunst der Lithopunktur eingesetzt, um Kraftbahnen durch neuerlich entstandene Erdaufschüttungen hindurchzuziehen.
Im Falle der Stadtlandschaft von Ljubljana hat Devos, der Erdheilungsengel, eine Möglichkeit der Lithopunktur vorge-

Abb. 29:
Eine Akupunkturbronzeplatte, eingelassen in das Straßenpflaster in Derry, Nordirland, 1992 (Foto: Brandan McMenamin).

schlagen mit dem Ziel, die modernen Stadtteile, die keine vitalenergetische Beziehung zum Zentrum ausgebildet haben, an das Sternförmige Kraftzentrum der Stadtlandschaft anzubinden und so eine bessere Gesamtqualität des Stadtambientes zu erreichen. In diesem Falle würden einzelne Lithopunktursäulen auf den Kraftbahnen aufgestellt, die sternförmig aus dem Zentrum nach allen Seiten verlaufen, und zwar so, daß jedem Stadtteil mindestens eine Säule zuteil wird. Auf diese Weise ließe sich verhüten, daß einzelne Stadtteile ohne kraftmäßige Anbindung an das Zentrum chaotisch im Raum »herumschweben«, was bei modernen Städten häufig der Fall ist, da sie schneller wachsen, als es die Fähigkeit der natürlichen Ausdehnung des Stadtkraftorganismus zuläßt. Leider wurde der vom Stadtrat in Auftrag gegebene Plan noch nicht umgesetzt.

Alle bislang erwähnten Lithopunkturprojekte wurden so konzipiert, daß sie ihre Wirkung hauptsächlich auf der vitalenergetischen Ebene ausüben. Anders verhält es sich bei dem Lithopunktursystem zu beiden Seiten der Grenze zwischen Nordirland und der Republik Irland.[57] In diesem Falle ging es nicht um eine rein ökologische, sondern auch um die politische Absicht, eine durch die Staatsgrenze geteilte Landschaft geistig und kraftmäßig wieder zu verbinden. Dadurch wollte der Auftraggeber, der Stadtrat von Derry (Londonderry) in der Form eines Kunstwerks den Friedensprozeß zwischen den beiden Ländern fördern. Folglich lag der Schwerpunkt des Lithopunkturwerkes auf der geistig-seelischen Ebene. Dank der Hilfe des Engelmeisters Christopher Tragius konnten wir den Landschaftstempel von Donegal identifizieren, der durch die Grenze in zwei Teile zerschnitten war.

[57] Dieses Lithopunkturprojekt ist ausführlich beschrieben in meinem Buch *Die Landschaft der Göttin*, S. 104 ff.

Seine Brennpunkte wurden durch Lithopunktursäulen bezeichnet und über die Staatsgrenze hinweg untereinander verbunden.

8. Erlösung von Elementarwesen

Bislang haben wir Methoden der Erdheilung besprochen, die bei der Arbeit mit den feinstofflichen *Kräften* Anwendung finden. Aus den Fallbeispielen, die ich in Teil II genannt habe, geht jedoch hervor, daß es sich bei den Orten und Landschaften, die durch menschliche Einwirkung gestört sind, nicht nur um Probleme auf der Kraftebene handelt. Es geschieht immer wieder, daß auch die *Wesenheiten*, die den Platz »bewohnen«, in die Wirbel der Zerstörung mithineingerissen werden. Eine Arbeit der Heilung und Wiederbelebung wäre höchst unvollständig und die erreichte Harmonie eines Ortes würde nicht lange währen, wenn weiterhin unerlöste Wesenheiten unbeachtet im Raum verblieben.

Wenn hier von Erlösung die Rede ist, so möchte ich als erstes alle »Wesenheiten« ausschalten, die nicht zu dem ursprünglichen Organismus der Landschaft gehören, also Scheinwesenheiten, die durch menschliches Wollen entstanden sind. Bei diesen »falschen« Wesenheiten handelt es sich in erster Linie um Kreaturen, die als astrale Gebilde durch schwarzmagische Handlungen entstanden sind. Dazu gehören auch diejenigen Wesenheiten, die zwar innerhalb der kosmischen Ordnung ihren Platz haben, jedoch durch menschliche Einflüsse von diesem Platz weggerissen und in den mehrdimensionalen Raum der Erde hineingezogen wurden. Sie befinden sich in einer »falschen« Raumdimension, was ihre Anwesenheit als solche negativ macht. Der Umgang mit diesen zwei Arten von »Wesenheiten« und noch anderen dieser Gattung wird im nächsten Kapitel dargestellt und sollte nicht mit dem Vorgang der Erlösung von Elementarwesen verwechselt werden. Wenn falschen Wesenheiten ein Erlösungsprozeß angeboten wird, würde ihnen damit ein Existenzraum zugestanden, der ihnen gar nicht zukommt – er würde ihnen nur zur Ausdehnung ihrer destruktiven Tätigkeit dienen. Bevor sie erlöst werden können, müssen sie zu dem werden, was sie eigentlich sind.

Die Wesenheiten, die selbstverständlich einen ordnungsgemäßen Platz in der Landschaft haben und bei der Erdheilung unmittelbar einbezogen werden können, sind die Elementarwesen. Dabei möchte ich als erstes auf den wesentlichen Unterschied verweisen zwischen dem Umgang mit unpersönlichen Kräften und der Behandlung von Elementarwesen, die von Bewußtsein durchdrungen sind. Anders als Energien, handelt es sich bei ihnen um Wesenheiten, die angesprochen werden können. Es ist möglich, ihnen ihre Lage zu schildern und sie zu einer bestimmten Handlung aufzufordern. Ich meine sogar, daß es unumgänglich ist, während eines Heilungsvorganges, der Wesenheiten betrifft, mit diesen auch zu kommunizieren und sie für ein bewußtes Mitwirken zu gewinnen. Wenn diese Kommunikation nicht zustande kommt, kann es geschehen, daß der Heilungsprozeß nur die Oberfläche des Problems streift und keine Erlösung der leidenden Elementarwesen bewirkt. Andererseits können die betroffenen Wesenheiten durch bewußte Mitwirkung bei dem Erlösungsvorgang das lernen, was für ihre Weiterentwicklung wichtig ist.

Jeder Heilungsprozeß gestörter oder negativierter Elementarwesen beginnt mit einer Ansprache, bei der ich mich zuerst einmal vorstelle. Danach schildere ich den betroffenen Wesenheiten ihre reale Lage, die vorher untersucht und analysiert werden muß. Als drittes stelle ich ihnen den geplanten

Heilungsvorgang im einzelnen vor. Als viertes entschuldige ich mich von ganzem Herzen für Fehler oder Missetaten, die meine Mitmenschen an den betroffenen Wesenheiten begangen haben. Danach bitte ich sie um Erlaubnis, den Heilungsvorgang ausführen zu dürfen. Und zuletzt folgt die Bitte um ihre bewußte Mitarbeit. Erst nachdem ich diese mehrstufige Kommunikation hergestellt habe und auch einer zustimmenden Rückmeldung[58] sicher bin, kann ich mit der Heilungsarbeit beginnen.

Bei dem Heilungsvorgang können sämtliche bisher besprochenen Methoden angewandt werden, wie Farbvisualisation, Gesang, geführte Imagination usw. Der Unterschied zu der Arbeit mit Kraftstrukturen liegt darin, daß die Gefühlsebene an Bedeutung gewinnt, sobald Wesenheiten in den Prozeß einbezogen werden. Das Bewußtsein der Elementarwesen und damit auch ihr Identitätsmuster ist auf der astralen Gefühlsebene angesiedelt. Wenn diese nicht erreicht wird, kann es keine Heilung im Sinne einer Erlösung der betroffenen Wesenheiten von ihrer Qual oder aus ihrer Entfremdung geben.

Das heißt, zum Beispiel, daß bei der Reinigung durch Gesang die erste Phase, die als disharmonische Phase bezeichnet wurde, einen viel stärker emotionalen Charakter bekommt. Sie ist am ehesten mit den Klagegesängen zu vergleichen, die die alten Völker anstimmten, um bei Totenfeiern ihre Trauer auszudrücken. Die Gefühlsintensität sollte auch für den harmonischen Teil des Gesanges bestimmend sein.

Bei Elementarwesen handelt es sich für gewöhnlich um drei Arten von Ursachen, die nach einem Heilungs- oder Erlösungsvorgang rufen.

58 Diese Rückmeldung kann sehr zögernd oder schwach sein, weil die Elementarwesen oft durch die Mißhandlung, die sie erlebt haben, in ihrem Bewußtsein stark verdunkelt sind.

1. Elementarwesen können in ihrer wahren Identität unterdrückt, entfremdet oder negativiert sein. In diesem Falle beginnt man in der Regel mit dem oben dargestellten Gesang zur Reinigung und Umwandlung. Gewöhnlich ist das Werk damit getan. Oft brauchen Elementarwesen eine zusätzliche Hilfe, um ihr Kraftmuster zu regenerieren. Das kann durch entsprechende Farbvisualisation geschehen, vielleicht unterstützt durch harmonisches Singen.
2. Die Negativierung von Elementarwesen ist oft verkoppelt mit ihrer Vertreibung; sie wurden von ihrem angestammten Platz in der Landschaft verdrängt. In diesem Falle sollte als erstes die Reinigung sowie Regenerierung ausgeführt werden. Darauf folgt der Prozeß der Neuansiedlung, bei dem man auf verschiedene Weise vorgehen kann. Die Gruppe kann durch geführte Imagination eine Lichtbrücke bauen vom Ort, an dem sie Zuflucht gesucht haben, bis zum ursprünglichen oder neugewählten Brennpunkt der Elementarwesen. Während die Brücke imaginativ aufrechterhalten wird, kann die Gruppe den Übersiedlungsvorgang durch harmonischen Gesang unterstützen. Eine zweite Möglichkeit wäre, den Brennpunkt der betroffenen Elementarwesen vorübergehend auf Steinchen oder Kristalle zu übertragen, die man dann in der Hand zu den gewünschten Plätzen trägt, damit sie ihre Brennpunkte dort ansiedeln können. Diesen Vorgang habe ich in Kapitel II/11 (»Vertriebene Elementarwesen«) beschrieben.
3. Eine dritte Art von Zerstörung, von der die Elementarwesen betroffen sein können, ist ihr bewußter Mißbrauch durch Menschen. In diesem Fall haben Menschen die Unfähigkeit der Elementarwesen ausgenützt, sich gegen das Aufdrücken eines menschlichen

Willens zu wehren (SG 5.3.A.). Dabei wird durch eine magische Technik dem Elementarwesen ein Befehl eingeprägt, der es zwingt, etwas zu tun, was seiner Natur und seiner Bestimmung, die *immer* das Gute anstrebt, nicht entspricht. Statt dessen ist das Elementarwesen nun gezwungen, dem egozentrischen Wunsch eines Menschen zu dienen.

Auch in einem solchen Falle müßte der Heilungsvorgang mit einer Reinigung und Auflösung des falschen Befehlsmusters beginnen, in dem das Bewußtsein des betreffenden Elementarwesens gefangen ist. Nach der Befreiung empfiehlt es sich, das Elementarwesen zu einem höher entwickelten Gefährten umzusiedeln, der es seinem ursprünglichen Wesen entsprechend zurückschulen kann. Es versteht sich von selbst, daß das ausgesuchte Meisterwesen vorher gefragt wird, ob dieses Vorgehen seine Zustimmung findet.

TEIL VI:

DER UMGANG MIT ZERSTÖRERISCHEN MÄCHTEN

scheinungen durch einen Heilungsprozeß in ihren ursprünglichen Zustand zurückverwandelt werden, verlieren sie ihren zerstörerischen Charakter, der ihnen vom Menschen aufgezwungen war (SG 5.1.).

Vor dem Hintergrund meiner persönlichen Entwicklung sehe ich heute die drei oben genannten Anschauungen über das Phänomen des Bösen als komplementär zueinander. Sie lassen sich gut miteinander verbinden und bilden zusammengenommen einen klaren Ausgangspunkt für die Auseinandersetzung mit den zerstörerischen Kräften, die während der Erdheilung auftauchen. Allerdings beinhaltet das »Mysterium des Bösen« noch weitere Aspekte, die es an dieser Stelle zu klären gilt.
Dazu möchte ich als erstes eine Warnung aussprechen, die das Engagement bei der Erdheilung betrifft. Grundsätzlich sind die zerstörerischen Kräfte ein Ausdruck des durch Menschen gestörten Planeten. Wenn es ihre Rolle ist, die Wahrheit aufzuzeigen, damit wir aus den Folgen unseres Tuns lernen, dann ist jeder *Kampf* gegen zerstörerische Mächte sinnlos und kontraproduktiv. Vielmehr geht es darum, eine Wandlung in unserer Einstellung gegenüber der Erde, der Natur und der Landschaft zu vollziehen, und nicht gegen die Kräfte zu kämpfen, die uns einen Spiegel vorhalten. Jeder Kampf gegen etwas, das zu Recht besteht, zwingt das Gegenüber, noch stärker zu reagieren, damit wir endlich begreifen, daß wir selbst die Verursacher des Übels sind.

1. Die Gestalt des Widersachers

Als erstes möchte ich den Wirkungsbereich der zerstörerischen Kräfte im Rahmen jenes Raummodells festlegen, das

ich im dritten Kapitel nach dem im Schneewittchen-Märchen manifestierten Urmuster gestaltet habe. Es handelt sich bei den zerstörerischen Kräften um eine Wirkung im Bereich der Urbildlichen Dimension der Erde, in der die Intelligenz des Planeten Erde angesiedelt ist. Dies geschieht zum einen durch die Urbilder, die die Grundlage der irdischen Schöpfung bilden, zum zweiten durch die elementare Welt und zum dritten durch die Gefühlskräfte der astralen Ebene.
Zum Wirkungsbereich der zerstörerischen Mächte zähle ich nicht die Strukturgebende und die Vitalenergetische Dimension der Wirklichkeit, die die eigentlichen Bereiche der Erdheilung darstellen. In diesen Bereichen geht es ausschließlich um *kraft*mäßige Probleme, die durch disharmonisches Wirken des Menschen entstehen. Sie können mit den beschriebenen Methoden der Erdheilung behandelt werden. Bei den zerstörerischen Mächten handelt es sich jedoch um eine mehr oder weniger bewußt agierende bösartige Intelligenz, die durch negatives menschliches Handeln, falsche Bewertung oder Umpolung der *Gefühlsebene* der Erde entstanden ist. Die Gefühlsebene setze ich mit dem Bewußtsein des Erdplaneten gleich, wobei ich an den erweiterten Begriff der Gefühlsebene denke, der neben der astralen Schicht der Gefühlskräfte auch die Welt der Elementarwesen und die Unterelementare Schicht einschließt. Wegen ihrer *Bewußtseins*qualität werden die zerstörerischen Mächte traditionell mit einer intelligenzbegabten Gestalt assoziiert, die als Widersacher gegen die göttlichen Absichten und Pläne auftritt. Sie mag den Namen Satan tragen, Luzifer, Ahriman (der »Teufel« in der persischen Mythologie) oder Sorat[60], der Sonnendämon.

[60] Über Sorat als Widersacher Christi siehe den Vortragszyklus von Rudolf Steiner »Die Apokalypse des Johannes«, gehalten in Nürnberg im Juni 1908, insbesondere den 11. Vortrag (Taschenbuchausgabe, Dornach 1990).

Meinen Einsichten nach handelt es sich jedoch grundsätzlich nicht um eine eindeutige Individualität, sondern um ein breites Spektrum zerstörerischer Mächte, die nur durch einen, allen gemeinsamen Aspekt als personale Wesenheit wahrgenommen werden können. Diesen nenne ich den Widersacheraspekt.

Eine klare Einsicht in den Widersacheraspekt der zerstörerischen Mächte habe ich während der im dritten Kapitel mehrfach erwähnten Klausur im September 1995 erhalten, als ich nach den Ursachen meiner chronischen Bronchitis forschte, die mich seit meiner Pubertät begleitet. Seit jener Zeit litt ich immer wieder unter langanhaltenden Hustenperioden. In meiner Meditation begleitete ich den Vorgang meiner Verkörperung. Ich genoß den vollkommenen Rhythmus meiner Atmung bis in die späte Kindheit hinein, als ich plötzlich bemerkte, daß eine unbekannte Kraft meinem Atemrhythmus entgegenzuwirken begann. Es kam zu Atemstörungen im Sinne einer Interferenz zwischen zwei unterschiedlichen Rhythmen. In Zeiten, in denen ich stark und klar war, konnte ich diese Gegenkraft gut überwinden. Wenn ich aber durch Persönlichkeitsprobleme geschwächt war, wurde der Gegenrhythmus überstark und ich erlag erneut den Hustenanfällen.
Als ich mich weiter auf die Ursache dieses Gegenrhythmus konzentrierte, brach ich in einem Moment durch die mehr oberflächliche Ebene des Phänomens hindurch und nahm zu meinem Erstaunen die Gestalt eines bösartigen Männleins wahr, das sich hinter der Ebene der vordergründigen Erscheinung mächtig daran »freute«, den Wogen meines Atems entgegenzuwirken. Es hüpfte auf und nieder und war boshaft zufrieden, wenn es ihm glückte, meinem Atem einen Widerstand entgegenzusetzen.

Ich war mir gewahr, daß ich mich während dieser Beobachtung auf der elementaren Ebene befand. Ich fragte mich, welches Urmuster sich wohl als treibende Kraft hinter dieser offensichtlich zerstörerische Kräfte verkörpernden Gestalt befände. Auf diese Weise drang ich in eine noch tiefere Schicht vor, die ich als Unterelementare Ebene bezeichnen würde. In der darauf folgenden Vision stand ich vor einem langen, riesengroßen Rohr, in dessen zylindrischem Raum sich eine unendliche, perfekt ausgearbeitete Stahlschraube linksdrehend bewegte. Ich überlegte mir schon, ob ich mich im Bewußtsein durch den engen Zwischenraum zwischen der Schraube und der Wand des Rohres hindurchzwängen sollte, um nach der Bedeutung der Vision zu suchen, als die Schraube plötzlich explodierte und das Hindernis verschwunden war. Schon wollte ich mich tapfer in das Rohr hineinbegeben, als ich einen eiskalten Wind wahrnahm und zu meinem Entsetzen sah, daß der ganze zylindrische Raum mit fliegenden Eiskugeln ausgefüllt war. Hätte ich mich da hineinbegeben, wäre ich sofort erfroren.

Es wäre schwierig gewesen, diese Vision zu deuten, hätte ich nicht im Mai 1994 eine komplementäre Erfahrung im Bereich der Erdheilung gemacht. Damals handelte es sich um einen Platz in Kiel, mitten im Südfriedhof, den uns der Erdheilungsengel mit dem Kommentar gezeigt hatte, es handele sich um einen vollständig zerstörten Ort, der in eine Negativität »gekippt« sei, die jenseits unserer Vorstellung läge, und dringend Hilfe brauche. Die Voruntersuchung ergab, daß es sich um einen für die betreffende Landschaft entscheidenden Ort handelte, durch den – als der Platz noch heil war – die vertikale Beziehung zum Kosmos aufrechterhalten wurde. Er hatte also eine Funktion vergleichbar der des Scheitelchakras beim Menschen.

Während der Untersuchung hatte ich damals eine Vision,

wonach der Ort durch ein Volk, das das Land erobern wollte, bewußt zerstört wurde, um die ansässige Bevölkerung von ihrer Verbindung zur geistigen Welt abzutrennen und dadurch leichter unterwerfbar zu machen. Ich sah die Eroberer reihenweise unschuldige Menschen umbringen und ihre Leichen kreisförmig mit den Köpfen nach unten auf einen damals dort befindlichen Hügel legen, bis der ganze Platz mit blutigen Leichen bedeckt war.
Als wir am nächsten Tag mit der Gruppe an dem Platz erschienen – wir waren über 40 Freiwillige –, schilderte ich die grauenhafte Lage am Ort. Anschließend begannen wir mit dem Reinigungsgesang, der mit einem erschütternden »Klagelied« anhob und sich nach großer Mühe harmonisierte. Es dauerte mindestens 30 Minuten, bis das Singen ausklang. Danach blieben wir noch einige Zeit in der Stille an unseren Plätzen stehen, weil sich gewöhnlich nach der Erlösungsarbeit ein Segen herabläßt. Doch diesmal war die Atmosphäre ganz anders. Statt des Segens herrschte eine lähmende, bedrohliche Stille. Da erblickte ich mit dem inneren Auge kristallklar eine mächtige hölzerne Tür in einer Einfassung, jedoch ohne den dazugehörigen Palast. Das Tor öffnete sich und eine hagere, hochaufragende Gestalt, deren Gewand an das eines Zauberers erinnerte, trat mißmutig heraus und wunderte sich, wer ihren Palast weggeblasen hatte.
Einen Moment lang war ich verunsichert – die Gruppe stand noch immer still in konzentrischen Kreisen und mit geschlossenen Augen versammelt –, dann entschied ich mich und bat den Widersacher mit innerer Stimme, den Ort zu verlassen, und lud den Erzengel Michael ein, die Herrschaft über den Kraftplatz zu übernehmen. Kaum hatte ich die letzte Silbe ausgesprochen, verschwand der Widersacher und die Wogen des Segens ergossen sich über uns.
Die Vision des mit Eis ausgefüllten Rohres mit der präzise

linksdrehenden Schraube entsprach haargenau den Gefühlsqualitäten, die die Gestalt des in Kiel wahrgenommenen Widersachers ausstrahlte. Es handelte sich um eine ziemlich teuflische Mischung aus extremer Lieblosigkeit (Kälte) und einer bis zum Höchstmaß aufgeputschten verstandesmäßigen Intelligenz. Es hat mich zutiefst erschüttert, als ich mir klar machte, daß diese zwei für den Widersacher charakteristischen Eigenschaften auf Schritt und Tritt um uns herum zu spüren sind. Sie stellen, so könnte man sagen, eine Grundeinstellung unserer gegenwärtigen Zivilisation dar, die wir verharmlosend als »allgemeine Entfremdung« bezeichnen, anstatt uns darüber klar zu sein, daß es meist um Zynismus geht, mit dem wir großzügig die Widersacherkräfte in unserer Welt nähren.

Eine absolute Lieblosigkeit gepaart mit einer ungeheuer hochentwickelten Intelligenz sind Merkmale der Widersachermächte, deren Ziel es nach den Einsichten Rudolf Steiners ist, die Menschheit von ihrem geistigen Ursprung zu trennen.[61] Genauer gesagt, unterscheidet Steiner zwischen zwei Aspekten der Widersachermächte, von denen der ahrimanischc auf die Weise wirkt, daß dem Menschen das Licht der geistigen Welt verschattet und zuwider wird mit dem Ziel, die ganze Vielfalt seines Wesens auf die bloße Körperlichkeit zu reduzieren. Im Gegensatz dazu wird der Mensch durch den luziferischen Aspekt in Illusionen gewiegt mit dem Ziel, ihn aus seiner Verwurzelung in den irdischen Lebenssystemen herauszureißen, um ihn in einem ungeerdeten, scheinbar geistigen Raum gefangenzuhalten. So betrachtet wären die Widersachermächte mit dem Tier gleichzusetzen, das im

[61] Zur Zusammenfassung seiner diesbezüglichen Einsichten siehe Sergej O. Prokofieff: *Die geistigen Quellen Osteuropas und die künftigen Mysterien des Heiligen Grals*, Verlag am Goetheanum, Dornach 1989, S. 289–297.

12. Kapitel der Apokalypse mit dem Erzengel Michael kämpft und im 13. Kapitel auf zwei unterschiedliche Weisen vor der Menschheit auftaucht – als Tier, das einmal aus dem Meer und einmal aus der Erde emporsteigt.[62]

Die pessimistischen Zukunftsaussichten zu Lebzeiten Rudolf Steiners am Beginn des Jahrhunderts haben schon Anfang der siebziger Jahre begonnen, sich zu wandeln. Ich denke an einen Vortragszyklus über das Wesen Christi von David Spangler[63], an dem ich im August 1971 in Findhorn (Schottland) selbst teilgenommen habe. Eine Botschaft, die David während der Vorbereitungen zu diesem Zyklus von seinem Höheren Selbst erhielt, trägt den Titel »Die Rolle Luzifers in der menschlichen Entwicklung«. Hier steht Luzifer für die Gestalt des Widersachers, dessen Rolle es ist, den Menschen zurückzuführen zur verlorenen Ganzheit. Luzifer, der selbst ein Erzengelwesen ist, hat als Begleiter der Menschheit auf dem schwierigen Weg in die Selbständigkeit die oft erniedrigende Aufgabe übernommen, die Fehlentwicklungen der Individuen bzw. der Menschheit als Ganzes widerzuspiegeln. Je eifriger ein Mensch in eine Richtung drängt, die ihn von der Ganzheit wegführt, desto schmerzhafter und verbissener wird der Angriff der Widersachermächte auf sein Wesen werden. In dem Maße, wie die Menschen einzeln und als Gemeinschaft ihren Weg zurück zur verlorenen Ganzheit auf einer neuen Ebene finden, wird auch Luzifer von seiner freiwillig übernommenen, schmerzlichen Aufgabe befreit.

Die Aussagen der beiden Seher stellen zwei sich ergänzende Anschauungen dar, die meiner Erfahrung nach zueinander passen, wobei ich meine, daß die optimistische Perspektive nähergerückt ist. Nicht nur im Falle der beschriebenen Be-

[62] Offenbarung des Johannes, Kapitel XII und XIII.
[63] David Spangler: *The Christ*, Findhorn Press.

gegnung mit dem Widersacher in Kiel habe ich eine erstaunliche Gesetzmäßigkeit dieser Mächte erlebt. In dem Moment, wo kein Grund mehr für ihr zerstörerisches Eingreifen besteht, verschwinden sie im Nu. Sie sind nicht bösartig an sich, sondern nur in der Beziehung zu dem, was der Mensch Falsches tut. In jenem kritischen Moment in Kiel, als der »Herr der Finsternis« auftauchte, meinte mein Verstand, ich müsse ihn durch einen Befehl verjagen. Meine Intuition bestand jedoch darauf, ihn aufrichtig zu bitten, den Platz zu verlassen. Das tat er auch ohne jedes Zögern, nachdem die menschliche Schuld an jenem Platz erlöst war.

2. Ausdruck zerstörerischer Kräfte im Raum

Was in geistiger Hinsicht als die Gestalt des Widersachers erkannt werden kann, äußert sich im feinstofflichen Bereich als ein breites Spektrum an störenden und zerstörerischen Kräften. Sie wirken als Gegenpol und Spiegel zum menschlichen Schaffen, das sich der Ganzheit entfremdet hat und deswegen unharmonisch und zerstörerisch ist. Dieses Rückwirken der »dunklen Kräfte« ist als Lektion für den Menschen gedacht und stellt gleichzeitig eine Prüfung für die Menschheit dar, durch die offenbar wird, ob diese reif ist für eine neue Entwicklungsstufe oder nicht.
Der Erdheilungsengel hat auf meine Frage nach dem Ursprung der Kräfte, die gegen die Absicht und Praxis der Erdheilung wirken – ich habe sie einfach »Gegenkräfte« genannt –, diese Kräfte in vier Arten untergliedert:

1. Kräfte auf der astralen Gefühlsebene, die durch menschliche Mißhandlung der irdischen Lebenssyste-

me und durch unser aggressives Verhalten in eine zerstörerische Rolle hineingedrängt worden sind.

2. Kräfte, die von den negativen Vorbildern, welche die Menschen massenweise auf der Erde erschaffen, fasziniert worden sind; sie haben diese Vorbilder nachgeahmt und sind letztlich selbst zur Verkörperung dieser unglücklichen Vorbilder geworden.[64]
3. Zerstörerische Kräfte, die dadurch entstanden sind, daß Menschen bewußt aufbauende Kräfte umgepolt und negativ benutzt haben, um leichter ihre selbstsüchtigen Ziele zu erreichen. Dabei handelt es sich um Machtkämpfe, die sich hinter dem Rücken der Öffentlichkeit abspielen.
4. Kräfte, die ursprünglich der Urbildlichen Dimension einzelner Orte oder Länder angehören. Durch die Umweltzerstörung auf den feinstofflichen Ebenen werden diese Kräfte chaotisiert und negativiert, so daß sie letztlich anfangen, als zerstörerische Kräfte zu wirken. Furcht- und Haßgefühle der Menschen gepaart mit lebenszerstörendem Handeln sind die Hauptursachen für das Entstehen von Gegenkräften dieser Art.

Unter den Ursachen, die Pate stehen bei der Entstehung der Gegenkräfte nennt Devos:

1. Überholte Gedankenmuster, denen Menschen massenhaft anhaften. Besonders giftig ist das Gedankenmuster der Polarisierung in Gut und Böse, bei dem die beiden Pole als unüberbrückbare Gegensätze hingestellt wer-

[64] Der Mensch als ein Engelwesen (SG 1.3.) trägt in dem Sinne eine zusätzliche Verantwortung für das Leben, weil einfachere Wesenheiten der Erde dazu tendieren, ihm als einem Vorbild zu folgen.

den und man meint, selbst immer auf dem Standpunkt des Guten zu stehen, während das Gegenüber zur Verkörperung des Bösen abgestempelt wird.

2. Aus Furcht vor Veränderungen werden lieber negativierte und entwicklungshemmende Kräfte eingesetzt, anstatt sich dem Prozeß der Wandlung zu unterziehen.
3. Aus Neid und Eifersucht auf die für den Verstand unbegreifliche Schönheit des Lebens wird den lebensbringenden Kräften entgegengewirkt.[65]

Die Menschheit, meinte Devos schließlich, nährt die Gegenkräfte durch ihr zerstörerisches Verhalten gegenüber der Mitwelt, durch sinnloses, von der Ganzheit abgetrenntes Handeln und durch ein auf den Verstand eingeengtes, roboterähnliches Denken. In alter Zeit hätten Menschen sich der Gegenkräfte bedient, um mit ihrer Hilfe ihre selbstsüchtigen Ziele zu erreichen. Heutzutage haben die zerstörerischen Mächte nach Ansicht des Erdheilungsengels die Oberhand gewonnen und halten ihrerseits die Menschheit in ihrer Gewalt.

Meiner Erfahrung nach wirken die Gegenkräfte in allen möglichen Bereichen des Lebens und des Raumes. Sie wirken im persönlichen Bereich überall dort, wo es im menschlichen Mikrokosmos etwas Ungeläutertes, Abgetrenntes, Unterdrücktes oder falsch Eingestelltes gibt. Es ist sozusagen ihr »Recht« durch solche Unvollkommenheiten zu wirken, um ihre lehrende Rolle auszufüllen. Da hilft nichts als eine beharrliche Arbeit an der Klärung der eigenen Probleme und an der persönlichen Rückbindung an die eigene mehrschich-

[65] Ich erinnere an meine Vision von dem schadenfrohen Männlein, das sich daran freute, dem Rhythmus meiner Atmung entgegenzuwirken.

tige Ganzheit. Dazu gilt es unbedingt auch unterscheiden zu lernen, was eigene Kräfte und was fremde, durch gewisse Resonanzen eindringende Gegenkräfte sind, um sich von letzteren nicht irreführen zu lassen. Auch die beständige Pflege des persönlichen Schutzes gehört dazu.

Das geheime Wirken der Gegenkräfte im öffentlichen Raum wäre mir weitgehend verborgen geblieben, hätte ich nicht in der Zeit, als mein Heimatland seine Unabhängigkeit erlangte, das Staatswappen der Republik Sloweniens gestaltet.[66] In den nachfolgenden Jahren wurde oft der Versuch unternommen, in die energetische Struktur des Wappens einzubrechen. Dabei fiel mir auf, wie die Einbrüche oft in zeitlicher Übereinstimmung mit den Versuchen gewisser Parteien erfolgten, eine bestimmte politische Idee durchzusetzen, die auf demokratischem Wege keine Chance hätte. Um einen solchen Akt ausführen zu können, brauchte man den urbildlichen Schlüssel des Landes, der im Wappen codiert ist. Wie in meinem Buch *Die Landschaft der Göttin* beschrieben, habe ich das Wappen als ein Kosmogramm gestaltet, das die Identität Sloweniens ausdrückt.

Auch habe ich einige Störungen von Erdheilungswerken erlebt, bei denen ich mich vergewissert habe, daß sie gezielt erfolgt sind, auch wenn sie in der Regel von Menschen ausgeführt wurden, die davon überzeugt waren, etwas Gutes für die Erde zu tun. Es wurden falsche Kraftbeziehungen im Raum geknüpft, um Kraftbahnen zu verwirren. Es wurden Kraftmuster manifestiert, die falsche Informationen zu dem Platz leiteten. Es wurde Vernebelung herbeigezaubert, um die wahren Qualitäten oder Probleme eines Ortes zu verbergen. Wenn man in solchen Fällen einer falschen Inspirationsquelle folgt und unwillentlich zur weiteren Weltzerstörung beiträgt,

[66] Siehe dazu Kapitel VII in *Die Landschaft der Göttin.*

hilft es nichts, sich auf gute Absichten zu berufen. Die Ursachen für die unerwartete Umpolung lagen in den meisten Fällen, die ich untersucht habe, darin, daß die betreffenden Gruppen zu ehrgeizige Ziele hatten, die nicht in Übereinstimmung waren mit dem Wissen über die Gesetzmäßigkeiten des betreffenden Raumes. So wurde der Ort einem forcierten Druck ausgesetzt, der die zerstörerischen Kräfte anzog. Leider öffnet die Ambition, eine Erdheilerin oder ein Erdheiler zu sein, allzuoft die Tür, durch die auf den Wogen falscher Botschaften die Gegenkräfte sich als »Erdheilungskräfte« getarnt breit machen. Die Formen, durch die die zerstörerischen Kräfte wirken, sind vielfältig. Zum einen geht es um verschiedene Arten von Störungen, über die ich nichts Konkreteres sagen kann, als schon oben angedeutet. Es gilt in dieser Hinsicht beständig zu sein, an der Klärung der eigenen Motivation und Entwicklung zu arbeiten und sich zu schützen. Zum zweiten handelt es sich um spezifischere Erscheinungsformen, die das Brandmal der zerstörerischen Kräfte tragen, wie Energieraub, Eroberung von Kommunikationskanälen, astrale Projektionen oder künstliche Geschöpfe. Um sich damit auseinanderzusetzen, braucht es die Kenntnis entsprechender Methoden. Leider muß ich zugeben, daß es sich dabei um eine Art esoterisches Verbrechertum handelt, mit dem zu konfrontieren man gezwungen wird, wenn man sich für die Erdheilung einsetzen möchte.

3. Einbrüche in die astrale Ebene und Projektionen

Jedes Wesen, so auch der Mensch, trägt Dimensionen des Seins in sich, die strikt persönlich sind und nicht von außen angezapft werden dürfen. Dabei handelt es sich zum einen um das persönliche Urbild- und Codesystem, zum anderen

um das Wissen und die Erinnerungen, die ein Mensch mit in die Verkörperung bringt. Auch die vitalenergetischen Zentren und Kraftfelder dürfen ohne Zustimmung der betreffenden Person nicht angetastet werden. Geschieht dies dennoch, so wird ein okkultes Verbrechen begangen, das als ein Einbruch in feinstoffliche Systeme behandelt werden muß. Gewöhnlich wird ein Verbrechen dieser Art als unbewußter Energieraub begangen oder mit der Absicht, sich Informationen anzueignen oder auf Kommunikationskanäle des betreffenden Menschen Einfluß zu nehmen.
Ähnlich wie an Menschen, wird diese Art von Verbrechen auch an Orten begangen. In diesem Zusammenhang habe ich das Beispiel des ausgepreßten Herzens der Stadt Salzburg erwähnt (Kapitel II/9). Um den Energieraub und andere Formen des Mißbrauchs von Orten zu verhüten, haben die alten Kulturen verschiedene Systeme der Verschlüsselung und des Schutzes ihrer heiligen Orte entwickelt. Bei einem durch den Templerorden gegründeten Hof im Raum Köln, zum Beispiel, habe ich gefunden, daß das ganze Gelände kraftmäßig verschnürt worden ist – vermutlich nachdem der Orden es verlassen mußte –, so daß seine Potentiale wie eingeschläfert waren. Obwohl der Ort heute eine ganzheitlich ausgerichtete Nutzung erfährt, blieb er verschlossen und war nicht fähig, die neuen Tätigkeiten zu unterstützen, obwohl sie für den Ort die richtigen sind. Darüber hinaus gibt es gewöhnlich noch einen für jeden Kraftort individuell ausgestalteten Schutzmantel, der aus verschiedenen Farbschichten und Lichtformen komponiert wird (SG 7.2.D.).
Die Verschlüsselungssysteme können beim Menschen – auf der biologischen Ebene – mit dem Immunsystem verglichen werden, der Schutzmantel mit der Abwehrfunktion der Haut. Beim Erdplaneten entspricht dieser Rolle der Ozonmantel.

Wir reden hier zwar über ähnliche Anlagen auf der feinstofflichen Ebene, die aber, wenn sie gesund und unzerstört sind, auch eine entscheidende Grundlage für das erfolgreiche Funktionieren des Immunsystems auf der stofflichen Ebene darstellen.

Wenn es zu einem Einbruch in einen persönlichen Schutzmantel gekommen ist, beispielsweise mit dem Ziel, Kraft oder Wissen der betreffenden Person zu rauben, dann gilt es als erstes, sich zu reinigen und das Schutzsystem wieder aufzubauen (SG 2.7.E.). Wenn weiterhin Einbrüche drohen oder wiederholt werden, dann muß an der Abkoppelung der möglichen Täter gearbeitet werden. Dazu habe ich aufgrund der Methode, die meine Tochter Ajra für die Zwecke ihrer Heilungsarbeit entwickelt hat, eine eigene Variante der Abkoppelungsübung gestaltet. Man kann sie in allen möglichen Fällen gebrauchen, um die Unantastbarkeit der eigenen Kraftsysteme und die Freiheit des eigenen Wesens zu sichern: Ich stelle mir innerlich vor, daß ich mitten in einer festen, unzerbrechlichen Glaskugel stehe. Dann lasse ich in meiner Imagination die verdächtige Person langsam herankommen und beobachte ihr Verhalten ab dem Moment, da sie mich wahrgenommen hat. Ich spreche sie an, erkläre ihr mein Recht auf Freiheit bzw. Unabhängigkeit und bitte sie, ihres Weges zu gehen. Im Falle, daß sie meiner Bitte entspricht, heißt das, daß sie keine falschen Kraftbeziehungen zu mir geknüpft hat. Will die Person nicht gehen oder wird sie aggressiv und versucht, meine Schutzkugel zu zerstören, dann gilt es, weiter an der Abkoppelung zu arbeiten.

Dazu ist zunächst die eigene Schutzkugel zu verstärken, entweder durch Einführung mehrerer Schichten von Glas oder durch Unterlegen einer Kristallschicht usw. Weiter besteht die Möglichkeit, den Schutzengel der betreffenden Person zu bitten, sie auf ihren geistigen Pfad, weg von mir zu führen. Wenn das nicht hilft, darf man die letzte Maßnahme ergreifen und den Eindringling – während man selbst in einer Glaskugel steht – hinter einer zusätzlichen Glaswand visualisieren, um ihn auf diese Weise auf Abstand zu halten. Die Übung muß so lange wiederholt werden, bis die betreffende Person bereit ist, die gefährdete Person in Ruhe zu lassen, was heißt, daß die der göttlichen Ordnung entgegenstehende Bindung aufgelöst ist. Bei dieser Übung darf man kreativ sein; es gilt, intuitiv im richtigen Moment die richtigen Entschlüsse zu fassen und beständig daran zu arbeiten.[67] Sie darf aber nur im Falle der Selbstverteidigung angewandt werden. Die Übung kann in manchen Fällen auch für die Sicherung der Integrität eines Ortes, zum Beispiel des eigenen Heimes, entsprechend modifiziert genutzt werden.

Allerdings möchte ich hinzufügen, daß Vorgänge dieser Art, wenn sie einmal entfesselt werden, sehr langfristig sein können. Da hilft es nicht viel, Übungen, wie oben beschrieben, »technisch« zu wiederholen. Man muß unbedingt parallel dazu beständig an der Klärung der eigenen Persönlichkeit arbeiten (SG 2.7.) und die Ursachen herausfinden und auflösen, die, in einem selbst versteckt, den störenden Kräften die Tür öffnen. Außerdem sind Heilungs- und Reinigungswerke für den Raum oder Ort auszuführen, die für den Platz, an dem die Störungen walten, den höchstmöglichen Grad an Klarheit und Stärke herbeiführen. Nur durch das Dreieck: Arbeit am Selbst – Heilung des Ortes – Widerstand gegenüber den Gegenkräften kann man einen dauerhaften Erfolg erzielen.

Der Widerstand gegen zerstörerische Mächte muß verstärkt

[67] Wenn wir nicht wissen, wer der Täter ist, können wir den gleichen Vorgang mit einer imaginären Person ausführen, die wir mit den Gefühlen ausstatten, die wir während des Einbruches gewonnen haben.

werden, wenn es sich um astrale Projektionen oder gar künstlich erschaffene Kreaturen handelt, die einen Ort oder einen Menschen plagen. In diesem Falle geht es um vollständig artifizielle Erscheinungen, bei denen man die Präsenz des Menschen, der sie erschaffen hat, zu berücksichtigen hat, ähnlich wie im Falle des Abkoppelungsvorganges. Sie wurden durch böse Absichten von Menschen – gewöhnlich schwarzmagisch – ins Dasein gerufen, können aber auch losgelöst von ihrer Quelle im Sinne einer Kettenreaktion wirken. Folglich dürfen die Methoden der Behandlung extrem rigoros sein. Man darf angesichts solcher Kräfte kein Mitleid zeigen, sondern muß streng darauf bestehen, daß sie als mißbrauchte Kräfte der göttlichen Ordnung zurückverwandelt werden in das, was sie eigentlich sind, um an ihren ursprünglichen Platz im Universum zurückkehren zu können. Bei astralen Projektionen und Kreaturen kann es sich nicht um Heilung, sondern nur um Auflösung handeln.

Ein Beispiel[68] für eine astrale Projektion im Raum wäre das Erschaffen künstlicher Wirbel oder Zentren, die dazu bestimmt sind, Störungen an dem betreffenden Platz hervorzurufen und durch den Raum zu verbreiten. Von einem solchen Beispiel kann ich aus dem Park in Murska Sobota (Slowenien) berichten, wo ich gemeinsam mit meiner Frau Marika in den Jahren 1993–94 ein Lithopunkturprojekt zur Wiederbelebung des Ortes verwirklicht habe.

Im Juni 1994, als die letzten Lithopunktursäulen aufgestellt werden sollten und sich eigentlich schon eine positive Wirkung unserer Arbeit hätte zeigen müssen, stellte ich zu meiner Beunruhigung fest, daß im hintersten Teil des Parks ein Wirbel stark negativierter Kraft bestand. Die Abstrahlung des Bodens war im Bereich des Wirbels in einem Durchmesser

[68] Weitere Beispiele siehe SG 5.1.C. und 5.1.D.

von 45 Meter ganz schwach, sie reichte nicht höher als bis zu den Knien. Von da aus verbreiteten sich graue Streifen einer Kraft durch den Park, die ein ungutes Gefühl verursachte. Mit dem inneren Auge konnte ich im Zentrum des negativierten Feldes einen schwarzen Wirbeltrichter sehen, der aus dem Erdinneren aufstieg und dessen Ränder überraschenderweise mit einer dünnen Schicht Gold geschmückt waren.

Als ich mich in den Ursprung dieses Bildes vertiefte, sah ich fremde, uralte Gestalten aus der Erde aufsteigen, von denen eine einen Menschen an der Hand führte. Meine Intuition erklärte das Bild als einen Hinweis darauf, daß es sich um ein gezieltes Erwecken von Kräften handelte, die einst in der Vergangenheit leitende Mächte der Entwicklung waren – deswegen das Gold –, die aber, wenn sie heute künstlich wiedererweckt werden, giftig wirken. Ich wußte aus Umständen, die ich nicht schildern kann, daß eine Person den Wirbel ins Dasein gerufen hatte, die neidisch auf mein Werk war und die das nötige Wissen besaß, wie man Kräfte dieser Art entfesseln kann.

Als ich den Erdheilungsengel fragen ließ, wie mit solchen Erscheinungen umzugehen wäre, hat er als erstes bestätigt, daß der zerstörerische Wirbel willentlich durch eine Person manifestiert wurde, und forderte uns auf, vorsichtig damit umzugehen. Er schlug vor, im Rahmen des nächsten Erdheilungsseminars durch Farbvisualisation und Reinigungsgesang mit der Gruppe daran zu arbeiten. Als erstes sollten wir vom Rande des Störfeldes die Farbe Grün in Richtung seines Zentrums schicken. Die Farbe sollte am Rand eine dunkle Schattierung haben und, je näher sie dem Zentrum kam, heller werden bis zu vollkommenem Weiß in der Mitte. Danach sollten wir in das Zentrum gehen und von dort aus durch unsere Klangmethode die angesammelten Störkräfte reinigen. Zusätzlich haben wir zum Abschluß noch einen neuen Schutzmantel für den Park visualisiert, so daß es nicht mehr zu solchen Einbrüchen in seine Kraftsysteme kommen konnte.

Einen Monat später, als ich den Park noch einmal zur Kontrolle besuchte, mußte ich zu meinem Entsetzen feststellen, daß der Wirbel wieder am selben Platz bestand und Störungen verbreitete. Der Kommentar des Erdheilungsengels lautete, dieselbe Person habe auf der Kraftachse des Parks einen bestimmten Punkt mittels ihres Codes so vorbereitet, daß sie dadurch trotz des neuen Schutzmantels eintreten und ihr zerstörerisches Werk anrichten konnte. Er schlug vor, den betreffenden Punkt zu reinigen, die Codierung auszulöschen und den Platz zusätzlich mit einer schützenden Sphäre zu umgeben. Danach wurde der Schutz des gesamten Parks erneuert und mit einer zusätzlichen Farbschicht verstärkt.

Das Beispiel zeigt, wie kompliziert und zeitaufwendig der Umgang mit astralen Projektionen sein kann. Sie können sogar als künstlich erschaffene »Lebewesen« auftauchen – in dem Falle spreche ich von astralen Kreaturen. Man darf sie nicht mit Elementarwesen verwechseln, auch nicht mit solchen, die, wie schon erwähnt, von Menschen versklavt und für destruktive Zwecke programmiert worden sind. Die astralen Kreaturen sollten – wie andere Projektionen (Illusionen) – auf der Gefühlsebene aufgelöst werden. Dazu kann man die Kräfte der Farbe Violett anwenden gepaart mit der Bitte an die zuständigen Engelwesen, die gereinigten Kräfte an ihren richtigen Platz im Universum zu geleiten.

Es kann nicht genug vor den verheerenden karmischen Folgen gewarnt werden, die die Erschaffung astraler Projektionen und Störungen für den Täter haben kann!

4. Urelementare Dämonen

Es gibt weitere störende Phänomene im Raum, die sich nicht einfach unter die astralen Projektionen einordnen lassen. Sie sind auch nicht nur ein Ausdruck der gestörten elementaren Welt, obwohl sie ihre störenden Wirkungen im Raum auf der Gefühlsebene ausüben. Es handelt sich um Probleme »urelementarer Dämonen« und »unerlöster Seelen«, die beide einen ganz eigenen Charakter haben und separat besprochen werden sollen.

Das Phänomen der Urelementaren Dämonen entsteht dadurch, daß gewisse Wesenheiten, die der Unterelementaren Ebene des Raumes angehören, künstlich durch einen vom Menschen ausgeführten Eingriff auf eine höhere Raumebene gehoben werden, wohin sie unter gar keinen Umständen gehören. Es handelt sich dabei um ihre Aktivierung auf der astralen Ebene, wo sie höchst destruktiv wirken können, weil ihre Kräfte in keinem realen Verhältnis zur Struktur des oberirdischen Raumes stehen. Daher ist ihre Wirkung in einem unvorstellbaren Maße übersteigert.

Als ich das Buch *Schule der Geomantie* schrieb, konnte ich zerstörerische Wesenheiten dieser Art noch nicht richtig einordnen. Ihr Ursprung war mir verborgen geblieben, weil ich die Unterelementare Ebene des Seins noch nicht kannte. Ich hielt sie daher für Elementarwesen aus der Atlantischen Epoche der Evolution, die in ihrer Entfaltung zurückgeblieben waren und nun, in einen astralen Schlaf versenkt, auf eine zukünftige Möglichkeit der Weiterentfaltung warten müssen (SG 5.1.D.).

Nun möchte ich hier zwischen zwei Phänomenen unterscheiden. Die Dämonen der Atlantischen Epoche wirken eher auf eine bewußtseinsstörende Weise. Sie werden gewöhnlich durch spiritistische Praktiken oder durch das Unwissen von

Suchenden auf dem geistigen Weg aktiviert, die auf eigene Faust im Bereich der Kommunikation mit geistigen Wesenheiten herumexperimentieren.[69] Was ich als Urelementare Dämonen bezeichne, sind noch gefährlichere Wesenheiten, die durch bewußte schwarzmagische Handlungen oder durch die Zerstörung einer Landschaft zustande kommen, wovon bestimmte geistig-energetisch bedeutsame Plätze betroffen sind, die den Stammbereich solcher Wesenheiten darstellen. Dabei geschieht so etwas wie das berühmte Freilassen eines Geistes aus der Flasche. Der betreffende Geist, der in seiner Rolle in der Unterelementaren Ebene »verpackt« war, dehnt sich fast beliebig in den entsprechenden Raum aus, nachdem er durch einen Menschen oder eine Gruppe von Menschen aus seiner Rolle herausgerissen wurde. Man kann seine Anwesenheit im ganzen Raum erspüren, aber nicht als eine angenehme, sondern als eine aktiv-bösartige Präsenz. Das Verhalten eines solchen Dämons ist völlig unberechenbar, weil er sich auf einer Raumebene befindet, die ihm nicht entspricht und deren Gesetzmäßigkeiten er nicht folgen kann. Er kann vor dem inneren Blick als ein Riese auftauchen oder als ein grelles Lichtspiel von wild durch den Raum tanzenden Farben.[70]

Noch etwas ist charakteristisch für die Urelementaren Dämonen. Es handelt sich um feinstoffliche Kräfte, die einen Teil ihrer Präsenz auch auf die stoffliche Ebene projizieren können. Ihre Präsenz kann die Proportion der sichtbaren Dinge verändern, so daß zum Beispiel bei einem Tisch, bei dem ja alle vier Beine gleich hoch sind, zwei davon kürzer werden, so daß es aussieht, als würde der Tisch nach einer

[69] Genaueres darüber in meinem Buch *Elementarwesen*, S. 190ff.

[70] Ich glaube, daß die Asuras, von denen Rudolf Steiner berichtet, dem Phänomen der Urelementaren Dämonen entsprechen.

Seite hin kippen. Auch können Gegenstände den Platz wechseln, Unfälle werden produziert, für die der logische Verstand keine Erklärungen findet, usw. Solche Einwirkungen auf die materialisierte Welt haben jedoch nach meiner Erfahrung *immer* eine Art symbolischen Charakter. Auch wenn sie den Menschen, der sie erlebt, erschauern lassen, braucht man sich vor einem Angriff dieser dämonischen Mächte auf der physischen Ebene nicht zu fürchten, solange man gut geerdet ist und bewußt einen Schutzmantel trägt. Eigentlich versuchen diese Dämonen, auf ihre unglückliche Lage aufmerksam zu machen, um davon erlöst zu werden.

Wie im Falle der Astralen Geschöpfe darf man mit dämonisierten Mächten der Unterelementaren Ebene nicht versuchen zu kommunizieren, weil das nur der unheilvollen Ausdehnung ihrer Präsenz dient. Das einzige, was ihrer Lage angemessen ist, wäre eine Hilfestellung, damit sie in ihren ursprünglichen Zustand zurückkehren können. Dazu habe ich einen Vorgang entwickelt, den ich schon einige Male erprobt habe:

1. Man wählt einen Bergkristall aus, legt ihn in dem betreffenden Raum auf den Boden und paßt dabei geistig die Schwingung des Kristalls an die Schwingung der dämonischen Präsenz an, damit diese in Phase 4 den Kristall betreten kann.
2. Der ganze Raum wird imaginativ in eine Sphäre aus kristallweißem Licht eingehüllt, wobei unsere erhöhte Aufmerksamkeit – ich empfehle, in einer kleinen Gruppe zu arbeiten – bewirkt, daß der Dämon scheinbar grenzenlos zu wachsen beginnt.
3. In diesem kritischen Moment wird mit voller Entschlossenheit ein Befehl ausgesprochen – ich sage ihn im Namen des Erzengels Michael: »Sei, was du bist!«

4. In dem Moment beginnt die aufgeblasene Präsenz zusammenzusinken. Wenn sie auf einige Zentimeter geschrumpft ist, sollte man ihr befehlen, sich von außen nach innen zu falten und sich in den vorbereiteten Kristall zu legen. Anders ausgedrückt, sie sollte in die Form eines Samens zurückgeführt werden.
5. Anschließend wird der Kristall in die Erde eingegraben oder in einen Fluß geworfen, und der Raum wird durch Gesang oder Farbvisualisation gereinigt.

5. Unerlöste Seelenhüllen

Das Phänomen der »unerlösten Seelen« wird oft zu dramatisch verstanden. Es handelt sich nicht etwa um die Seele eines Menschen, die aus verschiedenen Gründen nach seinem Tod im irdischen Raum gefangengehalten wird. Die Vorstellung, daß es im irdischen Raum gefangene Seele geben könnte, ist meines Erachtens Ausdruck von Angst und einem mangelnden Vertrauen in die Erde und ihre Lebenssysteme. Man will unbedingt glauben, die elementare Welt des Planeten Erde sei dem Menschen doch in irgendeiner Hinsicht feindlich gegenüber eingestellt.

Die Ursache für die Entstehung unerlöster Seelenhüllen habe ich in meinen Büchern aus verschiedenen Blickwinkeln ausgiebig behandelt, und ich möchte mich hier nicht im Detail wiederholen.[71] Grundsätzlich handelt es sich um das Ergebnis eines nicht abgeschlossenen Sterbevorganges, bei dem Reste der Krafthüllen des Verstorbenen im astralen Bereich des Raumes zurückgeblieben sind. Das kann nur geschehen,

[71] Siehe dazu *Die Erde heilen*, S. 84–86, *Schule der Geomantie*, Kapitel 5.1.D., *Elementarwesen*, S. 255–257.

wenn der Sterbevorgang durch gewisse disharmonische Umstände schwer gestört wurde. Es kann sich dabei um äußere Gründe handeln – wie Krieg oder Mord – oder um innere Ursachen, wie stark depressive Zustände, durch die der Sterbeprozeß in seiner Ganzheit behindert wird. Auch das emotionale Anklammern durch Angehörige kann dazu führen, daß die Seelenhüllen nicht frei werden, vollständig in die nachtodlichen Umwandlungsprozesse einzusteigen.
Es geht dabei nicht nur um astrale »Abfälle«, die der Verstorbene hinterläßt. Die persönlichen Seelenhüllen tragen das Siegel des betreffenden Menschen – seinen persönlichen Code – eingeschrieben. Sie müssen in den Sterbevorgang mithineingenommen werden, um von dem Verstorbenen durch Reinigungs- und Auflösungsprozesse hindurchgetragen zu werden. Werden sie aber auf der irdischen Astralebene zurückgelassen, so stellen sie eine Aufforderung an das persönliche Elementarwesen des Verstorbenen dar, weiterhin seinen Dienst zur Aufrechterhaltung des Körpers auszuführen – obwohl es nur noch ein Teilkörper ist. Solche »unerlösten Seelen« kommen uns deswegen wie vollständige Geistmenschen vor, weil sich das Elementarwesen, das sich von dem betreffenden »Seelenrest« nach dem Tod des Menschen wegen des eingeschriebenen Siegels nicht abkoppeln kann, bemüht, den »Menschen«, dem es dient, so weit wie möglich zu vervollständigen. Eigentlich versucht es damit, die Lebenden auf die tragische Anwesenheit des Verstorbenen aufmerksam zu machen.
So kommt es zum ersten Merkmal, an dem man erkennen kann, daß ein Raum durch die Präsenz einer »unerlösten Seele« belastet ist. Es entsteht öfter der Eindruck, als ob in dem betreffenden Raum noch jemand mitleben würde, den man zwar nicht sieht, dessen Anwesenheit aber zu spüren oder durch gewisse Zeichen, die er von sich gibt, zu erahnen

ist. Der unsichtbare Mitbewohner hat zwar gewöhnlich seine Ecke, in der er zurückgezogen »lebt«, er ist aber auch fähig, sich durch Räume zu bewegen, unbehindert von Wänden oder anderen Hürden. In Wirklichkeit bewegt er sich aber nicht durch den manifestierten Raum, sondern durch die Gefühlsebene des betreffenden Raumes, der einzigen Ebene, auf der er existiert.

Ein zweites Zeichen, daß ein Raum durch eine »unerlöste Seele« belastet ist, besteht darin, daß der Raum vitalenergetisch mehr oder weniger ausgelaugt ist. Da es sich nämlich bei der Aufrechterhaltung eines astralen Körpers des Menschen um eine Existenz außerhalb des göttlichen Planes handelt, wird die Kraft dazu auf einc parasitäre Weise aus den vitalenergetischen Systemen des umgebenden Raumes geschöpft. Geomantisch drückt sich das in einer andauernden Schwächung des betreffenden Raumes aus.

In diesem Merkmal sehe ich auch die beste Möglichkeit, zwischen der Präsenz eines Unterelementaren Dämons und einer »unerlösten Seele« zu unterscheiden. Während der »Dämon« durch seine fast unbegrenzte Stärke, die er aus der Schatzkammer der unterelementaren Bereiche bezieht, den ganzen Raum erfüllen kann, drückt sich die parasitäre Existenz einer »unerlösten Seele« durch akute Raumschwäche aus. In der menschlichen Wahrnehmung können jedoch beide Phänomene gleichermaßen aufdringlich wirken. Eine »unerlöste Seele« kann nämlich ihre schwingungsmäßige Nähe an die Menschenwelt dazu benutzen, um den Lebenden starke, oft furchterregende Eingebungen zu schicken.

Die anrührendste Geschichte einer »gefangenen Seele« habe ich in einem schweizerischen Haus erlebt, wo ich einige Nächte hintereinander als Gast schlief. Jede Nacht wurde ich um drei Uhr von einer unbekannten Präsenz geweckt. Später erfuhr ich, daß sie schon jahrelang, seitdem die Familie dort

wohnt, hie und da als ein unverstandener Störfaktor wahrgenommen wurde. Nachdem ich das sich wiederholende Muster der nächtlichen Besuche wahrgenommen hatte, entschloß ich mich, dem Besucher zuzuhören. Ich erfuhr, daß es sich um die Seelenhülle eines Offiziers handelte, der als Söldner in einem fremden Land erschlagen wurde – nach der Uniform zu schließen, in der er sich mir zeigte, würde ich auf das 18. Jahrhundert tippen. Bevor er seine Familie verließ, die damals in dem betreffenden Haus wohnte, hatte er geschworen, eines Tages dorthin zurückzukehren. Er hielt so sehr an seinem Schwur fest, daß er fähig war, seine astrale Hülle im Augenblick des Todes abzusondern und in dieser Gestalt nach Hause zurückzukehren. Die Tragik der ersehnten Rückkehr lag darin, daß die geliebte Familie seine Anwesenheit nicht erkannte. So blieb er in der Falle gefangen, die »er« sich selbst gestellt hatte. Nachdem ich den Erlösungsvorgang vollzogen hatte, verließ er diese Welt mit Erleichterung und hinterließ den Raum energetisch ausgelaugt.
Andere Umstände, bei denen man mit »unerlösten Seelen« konfrontiert wird, klingen weniger romantisch. In Landstrichen, in denen Kriege gewütet haben, oder an gestörten Gefühlszentren von Großstädten sind den Anhäufungen der astralen Abfälle oft ganze Scharen gebundener Seelenhüllen von Verstorbenen beigemischt, die auf Erlösung warten.
Der Weg der Erlösung führt durch die Wiederverbindung der zurückgebliebenen feinstofflichen Körperhüllen mit der zugehörigen, sich im Sterbevorgang befindlichen Seele. Mit »Sterbevorgang« meine ich nicht nur die Augenblicke des Fortgangs aus dieser Welt, sondern auch die Vorgänge der Auflösung der feinstofflichen Hüllen, die zusammen mit dem physischen Körper und dem Persönlichen Elementarwesen der Seele ihre vergangene Verkörperung ermöglicht haben.

Solange diese feinstofflichen Hüllen auf der Gefühlsebene gebunden sind, wird die Seele in der Phase des Sterbevorgangs – oder besser gesagt des nachtodlichen Lebens – auf unglückliche Weise festgehalten. Erst die Wiederverbindung mit dem Rest der Körperhüllen ermöglicht es der Seele, ihre Schuld gegenüber den Lebenswelten der Erde zu begleichen und in die geistige Welt zurückzukehren.
Diese Not der Seelen, die sich schon im nachtodlichen Prozeß befinden, aber nicht weiterkommen, weil ihnen ihre astralen Körperhüllen fehlen, stellt eine Aufforderung an die noch im Körper wohnenden Mitmenschen dar, die gefangenen Seelenhüllen zu erlösen. Wir sind nämlich die einzigen, die durch unsere Einbindung in die Gefühlsebene der Erde den Zugang zu den »unerlösten Seelen« haben und dadurch auch die Möglichkeit, sie zu erlösen. Geistige Wesenheiten, wie die Engel, haben diese Möglichkeit nicht. Neben dem Gefühl des persönlichen Mitleids gibt es noch einen zweiten Grund, im Rahmen der Erdheilung an der Erlösung der Seelenhüllen zu arbeiten. Er liegt darin, daß die ungeheuren Mengen dieser parasitären »Erdbewohner«, die die moderne, von der Ganzheit abgetrennte Zivilisation produziert, eine enorme Belastung für die vitalenergetischen und astralen Systeme der Erde darstellt.
Vor neun Jahren habe ich in Türnich ein einfaches Modell für den Erlösungsvorgang entdeckt[72], der sich alle diese Jahre hindurch als erfolgreich erwiesen hat: Ich beginne damit, daß ich meinen eigenen Schutzmantel aufbaue. Danach lege ich auch um den zu behandelnden Platz eine Lichtkugel, damit sich gewisse Kräfte dem Erlösungsvorgang nicht entziehen können. Dann nehme ich mit der »gefangenen Seele« oder, falls es sich um mehrere handelt, mit der »Gruppe« telepa-

[72] Vgl. *Die Erde heilen*, S. 85f.

thisch Kontakt auf und erkläre ihr mit der inneren Stimme ihre aussichtslose Lage. Liebevoll fordere ich sie auf, sich mit ihrem Seelenkern bzw. ihren Seelenkernen wiederzuvereinen. Ich beginne dann, einen Lichttunnel zu visualisieren, der in die höheren Dimensionen führt, und ermutige sie, in diesen Tunnel einzusteigen. Wenn nötig, unterstütze ich diese Einladung mit einem gefühlsmäßigen Druck. Wenn das nicht hilft, die Bindungen an die Raum-Zeit-Struktur zu lösen, bitte ich Engel des violetten Strahls dabei zu helfen oder ich betätige diesen Strahl selbst durch Visualisation.

Wenn ich das Gefühl habe, daß die »Seele« leicht wird und zu levitieren beginnt, visualisiere ich zusätzlich einen dünneren Lichtkanal, der nach unten führt und dem persönlichen Elementarwesen hilft, sich von der aufsteigenden Seelenhülle abzukoppeln und in sein Erdreich zurückzukehren. Daß beide Partner aus der gegenseitigen Gefangenschaft befreit sind, äußert sich in einem besonderen Gefühl von Leichtigkeit und Glückseligkeit.

Danach wird der befreite Raum entweder durch Gesang oder Farbvisualisation gereinigt. Als letztes ist für die Wiederbelebung des ausgelaugten Ambientes zu sorgen. Dazu kann man unter verschiedenen Methoden der Erdheilung wählen, wie Stampfen, Farbvisualisation oder harmonisches Singen.

TEIL VII:

ERDHEILUNG IM PERSÖNLICHEN RAHMEN

Wenn es um die persönlichen Anwendungsbereiche geht, drängt sich oft der Wunsch in den Vordergrund, klar definierte Anweisungen zu erhalten, die man rasch und sicher, ohne allzu viele Vorkenntnisse anwenden kann. Dem muß ich leider entgegenhalten, daß ich nicht an einfach wiederholbare Muster glaube, wenn es um die feinstofflichen Ebenen der Wirklichkeit geht. Nach meiner Erfahrung, unterstützt durch die Botschaften des Erdheilungsengels, ist jeder Ort in der einen oder anderen Hinsicht einmalig. Folglich lassen sich auch seine Probleme nicht durch stereotype Verfahren behandeln.

Es gibt Radiästhesieschulen, die genaue Schemata erarbeitet haben, nach denen die Qualitäten und Schwierigkeiten von Plätzen routiniert festgestellt und eingeordnet werden. Ich glaube nicht an den Sinn solcher Verallgemeinerungen, auch wenn sie sich als erfolgreich erweisen. Ich glaube, daß das Leben auf dem Planeten Erde jedem Menschen individuell geschenkt wird, damit jeder von den Lebenssystemen der Erde das lernen kann, was speziell für ihn wichtig ist. Ein schematisches »Beherrschen« der Probleme, vor die wir durch die Erde gestellt werden, wäre demnach kontraproduktiv und würde die Chancen des einzelnen vermindern, während seiner Verkörperung auf Erden das Optimum dessen zu erfahren, was er lernen könnte. Wie sollte jemand noch Neues lernen können, wenn der »Lehrer« – in diesem Falle die geomantischen Systeme der Erde – in der Vielfalt seines Wissens im voraus auf bestimmte Schemata eingeengt wird?

Meine Herangehensweise an dieses Thema trägt folglich diesen zwei Erwägungen Rechnung. Einerseits versuche ich, was die Erdheilung im persönlichen Rahmen betrifft, klare Richtlinien zu geben, andererseits wird die Art und Möglichkeit ihrer praktischen Umsetzung vom persönlichen kreativen Einsatz abhängig gemacht, den der einzelne zur Untersuchung und Behandlung des betreffenden Ortes beisteuert.

1. Wohnraum und Garten

Der Mehrdimensionale Raum ist unglaublich reich gegliedert, seine Bestandteile wiederum sind durch Resonanz auf verschiedenen Ebenen miteinander verbunden. Die Resonanz zwischen dem mehrschichtigen Körper des einzelnen Menschen und der Erde als einem vergleichbaren Makrokörper wurde schon erwähnt. Zusätzlich gilt für unser Thema auch der Grundsatz, daß es eine mehr oder weniger ausgeprägte Korrespondenz zwischen dem Lebensschicksal eines individuellen Menschen und den Eigenschaften seines Wohnbereiches gibt. Ähnlich wie es nicht zufällig ist, in welche Familie jemand hineingeboren wird, sollte man auch den Platz, an dem ein einzelner oder eine Familie wohnt, nicht für Zufall halten.

Zeit und Raum bilden die beiden Hauptkoordinaten, in denen sich unser Erdendasein abspielt. Jeder Augenblick des Lebens, der uns durch die Erdsysteme ermöglicht wird, ist ungeheuer kostbar, und gleiches gilt für den Raum, der uns zu unserer persönlichen Erfahrung und Entwicklung zur Verfügung steht. Dies mag eine ungewohnte Sichtweise sein, Tatsache ist aber, daß die Qualität der Wohnungen und Gärten, durch die wir im Laufe unseres irdischen Lebens geführt werden, eine klare Ordnung widerspiegelt, hinter der sich ein tieferer Sinn verbirgt.

Jedem Menschen wird durch die göttliche Voraussicht ein

bestimmter Wohnort angeboten, dessen Besonderheiten ihn anregen wollen, entsprechende Erfahrungen zu sammeln oder ein bestimmtes Persönlichkeitsmerkmal besonders zu entfalten. Dabei handelt es sich in der Regel um aufbauende Qualitäten, durch die ein Ort die menschliche Entwicklung unterstützt, wie z.B. eine besonders günstige Lage in bezug auf die Lebenskraftströmungen, besondere Kraftbrennpunkte oder eine reiche Präsenz von Elementarwesen. Aber auch die Eigenschaften eines Wohnraumes, die störende Einflüsse auf ihre Bewohner ausüben, sollten nicht gering geschätzt werden. Ich denke an die Strahlungen von Wasseradern oder Verwerfungen in der Erdkruste und Spuren oder Blockaden in den Gefühlsschichten von Räumen.

Den tieferen Sinn störender Einflüsse im persönlichen Wohn- oder Arbeitsbereich sehe ich darin, daß sie den betreffenden Menschen auffordern, sich mit Inhalten und Fragen auseinanderzusetzen, die er sonst in der Beschäftigung mit seinen seelischen Prozessen meidet. Gewöhnlich geht es dabei um eine tiefgreifende Ignoranz, was den geistigen Aspekt der Erde betrifft, oder um die Mißachtung eines Lebensaspektes der Erde. Dabei können aktuelle Probleme im Spiel sein oder Rückwirkungen karmischer Belastungen. Wird jemand im Rahmen seines persönlichen Raumes mit solch unerfreulichen Aufgaben konfrontiert, so geht es nicht darum, daß ihn das Schicksal quälen will, sondern, daß er schwingungsmäßig genau die Erfahrungen macht, die ihn von den erwähnten Belastungen befreien können – ein Segen also, der leider oft nur durch Leiden zu erlangen ist.

Wird diese schicksalhafte Einbindung des Menschen in seinen persönlichen Raum recht verstanden, dann dürfte sofort einleuchten, daß Raumheilungen, die nur mit der Absicht ausgeführt werden, die Störungen im Raum zu beseitigen, ihre heilende Wirkung im ganzheitlichen Sinne des Wortes verfehlen. »Heilen« (heil = ganz machen) bedeutet, nicht nur störende Einflüsse abzublocken, sondern dem Menschen in mehrfacher Hinsicht zu helfen:

1. zu verstehen, welche in seiner Persönlichkeit wurzelnden *Ursachen* dazu geführt haben, daß es zu einer Disharmonie zwischen ihm und den Erdsystemen gekommen ist;
2. Strategien oder Heilungsmethoden auszuarbeiten, die geeignet sind, diese Disharmonie zu überwinden;
3. im Anschluß daran, Raumheilungsverfahren einzuleiten, durch die die schädlichen *Folgen* seiner vergangenen Auseinandersetzung mit dem Raumorganismus geheilt werden können.

Anhand dieser drei Punkte wird einem klar, daß jede Wohn- oder Gartenanlage anders beschaffen ist und daß es in keinem Fall möglich ist, schematisch und nach starren Vorgaben zu handeln. Ich meine, man wird der Vielfalt des Lebens keineswegs gerecht, wenn man bei der Untersuchung der Wohnräume einer Familie mit einem Schema hantiert, das zum Beispiel Wasseradern oder Knotenpunkte nach Hartmann und Curry berücksichtigt (SG 3.2.A.), jedoch die Bewußtseinsebene (= Gefühlsebene) des Raumes völlig vernachlässigt oder die persönlichen Verflechtungen innerhalb der Familie außer acht läßt. Es stimmt zwar, daß es gewisse geomantische Gesetzmäßigkeiten gibt, die für jede Raumeinheit gelten. Darüber sollte man aber nicht jene Qualitäten, Umstände und Einflüsse übersehen, die jedem Mikroraum seine Einmaligkeit verleihen.
Zu den grundlegenden Gesetzmäßigkeiten zähle ich zum einen den Begriff der Raumeinheit, das Holon (Ganzheit, von griechisch *holos* = ganz). Ein Kontinent kann eine Raumein-

heit darstellen, ebenso ein Land oder auch eine Landschaft. Im kleineren Maßstab stellt ein Ort ein Holon dar, und die wohl kleinste Raumeinheit ist schließlich ein Wohnbereich. Dabei gilt der Grundsatz, daß die kleinste Raumeinheit vom Erdorganismus mit denselben geomantischen Systemen und Zentren versehen ist wie die größte. Der Unterschied liegt lediglich in der Größenordnung. Die entsprechenden Brennpunkte eines Landes treten als mächtige Kraftzentren in Erscheinung, während sie bei einem Wohnraum als winzige Kraftpunkte zu finden sind. So kann man für jede Raumeinheit einen Ein- und damit verbunden einen Ausatmungspunkt finden (SG 4.4.B.), auch ein Sternförmiges Kraftzentrum (SG 4.2.A.) sowie polarisierte Yin- und Yang-Kraftquellen (SG 4.4.A.). Dazu wäre anzumerken, daß die Grenze eines Holons nicht unbedingt der Grenze eines Landes oder eines privaten Grundstückes folgt. Sie muß radiästhetisch oder gefühlsmäßig festgestellt werden.

Eine zweite Gesetzmäßigkeit, die allen Lebensräumen zugrunde liegt, ist die Tatsache, daß wir – ob wir wollen oder nicht – die Erdkruste bewohnen. Sie wird von unterirdischen Wasserströmen durchzogen und ist aus verschiedenen geologischen Schichten zusammengesetzt, die Verwerfungen aufweisen können, durch die Kräfte aus großen Erdtiefen, die den Bedürfnissen der Lebewesen unangemessen sind, aufsteigen können (SG 3.3.A.). Sie ist auch von Kraftfeldern durchzogen, die gewisse Resonanzstrukturen aufweisen (SG 3.2.A.), und die Erdoberfläche wird von Ätherströmungen belebt (SG 3.1.A.). Alle diese Phänomene sollten bei der Gestaltung oder Heilung eines Wohnbereiches einbezogen werden. Dabei gilt es unbedingt zu berücksichtigen, daß der Mensch ein hochsensibles Wesen ist und manche der genannten irdischen Phänomene, wie Wasseradern und Verwerfungen, schlecht verträgt, andere hingegen für sein Überleben unbedingt braucht, wie etwa die Ätherströmungen und -felder.

Die dritte Gesetzmäßigkeit besteht darin, daß Orte, Landschaften und die Erde als Ganzes mit verschiedenen Qualitäten von Bewußtsein durchwoben sind. Es handelt sich nicht nur um Elementarwesen als Intelligenzzellen der Natur, sondern auch um Urbilder als Steuerungszentren der Landschaft bzw. Kosmogramme und um die Gefühlskraft der Erde (SG 5). Es wäre ein Irrtum zu glauben, dicht bebaute städtische Wohngebiete seien dieser Bewußtseinsdimension vollständig entleert. Die Natur bemüht sich bis zum Äußersten, auch solche Bereiche in ihre Bewußtseinsnetzwerke eingegliedert zu erhalten. Meist häufen sich dort gestörte und zerstörte Formen des Bewußtseins, die dringend nach einer Raumheilung rufen. Die unendlich variable und höchst interessante Dynamik eines Wohnraumes kommt dadurch zustande, daß ein bestimmter Mensch mit spezifischen geistigen und kreativen Fähigkeiten und individuellen Entwicklungsbedürfnissen in sein Holon hinein »inkarniert« wird oder gar eine ganze Familie mit ihren vielfältigen Beziehungsverflechtungen. Um sich in einer solchen oft recht komplizierten geomantisch-psychologischen Lage zurechtzufinden, gilt es drei Arten von Einflüssen zu unterscheiden:

1. Einflüsse des Erdorganismus auf den Wohnraum, die zu respektieren oder zu meiden sind;
2. störende Einflüsse, die durch die Bewohner verursacht wurden und die es zu heilen gilt;
3. Qualitäten im Raum, die unterstützt und erweitert werden sollten.

Bei dem ersten Punkt geht es gewöhnlich um die schon erwähnten unterirdischen Strömungen und Strahlungen aus den Erdtiefen. Wie ich in der *Schule der Geomantie* ausführlich dargestellt habe (SG 3.3.A.), sollten diese Phänomene nicht als Störzonen mit negativem Vorzeichen verflucht werden. Der Mensch kann sie ganz gut vertragen und ihre Strahlung verarbeiten, solange er sich in ihrem Bereich *bewegt*. Nur wenn stundenlang über solchen Strahlungsquellen *gesessen* oder *geschlafen* wird, können sie die Gesundheit der betreffenden Person gefährden. Aber selbst in einem solchen Falle gibt es meiner Einsicht nach Personen, die geistig und kraftmäßig leicht ertragen können, was andere, die sich z. B. in schwierigen Wandlungsvorgängen befinden, stark belasten würde.

Wenn ich zu einer Haus- und Gartenuntersuchung eingeladen bin – was nur ausnahmsweise geschieht, weil es sich nicht um meinen Aufgabenbereich handelt –, fange ich mit Punkt Eins an. Mit Hilfe einer Drehwinkelsonde oder durch die Schwingungen meiner Hände untersuche ich den Verlauf möglicher Wasserströmungen oder Verwerfungen durch den Wohnbereich. Dabei wird sichergestellt, daß Schlaf- und Arbeitsplätze, an denen viele Stunden gelegen bzw. gesessen wird, außerhalb der Strahlungslinien liegen. Wenn nötig, schlage ich vor, daß die Möbel umgestellt werden. Wenn dies aus Platzmangel nicht geht, dann, und nur dann, darf man versuchen, die Ausstrahlung einer Wasser- oder Verwerfungslinie im Bereich ihres Verlaufes durch die Wohnung abzudämmen.[73]

Dazu kann man zwei ca. 70 cm lange Stangen aus Eisen mit einem Durchmesser von 15–20 mm verwenden, die man in die Erde einschlägt, und zwar an den Punkten, wo die

73 Nach Möglichkeit sollte man darauf schon vor dem Bau eines Hauses achten und die Räume richtig anordnen oder sogar den Bauplatz verschieben. Die Anweisung gilt nur für den Fall, daß diese Möglichkeit versäumt wurde.

unerwünschte Wasser- oder Verwerfungslinie in das Gebäude eintritt und wo sie das Gebäude verläßt. Dabei muß man unbedingt wissen, daß die Klarheit der Absicht und die Bitte um Gelingen genauso wichtig, wenn nicht sogar noch wichtiger sind als das verwendete Material. Wenn die Akupunkturstangen richtig plaziert sind, müßte es zu einer Ausblendung der bedrohlichen Strahlung im Bereich zwischen den beiden »Nadeln« kommen. Eine zweite Möglichkeit bestünde darin, ein entsprechendes Kosmogramm auf einem natürlichen Material anzubringen – es kann eingemeißelt oder in Bronze gegossen werden – und es auf die beiden Punkte zu legen oder dort aufzustellen, wo die Linie den Raum betritt und wieder verläßt. Auch in diesem Fall müßte es unter den erwähnten Vorbedingungen zum gewünschten Ergebnis kommen.

Danach gehe ich zu Punkt Zwei über: Ich versuche mit Hilfe verschiedener Wahrnehmungsmöglichkeiten (SG 2.3.–2.6.) herauszufinden, ob es Blockaden, Störquellen oder andere Belastungen innerhalb der untersuchten Raumeinheit gibt, die durch die Wechselwirkungen zwischen Mensch und Raum verursacht sind. Es kann sich um Störungen an Kraftquellen oder -bahnen handeln, die durch eine falsche Einstellung gegenüber den feinstofflichen Dimensionen des Raumes während der Errichtung des Gebäudes zustande gekommen sind oder durch die Innengestaltung bzw. Nutzung des Hauses verursacht werden. Mit der Heilung solcher Umstände befaßt sich das folgende Kapitel. Es kann sich aber auch um einen Konflikt mit der Intelligenz des Ortes bzw. mit den örtlich ansässigen Elementarwesen handeln.

Der Konflikt mit den Elementarwesen des Ortes kann aus der Bauphase des Hauses stammen, wenn z. B. durch die Errichtung des Gebäudes Brennpunkte der örtlichen Naturintelligenz gestört wurden und nun die entwurzelten Wesen ihre

Funktion nicht mehr ausüben können. Dadurch kommt es zu einer ungesunden Situation: Die chaotisierten Elementarwesen müssen – wenn auch auf zwei verschiedenen Ebenen des Seins – den Raum mit einer Familie teilen. Da sich die Elementarwesen nicht selbst aus dieser mißlichen Lage befreien können, werden sie mehr und mehr versuchen, die Aufmerksamkeit der Bewohner auf sich zu ziehen, um auf ihre unglückliche Lage hinzuweisen. Auf seiten der Familie werden solche Notrufe jedoch gewöhnlich als lästige Störungen empfunden, und es wird nach Wegen gesucht, sie zu unterdrücken.

Statt dessen schlage ich vor, durch Gesang und Farbvisualisation den Elementarwesen zu helfen, aus der verdrehten Lage herauszukommen und ihr Dasein mit dem des Familienheimes zu harmonisieren. Wenn ein Vorgang dieser Art trotz reichlicher Unterstützung durch Kommunikationsversuche keinen Erfolg zeitigt, könnte es sich um Störfaktoren anderer Art handeln, wie sie in Teil VI (»Der Umgang mit zerstörerischen Mächten«) beschrieben wurden. Es könnte sich z. B. auch um unerlöste Seelenhüllen handeln (Kap. VI/5).

Eine zweite Möglichkeit, daß es zu einem Konflikt mit *Elementarwesen des Wohnraumes* kommt, kann noch dramatischere Züge annehmen. In diesem Falle handelt es sich um eine bewußte Reaktion seitens des Elementarwesens eines Raumes auf eine gewisse negative Einstellung des Bewohners. Gewöhnlich geht es um eine verdrängte Aufgabe oder um eine psychische Fehlentwicklung, die der Mensch nicht wahrhaben oder verschweigen möchte, anstatt sich ihr bewußt zu stellen. Nachdem das Elementarwesen über längere Zeit von solch »giftiger« Schwingung bestrahlt worden ist, kann es dadurch so verdreht werden, daß es beginnt, dieselbe Schwingung zu verkörpern und in den Raum zurückzustrahlen.

Dadurch kommt es zu einer sich ständig erneuernden Negativierung des Raumes, die ich »aktive Raumblockade« nenne (SG 5.1.C.). Charakteristisch für eine Blockade dieser Art ist, daß, kurz nachdem ein Problem in der Raumkraftstruktur geomantisch gelöst worden ist, Probleme anderer Art auftauchen, die es vorher nicht gab. Diese Probleme werden durch das verdrehte Elementarwesen am laufenden Band produziert. Da die eigentliche Ursache beim Menschen und seinen ungelösten Problemen liegt, ist es unmöglich, sie durch das Unterdrücken des Elementarwesens zu beseitigen.
In einem solchen Fall kann nur eine therapeutische Behandlung des betreffenden Menschen, und zwar auf der psychischen wie auf der körperlich-energetischen Ebene, eine Lösung versprechen. Erst wenn sich in diesem Heilungsprozeß Erfolge abzuzeichnen beginnen, sollte man sich auch der Erlösung des betroffenen Elementarwesens zuwenden. Wenn beide Vorgänge ihrer Vollendung zusteuern, kommt auch der richtige Augenblick, den Raum des überwundenen Konfliktes zu reinigen und zu harmonisieren. Methoden dazu wurden schon im vorletzten Kapitel beschrieben.
Zu den störenden Einflüssen in einem Wohnraum, die von Menschen herrühren, zähle ich auch alle Arten von Gefühlsabfällen, mit denen die Menschen ihre Lebensräume unwissentlich und unkontrolliert belasten (SG 5.1.B.). Am häufigsten sind es Gefühle und Gedanken begleitende astrale Muster, die disharmonisch, depressiv und negativistisch gefärbt sind und deswegen aus dem gesunden Kreislauf der Gefühlskräfte in der astralen Dimension des Raumes herausgefallen sind. Sie bleiben in der Form des »niederen Astrals« in dem Raum hängen, in dem sie produziert worden sind. Man kann sich lebhaft vorstellen, was im Alltag einer Familie anfällt, die es nicht gelernt hat, ihre Probleme in Frieden und Einvernehmen zu lösen. Die verdrängten Muster, vermischt

mit Erinnerungen an frühere Konflikte, die sich in denselben Räumen abgespielt haben, belasten die feinstoffliche Atmosphäre der Wohnung und wirken bedrückend auf ihre Bewohner zurück. Ich schlage daher vor, daß Wohnräume regelmäßig durch die darin lebende Familie gereinigt werden. Harmonischen Gesang verbunden mit einer Visualisierung der Farbe Violett, die während des Gesanges durch alle Räume hindurchgewirbelt wird, sehe ich als die beste Lösung an.

Es gibt nach meiner Erfahrung auch Wohnhäuser und Wohnräume, die an Orten gebaut wurden, wo auf der Gefühlsebene stark depressive oder sogar zerstörerische Kräfte walten. Es kann sich z. B. um vergessene Folter- und Hinrichtungsplätze handeln, um Orte, an denen schwarzmagisch gewirkt wurde usw. An solchen Plätzen sollte man zusätzlich, je nach Bedarf, Raumheilungsmethoden anwenden, die im vorangegangenen Kapitel vorgestellt wurden. Dazu gehören auch eventuell anwesende unerlöste Seelenhüllen. Man sollte beharrlich nach den Ursachen der Probleme suchen und dabei immer bedenken, daß die letzten Ursachen immer in dem Menschen liegen, der an einem solchen Ort lebt – die Probleme sind eine spezifische Aufforderung an ihn, sich und seinen Lebensraum endgültig davon zu erlösen.

Schließlich muß ich aufgrund von Erfahrungen in meinem persönlichen Wohnbereich hinzufügen, daß ein Heim auch durch schwarzmagische Einwirkung von außen gestört werden kann. Man sollte jedoch eine solche Möglichkeit erst dann in Erwägung ziehen, wenn alle vorher beschriebenen Störfaktoren als möglich überprüft worden sind, insbesondere die persönlichen Unvollkommenheiten der sich bedroht fühlenden Bewohner. Wenn auch danach ein begründeter Verdacht auf eine störende Einwirkung von außen besteht, sollte man bedenken, daß die Beeinflussung solcher Art von

den Tätern gewöhnlich durch die Unterelementare Ebene der betreffenden Raumeinheit projiziert wird.
Um diese Möglichkeit zu prüfen, kann man die Wahrnehmungsübung anwenden, die ich in Kapitel IV/7 (»Eine Übung zum Inneren Schauen«) beschrieben habe. Wenn eine Reinigung in dem Bereich nötig ist, sollte man sich vorstellen, daß man, bevor mit dem Reinigungsgesang und der Visualisation des violetten Lichtes begonnen wird, im Bewußtsein vertikal nach unten fährt und diese Vorgänge mitten im unterirdischen Bereich ausführt. Falls weitere Komplikationen auftreten, empfehle ich, den Teil VI über den Umgang mit zerstörerischen Mächten zu konsultieren.
Beim dritten Aspekt von Einflüssen auf einen Wohnraum geht es um Kräfte und Qualitäten, die unterstützt und ausgedehnt werden sollten. Dazu zähle ich an erster Stelle vitalenergetische Phänomene und Organe des Raumes. Gewöhnlich kann man außer den Ein- und Ausatmungspunkten eines Heimholons (SG 4.4.B.) noch das vitalenergetische Zentrum finden, eine Kraftquelle, die aus der Erde aufsteigend den umgebenden Raum sternförmig bestrahlt und ihn an eine kosmisch-solare Quelle angeschlossen hält (SG 4.2.A.). Dazu gehört noch ein ausgleichender Einstrahlungspunkt für die Mondkräfte, der sich gewöhnlich unweit des Sternförmigen Zentrums befindet. Brennpunkte dieser Art stellen eine Quelle des Wohlbefindens in einem Heim dar und können entsprechend bezeichnet und, falls es sich um einen Garten handelt, durch eine entsprechende Steinsetzung oder Raumgestaltung unterstützt werden. Dazu zählt auch eine entsprechende Bepflanzung des Ortes durch einen oder mehrere Bäume oder die Plazierung eines geeigneten Kosmogramms. Es ist aber auch nicht ausgeschlossen, daß sich im Wohn- oder Gartenbereich einer Familie auch Kraftphänomene befinden, die den übergeordneten Ebenen des Landschaftsrau-

mes angehören. Solche Kraftpunkte stellen für die Bewohner eine Gelegenheit dar, sich tiefer mit den geomantischen Prinzipien auseinanderzusetzen. Sie sind eine kreative Herausforderung für die persönliche Weiterentwicklung.
Was für den schöpferischen Umgang mit den Phänomenen auf der Vitalenergetischen Ebene gilt, kann in ähnlicher Weise auf die Beziehung zu den Elementarwesen des Gartens oder der Wohnräume übertragen werden. Auch hier können die Brennpunkte ihrer Präsenz auf eine künstlerische, gärtnerische oder auch humorvolle Weise markiert werden. Schon die alten Griechen haben den Brauch gepflegt, für die Elementarwesen des Gartens eine wilde Ecke einzurichten – sie nannten sie *temenos* (= abgegrenzter/geweihter Bezirk), wo sich die unsichtbaren Gartenarbeiter in Ruhe regenerieren konnten.
Nachdem auf diese Weise die Kraft- und Bewußtseinsebenen des Wohnraumes berücksichtigt worden sind, wäre es sinnvoll, auch der geistigen Ebene des Hauses kreative Aufmerksamkeit zu schenken. Die traditionelle Form dafür, die man auf eine sensible und phantasievolle Art wiederbeleben kann, ist der Hausaltar. Für diesen Zweck sollte man eine Stelle im Wohnbereich bzw. Garten finden, die kraftmäßig einen guten Stützpunkt darstellt. Dort kann durch eine liebevolle Anordnung sakraler Gegenstände, ausgesuchte Naturmaterialien oder persönliche Talismane ein Brennpunkt für die geistigen Kräfte erschaffen werden. Dabei sind die Objekte an sich kaum fähig, diesen Kräften den Zugang zum Holon des Hauses zu ermöglichen, wenn sie nicht durch regelmäßige Meditation oder Gebet der Bewohner geweiht werden.
Die Bemühungen um Reinheit und Gesundheit eines Wohn- und Gartenraumes, wie sie für die verschiedenen Raumebenen dargestellt wurden, sollten unbedingt durch die tägliche Erneuerung seines Schutzmantels abgerundet werden (SG

7.2.D.). Den Schutzmantel eines Ortes oder Wohnraumes sollte man sich als eine sphärenartige Schutzhülle vorstellen, die eine Raumeinheit umschließt und sie vor Überlastung durch gestörte, chaotisierte und disharmonische Schwingungen schützt.[74] Eine zweite Funktion des Schutzmantels besteht darin, einen ordnungsgemäßen Austausch zwischen der geschützten Raumeinheit und ihrer Umgebung zu ermöglichen und zu steuern. Es handelt sich um eine Lichtkugel, die die Kraftfelder eines Holons umschließt, wobei ihre obere Hälfte kuppelförmig den Ort überspannt und die andere Hälfte ihn von unten umhüllt, so daß der Ort sowohl von der atmosphärischen als auch von der irdischen Seite her geschützt wird. Die Sphäre hat gewöhnlich die Qualität von weißem Licht, man kann aber zusätzlich noch Schichten der erwähnten Heilungsfarben darüberlegen, die einer Raumeinheit entsprechen. Man sollte nie vergessen, den Schutzmantel des eigenen Wohn- und Gartenraumes täglich zu erneuern und damit zu stärken.

[74] Die Rolle des Schutzmantels kann man mit der Funktion der Haut beim materialisierten Körper vergleichen, die verhütet, daß störende Außeneinflüsse unkontrolliert zu den inneren Organen gelangen, und die gleichzeitig das Atmen des ganzen Körpers ermöglicht.

2. Eine Methode der Raumheilung durch Kristallsetzung

Es gibt verschiedene Wege, sich mit den feinstofflichen Problemen eines Wohnraumes auseinanderzusetzen. Einige wurden im vorangegangenen Abschnitt beschrieben, andere können durch eigenschöpferische Umsetzung der für den Landschaftsraum beschriebenen Heilungsmethoden von jedermann selbst entwickelt werden. Dazu hat Devos, der Erdheilungsengel, noch eine Methode der Heilung im Wohnbereich durch Kristallsetzung vorgeschlagen. Meine Tochter Ana hat die diesbezügliche Botschaft am 19. Januar 1993 erhalten.

Zur Vorbereitung schlägt Devos einen dreistufigen Prozeß der Untersuchung der Raumeinheit vor. Als erstes gilt es, sich mit den feinstofflichen Ebenen des Holons vertraut zu machen, seine Kraftzentren und -gesetzmäßigkeiten soweit wie möglich wahrzunehmen. Darauf folgt die Identifizierung seiner Probleme. Es kann sich dabei um die Verschmutzung, Unterdrückung oder Zerstörung gewisser Brennpunkte handeln, auch um eine Umpolung der Kräfte, die dadurch negativiert werden. Das Problem kann im Übergewicht eines Poles wurzeln, wodurch sein Gegenpol erdrückt wird, usw.

In der dritten Phase der Untersuchung wird den Ursachen der Schwierigkeiten nachgegangen. Dabei sieht der Erdheilungsengel drei Ursachenbereiche, die es zu berücksichtigen gilt:

- Verlust des Gleichgewichts;
- falsche Handlungen seitens der Bewohner des Raumes;
- die allgemeine Natur unserer Zivilisation, die sich durch eigenes Verhalten den Weg zur geistigen Welt verschlossen hat.

Dazu hat Devos klar und deutlich gesagt, daß es keine Probleme gibt, die nicht lösbar wären. Auf die Untersuchung folgt die Phase der Behandlung. Wenn das vitalenergetische Zentrum des Raumes verstopft oder zerstört ist, kann man sich der Hilfe eines *Bergkristalls* bedienen. Bevor der Stein an den Platz des Zentrums gelegt wird, sollten die Ursachen seiner Beschädigung geklärt werden. Als mögliche Ursachen nennt Devos:

- Der Platz des Zentrums war Störungen im Zuge einer vorangegangenen Bautätigkeit am Ort ausgesetzt.
- Der Platz wird durch falsche Nutzung unterdrückt.
- Die Innenausstattung des Raumes, Verteilung der Möbel usw. ist nicht auf das vitalenergetische Zentrum eingestimmt.
- An dem sensiblen Platz wurden falsche Materialien verwendet.

Nachdem die Ursachen der Störung des vitalenergetischen Zentrums soweit wie möglich geklärt sind, sollte eine Reinigung erfolgen; dies geschieht am besten durch Gesang verbunden mit einer Visualisation von violettem Licht. Erst danach sind alle Voraussetzungen erfüllt, um den ausgesuchten Bergkristall zu plazieren. Der auf den Brennpunkt des Zentrums gelegte Stein wird so lange gedreht, bis die Lage gefunden ist, bei der es zur optimalen Resonanz mit der Grundschwingung des Zentrums kommt – das gilt übrigens für alle Kristallsetzungen, die im folgenden beschrieben werden. Die Rolle des Bergkristalls an einem solchen Platz sieht Devos darin, daß er die erneuerte Tätigkeit des Zentrums in der Anlaufphase unterstützt, zur Stabilisierung seiner Kräfte beiträgt und der Erdung des Kraftbrennpunktes dient.
Wenn ein Raum kraft- und gefühlsmäßig negativ belastet ist,

wird die Hilfe eines *Jade-Steins* empfohlen. Unter den Ursachen, die zu derartigen Raumbelastungen führen können, nennt Devos:

- Die ursprünglichen Kräfte des Ortes sind unterdrückt;
- im Raum gibt es »unerlöste Seelenhüllen«;
- im Raum existiert ein Elementarwesen, das sich in dem neugestalteten Ambiente nicht zurechtfinden kann. Dadurch entsteht ein unbeständiger Brennpunkt im Raum, der Störschwingungen aussendet.

Wie man in allen drei Fällen heilend vorgehen kann, wurde schon besprochen. Dabei hilft es, im Raum für eine gewisse Zeit einen Jade-Stein zu plazieren.
Für den Fall, daß die Kräfte des Raumes unverhältnismäßig stark an einem Punkt konzentriert sind und dadurch ein Ungleichgewicht im Raum herrscht, wird die Hilfe eines *Rubins* empfohlen. Um zuerst den Knoten zu lösen, in dem die überstarken Kräfte gebunden wurden, schlägt Devos vor, einen komplementären Punkt zu finden, der fähig ist, der problematischen Stelle als Gegengewicht zu dienen. Von dem Punkt aus sollte man einen Reinigungsvorgang ausführen. Erst danach wird an dem problematischen Punkt für eine gewisse Zeit ein Rubin plaziert, der bei der Wiederherstellung des Gleichgewichts helfen kann.
Eine weitere Schwierigkeit, unter der ein Wohn- oder Gartenraum leiden kann, ist eine Blockierung der Ätherströmungen, die normalerweise den Raum an das Kreisen der Lebenskräfte in der Landschaft angeschlossen halten. Wenn bei der Untersuchung eines Raumes entdeckt wurde, daß eine oder mehrere Strömungen unterbrochen sind, sollte man an den blockierten Stellen mit dem Wiederverbinden beginnen. Die Kristallart, die dabei behilflich sein kann, ist der *Lapislazuli*.

Dieser Stein besitzt starke und durchdringende Kräfte, die ihn befähigen, gehemmte Strömungen wieder ins Fließen zu bringen.
Lahmgelegte und blockierte Ätherströmungen sind von keinerlei Nutzen, sie schaden eher der Lebensqualität des Raumes. Ihre Entblockierung sollte mit einer Reinigung beginnen. Danach empfiehlt sich harmonischer Gesang, um die Strömungen im Raum in Bewegung und letztlich zum Kreisen zu bringen. An den Schwachpunkt, wo das Strömen unterbrochen war, kann zusätzlich ein Lapislazuli-Stein gelegt werden, um die Kontinuität des Kreisens sicherzustellen. Problematisch kann auch ein Kraftpunkt im Raum sein, der sich vom feinstofflichen Organismus des Holons abgetrennt hat und der nun – uneingestimmt auf die Ganzheit, der er angehört – allein für sich wirkt. Ein *Amethyst* kann in einer solchen Situation behilflich sein. Nachdem der aus der Ganzheit ausgeschiedene Brennpunkt erkannt wurde, kann man seine Wiedereingliederung dadurch bewirken, daß man sich auf den kritischen Punkt hinstellt und sich imaginativ mit anderen Kraftpunkten des Raumes oder des Gartens verbindet, z. B. mit dem vitalenergetischen Zentrum, mit den Atmungspunkten usw. Auf diese Weise wirkt man als ein Mittler, der stellvertretend für den vereinsamten Punkt dessen Funktion verkörpert. Durch Resonanz »lernt« der Punkt, wieder seine Rolle innerhalb der Ganzheit auszuüben. Um ihn bei diesem Prozeß zu unterstützen, kann auf den Punkt ein Amethyst plaziert werden.

Menschen können in ihren Wohnräumen durch gebündelt einstrahlende kosmische Kräfte gestört werden, sofern diese mitten durch ihre Wohnung verlaufen und diese Kräfte für die Bewohner zu stark sind. Solche Bündel können durch das Plazieren von Kristallen an ihren Einstrahlungspunkten in ihrer Wirkung abgemildert werden. Welche Art von Kristallen zu verwenden ist, hängt von der Qualität der einstrahlenden kosmischen Kraft ab. Statt Kristallen können nach Angaben des Erdheilungsengels auch Pflanzen auf den Einstrahlungspunkt gesetzt werden, die fähig sind, die überschüssige Strahlung eines Kraftbündels zu absorbieren.

3. Was jeder tun kann

Von außen gesehen scheint es so, als würde unser Planet langsam in eine immer schlimmere Umweltkrise hineingezogen, der wir als einzelne Menschen machtlos gegenüberstehen. Bewußt oder unbewußt leiden wir unter der Bedrohung des herannahenden Zusammenbruchs der Lebenssysteme der Erde. Von innen betrachtet zeigt sich hingegen ein anderes, optimistischeres Bild: Da wir Menschen mit unserer Zivilisation die Ursache der Zerstörung der Erde sind, liegt auch der Schlüssel zur Abwendung des makabren Zukunftsszenarios in unserer Hand.

Ich sehe vier Möglichkeiten, wie jede Frau und jeder Mann, die zur Zeit auf der Erde verkörpert sind, diesen entscheidenden Umschwung in der Beziehung zur Erde mitbewirken kann:

An erster und wichtigster Stelle steht die Aufgabe der persönlichen Wandlung. Es geht dabei um eine Neudefinition der Beziehung zur eigenen Seele, zur eigenen Persönlichkeit und zum Ego, und es geht um die Vertiefung der Beziehungen zu den irdischen Systemen in einem selbst, also zur eigenen Elementaren und Unterelementaren Ebene. Und schließlich geht es auch um eine neue Gestaltung und Entfaltung der persönlichen Beziehungen zu den geistigen und irdischen Aspekten der eigenen Familie. Über diese Bereiche brauchen

wir hier keine weiteren Worte zu verlieren, da ihnen der ganze Teil III dieses Buches gewidmet ist. An zweiter Stelle steht ein heilender Umgang mit dem persönlichen Wohnraum und eine hegende Beziehung zu der umgebenden Landschaft. Unter der Überschrift »Wohnraum und Garten« wurden bereits mögliche Aufgaben in diesem Bereich besprochen, nicht aber persönliche Wechselwirkungen mit der großräumigen Umgebung. Damit sind Punkte im Umkreis eines Hauses gemeint, die von den Bewohnern mehr oder weniger regelmäßig auf Spaziergängen, Ausflügen oder Reisen besucht werden. Es kann sich um Brennpunkte im engeren Umfeld handeln, die täglich besucht werden können, oder um ein weiter gefaßtes Umfeld, dem Plätze und Orte angehören, die nur selten, etwa an Wochenenden oder in Ferienzeiten aufgesucht werden. Jeder kann innerhalb der genannten Spannbreite Plätze finden, die entweder den Charakter von Kraftplätzen haben, Brennpunkte einzelner Elementarwesen darstellen oder auf eine andere Art die sakrale Qualität in der Landschaft verkörpern.
Gewöhnlich ist es so, daß dem aufmerksamen Besucher Plätze dieser Art von selbst »entgegenkommen«. Das kann z. B. durch unerwartete Ereignisse geschehen; oder der Platz ist durch ungewöhnliche Baumformationen gekennzeichnet. Manchmal machen sich solche Orte dadurch bemerkbar, daß einen immer dann, wenn man sie besucht, ein besonderes Gefühl durchströmt. An solchen Orten gilt es sich in der sinnlichen und übersinnlichen Wahrnehmung zu üben und das durch Studium erworbene geomantische Wissen in die Erkenntnis der tieferen Dimensionen der Plätze umzusetzen. Wenn im Zuge einer solchen Annäherung an die ausgesuchten Plätze Signale kommen, die auf verborgene Probleme hindeuten, unter denen der Ort leidet, kann man allein oder noch besser mit der Hilfe von Freundinnen und Freunden

entsprechende Erdheilungsmethoden zur Anwendung bringen.[75] Schließlich kann man für die Orte, für die man Sorge trägt, regelmäßig einen Schutzmantel aufbauen. Wenn einzelne Menschen auf der Erdkugel auf diese Weise Plätze ihres engeren und weiteren Umkreises pflegen würden, so entstünde inmitten der Maschinerie einer Zivilisation, die mit den subtilen Ausdehnungen des Planeten sorglos umgeht, ein Netzwerk der Fürsorge für die feinstofflichen Ebenen der Erde.

An dritter Stelle sehe ich das Bemühen jedes einzelnen, in das jeweilige persönliche Berufsfeld so viel vom geomantischen Wissen einzubeziehen, wie es die Umstände zulassen. In erster Linie gilt das für Berufe, die unmittelbar mit der Landschaft in Berührung kommen, wie Stadtplaner, Landschaftsgestalter, Architekten und Ökologen. Nicht minder wertvoll können gewisse Teilaspekte des geomantischen Wissens auch in andere Berufsbereiche integriert werden, z. B. bei Heilpraktikern, Ärzten, Therapeuten, Biologen, Landwirten, Künstlern usw. In diesem Zusammenhang möchte ich betonen, daß die Quantität und das Maß an Erfolgen bei solchen Vorhaben von keinerlei Bedeutung ist. Man sollte Ambitionen in dieser Hinsicht eine strikte Absage erteilen. Was zählt, ist ein beharrliches Bemühen, das nicht auf Ergebnisse fixiert ist, sondern auf eine tiefgreifende Wandlung der Zivilisation mit dem Ziel, die Mehrdimensionalität der Wirklichkeit anzuerkennen, der Ganzheitlichkeit zu dienen und den Respekt gegenüber den Grundlagen des Lebens zu fördern. Diese Wandlung kann nur dadurch zustande kom-

75 Wenn es sich während des Heilungsvorganges zeigt, daß die Probleme tieferer Natur sind, als man bewältigen kann, sollte der Platz in eine Lichtkugel gehüllt werden, bis ein Erdheilungskundiger zu Hilfe kommt.

men, daß unzählige Einzelgänger sich bewußtseinsmäßig aus den herrschenden Gedankenmustern herausziehen und sich gleichzeitig entscheiden, die zivilisatorischen Strukturen, in die sie durch ihre Berufe eingebunden sind, nicht zu verlassen, sondern an ihrem Platz ausharrend sie mit neuen Impulsen zu durchtränken. Nur auf diese Weise, durch den persönlichen Einsatz, kann der träge Körper unserer Kultur zum Umlernen gebracht werden.

An vierter Stelle sehe ich das Engagement in einer Meditations- und Gruppenarbeit, die sich die Förderung der Erdheilungsprozesse zur Aufgabe gemacht hat. Es gibt in dieser Hinsicht unzählige Möglichkeiten, sei es in Form der Meditation, die der einzelne in der eigenen Stille ausführt, sei es durch Zugehörigkeit zu einer Gruppe von Menschen, die einen Teil ihrer Zeit der Kommunikation mit der Erde gewidmet haben.

Eine Möglichkeit hierfür wäre, daß eine Gruppe, die etwas Gutes für ihren Ort tun möchte, sich einen Platz aussucht, um durch ihn für die Reinheit, Lebensfülle und Wiederbelebung ihres Heimatortes zu wirken. Das kann das Vitalenergetische Zentrum des Ortes sein, sein Generalakupunkturpunkt oder ein anderer Kraftort, der eine entscheidende Rolle im Gesamtorganismus des Bereiches innehat. Dazu ist es nötig, daß die Teilnehmerinnen und Teilnehmer den Ort kennen und seine Qualitäten innerlich erfahren haben. Man braucht aber später nicht täglich dorthin zu gehen. Es genügt, wenn man sich anhand seiner Erinnerung imaginativ an den Ort begibt, sich »dort« einen Moment aufhält, um sich auf den Platz einzustimmen, und dann mit der meditativen Arbeit beginnt.

Um zwei Beispiele zu nennen: Wir haben uns in der Gruppe, die im April 1996 am Stadtheilungsseminar in Köln teilnahm, abgesprochen, die Wandlungsprozesse innerhalb der

Stadtlandschaft dadurch zu unterstützen, daß alle mindestens einmal täglich sich auf den Generalakupunkturpunkt der Stadt einstimmen[76] und eine Zeitlang violettes Licht hineinleiten. Ein solcher Generalakupunkturpunkt besitzt die Fähigkeit, eine Schwingung unterirdisch an alle Kraftstrukturen eines Ortes zu verteilen. Wo auch immer sich der Meditierende befindet, er kann jederzeit an der Übung teilnehmen. Bei den Erdheilungsseminaren, die ich leite, rege ich auch regelmäßig an, daß so viele Teilnehmer wie möglich sich entschließen, täglich den Schutzmantel des Ortes, an dessen Reinigung wir gearbeitet haben, zu visualisieren und damit zu stärken.
Die genannten Beispiele sind nur zwei von vielen Möglichkeiten, wie man durch meditative Übungen einen eigenen Beitrag zu den Erdheilungsprozessen leisten kann. Jeder einzelne ist aufgefordert, seine eigene Kreativität zu entwickeln, um weitere Übungsformen zu gestalten, die dem eigenen Bedarf und den Bedürfnissen des betreffenden Ortes angepaßt sind. In Teil V »Methoden der Erdheilung« wurden allerlei Werkzeuge beschrieben, die man dabei anwenden kann.

4. Eine Erdheilungsmeditation

Der umfassendste Bereich, in dem jeder nach Kräften zur Erdheilung beitragen kann, ist die Fürsorge für den Planeten als Ganzes. Um diesem Wunsch, den heutzutage viele Menschen teilen, entgegenzukommen, möchte ich eine Erdheilungsmeditation vorstellen, die der Erdheilungsengel Devos

[76] Dieser befindet sich in der Nähe des Eingangs zum ehemaligen Klosterbereich von St. Pantaleon.

vorgeschlagen hat in der Hoffnung, daß sie von möglichst vielen Menschen regelmäßig ausgeführt wird. Sie wurde uns durchgegeben, nachdem wir durch meine Tochter Ana den Wunsch geäußert hatten, den Friedensprozeß in Bosnien und Herzegowina zu unterstützen.

Zur Vorgeschichte: Ende Juli 1995 haben der Außenminister der bosnischen Regierung und ihr Botschafter bei den Vereinten Nationen einen Brief an alle Menschen gerichtet mit der Bitte, einen Monat lang täglich zwei Minuten dem Friedensgebet zu widmen (um 21.00 Uhr MEZ). Der Monat war am 11. September 1995 vorbei. Ich hatte jedoch das starke Gefühl, daß es gut wäre, trotz des möglichen Kriegsendes unsere Fürbitten nicht aufzugeben, solange nicht ein ständiger Frieden zustande gekommen ist. Ich habe mich daher entschlossen, durch einen Brief alle Mitarbeiterinnen und Mitarbeiter bei der Erdheilung zu ermuntern, den geistigen Einsatz für den Frieden fortzusetzen und zugleich durch eine untereinander abgesprochene Visualisation besser zu fokussieren. Um die größtmögliche Wirkung zu erzielen, haben wir den Erdheilungsengel gebeten, einen entsprechenden Vorschlag zu machen. Dabei hat es sich herausgestellt, daß eigentlich weltweit eine Meditation nötig wäre, die den Planeten als Ganzes berücksichtigt und erst in zweiter Linie den Einzelproblemen der Erde, wie z. B. in Bosnien und Herzegowina, gewidmet wäre. Seine Botschaft lautete:

»Die schlimmste Folgeerscheinung der Ereignisse in Bosnien ist ein deformiertes Kraftmuster des Landes. Die Gleichgewichte werden gestört, die Kräfte gehen irre, eine immer größere Zahl von Menschen verfällt ihrem Einfluß und verstärkt damit wiederum das entgleiste Kraftmuster, so daß immer mehr Kräfte davon angezogen werden. Es entsteht ein Haßtrieb, der Menschen und Länder in den Abgrund treibt.

Sie werden in einem Hexenkreis aufgerieben, der sich schneller und schneller dreht.
Die dringlichste Aufgabe besteht darin, diesen zerstörerischen Kreislauf zu stoppen und die Kräfte so umzuleiten, daß das ursprüngliche Muster wiederaufgebaut werden kann. Dadurch wird der wilde Lauf zur Ruhe gebracht ... **Liebe** ist die stärkste Kraft, die der Masse der Haßkräfte entgegengesetzt werden kann. Würdet ihr eure Liebe in Form der Farbe **Grün** in den derzeitigen Brennpunkt des Bösen – nach Bosnien – lenken und dabei durch euer Herz wirken, so würde sich diese Häßlichkeit, dieser Schleim, der Menschen und Länder beherrscht, auflösen und seine Kraft verlieren. (Die Schwingung der Farbe Grün entspricht der Qualität der Liebe.) Es sollten sich soviele Menschen wie möglich an dieser Arbeit beteiligen. – Es geht dabei nicht nur um Bosnien, die ganze Welt zerfällt unter dem Druck dieser entarteten Kraftmuster. Bosnien stellt nur den Raum dar, durch den die Schwierigkeit am deutlichsten offenbar wird. Die Aufgabe ist nicht leicht, und ihr dürft nicht glauben, schnell damit fertig zu werden. Es wird lange dauern, bis die Welt von diesem Muster frei wird. Wenn ihr aber beharrlich durch eure Herzen und durch gute Gedanken wirkt, so ist der Sieg der Liebe gewiß. Ich schlage folgende Meditation vor[77]:

1. Stellt euch vor, ihr würdet die Erdkugel in euer Herz nehmen und sie mit eurer Liebe tränken. Windet **grüne Bänder der Liebe** um den Planeten. Achtet darauf, daß ihr nicht die Grausamkeiten des Krieges an euch zieht,

[77] Als Zeitpunkt für die Meditation kann die schon erwähnte Uhrzeit (21.00 Uhr MEZ) dienen. Wer zu dieser Stunde verhindert ist, kann einem eigenen Zeitrhythmus folgen.

sondern nur Liebe in den Raum ausgießt. Sie kann von positiven Gedanken und Wünschen begleitet werden.

2. Danach könnt ihr auf dieselbe Weise einzelne Orte und Länder behandeln, wo sich das entartete Muster manifestiert. Begießt den Raum und seine Bewohner mit **Grün**.
3. Zusätzlich zur Farbe Grün solltet ihr die Erde bzw. den Raum, für den ihr arbeitet, abwechselnd auch in die Farbe **Violett** einhüllen, die den Vorgang der Umwandlung unterstützt.«

Literatur

Hinze, Christa (Hrsg.): *Das alte Köln in Sagen und Bräuchen*, Köln 1986 (Eugen Diederichs Verlag)

Krause-Zimmer, Hella: *Die zwei Jesusknaben in der bildenden Kunst*, Stuttgart 1969 (Verlag Freies Geistesleben)

Lithopunktur Villach, Katalog hrsg. vom Kulturamt der Stadt Villach, Kärnten, 1995

Meyer Rudolf: *Zum Raum wird hier die Zeit*, Stuttgart 1980 (Verlag Urachhaus)

Miška, Ajra: *Dotik večnosti* (Von der Ewigkeit berührt – Die Erzählung eines Engels), Ljubljana 1993 (Aura Verlag). Bisher nicht in deutscher Sprache erschienen.

Pogačnik, Marko: *Die Erde heilen – Das Modell Türnich*, München 1989 (Eugen Diederichs Verlag)

ders.: *Die Landschaft der Göttin. Heilungsprojekte in bedrohten Regionen Europas*, München 1993 (Eugen Diederichs Verlag)

ders.: *Elementarwesen. Die Gefühlsebene der Erde*, München 1995 (Knaur)

ders.: *Schule der Geomantie*, München 1996 (Knaur)

Prokofieff, Sergej O.: *Die geistigen Quellen Osteuropas und die künftigen Mysterien des Heiligen Gral*, Dornach 1989 (Verlag am Goetheanum)

Spangler, David: *The Christ (Findhorn Press)*

Steiner, Rudolf: *Die Apokalypse des Johannes. Dreizehn Vorträge, darunter ein einleitender öffentlicher Vortrag*, Nürnberg 1908, Dornach 1990 (Verlag am Goetheanum)

Wolfram von Eschenbach: *Parzival*, in Prosa übertragen von Wilhelm Stapel, München 1980 (Verlag Langen-Müller)